Solicite nosso catálogo completo, com mais de 500 títulos, onde você encontra as melhores opções do bom livro espírita: literatura infantojuvenil, contos, obras biográficas e de autoajuda, mensagens espirituais, romances, estudos doutrinários, obras básicas de Allan Kardec, e mais os esclarecedores cursos e estudos para aplicação no centro espírita – iniciação, mediunidade, reuniões mediúnicas, oratória, desobsessão, fluidos e passes.

E caso não encontre os nossos livros na livraria de sua preferência, solicite o endereço de nosso distribuidor mais próximo de você.

Edição e distribuição

EDITORA EME
Avenida Brigadeiro Faria Lima, 1080 – Vila Fátima
CEP 13369-040 – Capivari-SP
Telefones: (19) 3491-7000 | 3491-5449
Vivo (19) 9 9983-2575 ☺ | Claro (19) 9 9317-2800
vendas@editoraeme.com.br – www.editoraeme.com.br

☉ @editoraeme　　f /editoraeme　　▶ editoraemeoficial　　🐦 @EditoraEme

Denise Corrêa de Macedo
pelo espírito **Arnold de Numiers**

Capivari-SP

© 2016 Denise Corrêa de Macedo

Os direitos autorais desta obra são de exclusividade da autora.

A Editora EME mantém o Centro Espírita "Mensagem de Esperança" e patrocina, junto com outras empresas, a Central de Educação e Atendimento da Criança (Casa da Criança), em Capivari-SP.

9ª reimpressão – fevereiro/2025 – de 32.001 a 32.500 exemplares

CAPA | André Stenico
DIAGRAMAÇÃO | Victor Benatti e Marco Melo
REVISÃO | Editora EME

Ficha catalográfica

Numiers, Arnold de, (Espírito)
    Leila – a filha de Charles / pelo espírito Arnold de Numiers; [psicografado por] Denise Corrêa de Macedo – 9ª reimp. fev. 2025 – Capivari, SP: Editora EME.
    272 pág.

    1ª ed. mai. 2016
    ISBN 978-85-66805-81-9

1. Romance mediúnico. 2. Relato de uma encarnação de Yvonne A. Pereira. 3. Suicídio. 4. Mediunidade como missão. I. TÍTULO
CDD 133.9

AGRADECIMENTOS

Ao grupo de espíritos que trouxe esta obra;
a Augusto Marques de Freitas e Diva Siqueira de Freitas;
a meus familiares, em especial a meu marido,
Carlos Henrique; a Roni Ricardo O. Maia,
a Jeanne Martha Sampaio e ao
Centro Espírita Seara Fraterna.

SUMÁRIO

Prefácio 9
Introdução 13
Apresentação 17
Esclarecimento 21
Casa paterna 25
Amor, sempre amor 39
Novamente juntos 61
Felicidade principesca 75
Impulsividade indômita 91
Drama doméstico 113
Lições do Evangelho Consolador 133
Agravantes 147
O passado 165
D. Carlos chora 179
Orações 197
Hospital Maria de Nazaré 213
Programa reencarnatório 227
Sublimação 243
Nas telas do infinito 259
Referências bibliográficas: 269

PREFÁCIO

O ENGODO AO qual o espírito se vê preso em sua nefasta escolha pelo suicídio é fato que hoje apresenta característica endêmica e mundial, afetando tanto jovens quanto idosos, adultos e até mesmo crianças. A pouco e pouco, as teias escuras das influências obsessivas acabam por achar comparsas na dor, que se rendem facilmente às ideias depressivas e negativas, o que acabou por configurar a pior doença psíquica da atualidade – a depressão –, capaz de gerar outras consequências, dentre elas o suicídio, tornando-a conhecida como mal do século XXI.

Muito antes de se chamar o quadro depressivo com esse nome e características, já se morria impelido ao suicídio por canais obsessivos, levado pelo desespero, pelo descompromisso com a vida, pela pouca vontade de lutar, tristeza e dor moral. Diante desse quadro, cuja novidade hoje é o aumento vertiginoso de casos, a despeito do aumento da população encarnada, intensificou-se também, nas ordens do Bem Maior, o combate incessante ao problema.

Os temas obsessão e suicídio não são novos e foram fontes de estudos de médicos renomados da Terra e do Espaço, observando-se como sintomática a depressão. Nesta obra, porém, os três assuntos se revestem de um cunho mais moderno, quando descrevemos e acompanhamos a personagem Leila, que se compara aos jovens de hoje, abastados e tediosos de suas vidas plenas de materialidade e vazias de espiritualidade.

A história de Leila esteve proibida de ser revelada à Terra, pela benevolência de Dr. Bezerra de Menezes, por se tratar de reincidência no suicídio[1] daquela médium fluminense conhecida como

---

1 "É reincidência, não há necessidade de passar por isso." Recomendações de Dr. Bezerra à Yvonne, em relação ao fato de ela querer narrar a própria história passada no século XIX, cujo suicídio foi descrito na obra *Recordações da mediunidade* – FEB. Esta entrevista de Yvonne foi concedida a Altivo Pamphiro e consta do livro *Pelos caminhos da mediunidade serena*, – Lachâtre, p. 119

Yvonne do Amaral Pereira, cuja encarnação acompanhamos de perto para nos certificarmos do cumprimento de todo o programa pelo qual ela precisava passar em relação aos graves desacertos, como é de conhecimento geral. À maneira do ensaio e erro, revendo o passado, ela deixou aos homens algumas lições, quando revelou suas mazelas mais profundas, suas dores, mas também suas posturas como médium e o que fez para superar os traumas sofridos e reparar o mal.

Seu compromisso com os suicidas é evidente, quando nos mostra o duplo deslize pelo mesmo engano, numa lição às avessas, pois relata nas obras *O drama da Bretanha* e *Recordações da mediunidade* o crime que cometeu contra as leis de Deus, como faliu, como se sentiu depois, mas não revela o programa de reestruturação do próprio espírito, visto que, no último relato, tratava-se de sua própria vida esse programa – ela ainda estava encarnada como Yvonne – e, em *O drama da Bretanha*, terminava-se a trilogia. Este particular, que ficou faltando complementar em suas obras, foi demonstrado por Camilo Cândido Botelho no reconhecido e famoso *Memórias de um suicida*, quando Camilo narra o preparo do espírito nas câmaras de reconstrução para recuperar as melindrosas fibras etéreas do perispírito e, assim, conclui com os mentores sua nova reencarnação expiatória.

Agora que Yvonne habita as regiões mais seguras do Espaço, cumpre tarefa especial junto aos suicidas como era de se esperar, pois nossa pupila é integrante das plêiades assessoras, que trabalham em nome de Maria de Nazaré, como responsável pelo Departamento de Prevenção ao Suicídio. Como tal, preocupada com o crescente número de casos parecidos com o dela outrora, enviou à Mãe Santíssima um pedido especial para que fosse permitida a psicografia de sua triste história, de seu erro reincidente, como novo exemplo do que sucede ao suicida no além-túmulo, bem como da grandiosidade da misericórdia do Pai, ao conceder novo corpo e nova chance apesar de tudo. Desta feita, pretende retomar o programa reencarnatório para exemplificar sua expiação e como a converteu em oportunidade de bênçãos por meio da dedicação ao Bem Maior.

Passados mais de trinta anos de sua morte no corpo físico, não mais há necessidade de preservar-lhe do erro reincidente porque ela o superou, já que se faz mister reconhecer pelo menos duas das lições por ela aprendidas e deixadas aos queridos espíritas, seus sucessores: a fidelidade ao Cristo e à doutrina espírita e a disciplina de oração e estudos à qual se submeteu, angariando forças e amizades espirituais que garantiram seu sucesso.

Boa leitura!

Charles de Guzman

INTRODUÇÃO

> "– Perdoo-te, sim! Perdoo-te por amor ao meu filho,
> que tanto te tem amado através do tempo.
> Perdoa-me tu também, em nome do mesmo Deus."
> **(Arnold de Numiers em *O drama da Bretanha* – FEB – p. 205.)**

Com imensa satisfação pela oportunidade que me foi dada de colaborar para trazer ao público mais um apelo contra o suicídio e suas implicações no plano espiritual como a obsessão e as doenças psíquicas. Trago, junto com a trama a qual acompanho de perto, o marco de meu arrependimento e reparação da lei de Deus, a qual infringi ao obsidiar Andrea de Guzman, no século XVII.

Em minhas encarnações como monsenhor de B. e Arnold de Numiers – quando ainda na Terra – fui pessoa temente a Deus e praticante de Sua lei de amor e caridade, fui pessoa honesta e boa com o próximo e isso me concedeu atenuantes para meu maior erro – a obsessão: pela traição de Berthe a meu filho amado, Henri de Numiers, eu a persegui sob o nome de Andrea. Esta traição tocou as fibras íntimas de meu coração, e qual pai não se revolta vendo o filho jovem e sadio jogar-se de um penhasco pela esposa que o traía? Meus maiores erros foram: esquecer o perdão, questionar a justiça divina e procurar a vingança como recurso. Obsidiei Andrea até levá-la ao suicídio, como descrito em *O drama da Bretanha*, porém depois do fato consumado, embora houvesse engendrado mil outras vinganças e formas de assédio ao espírito liberto de Andrea, quedei tocado pelo horror a mim mesmo pelo que havia feito e me apiedei daquela que fora, por alguns anos, filha adotiva e nora.

Vaguei em redor de meu filho em expiação, preso ao leito pela paraplegia, constatando que quando me aproximava dele, entrava em crises nervosas. Descobri que necessitava de auxílio, pouco depois, vendo Henri concentrado em preces junto ao irmão Alexis, que cuidava dele. Ambos oravam por Andrea, a quem continuavam a amar, até que ela foi tirada das regiões trevosas onde se encontrava.

Orei também por minha vez, pedindo auxílio, e aquela era a primeira vez que o fazia depois de muitos anos. Recordei da minha encarnação dentro da Santa Igreja e fui auxiliado pela misericórdia divina. Marie de Numiers, minha esposa e companheira, esperava apenas esta abertura e neste momento de minha libertação, tomou-me num abraço para fazer-me voltar ao caminho de Jesus.

Algum tempo se passou e, quando revi Andrea, tive a oportunidade de pedir perdão. Imediatamente fui perdoado e este perdão me deu o alívio de que necessitava para aceitar o novo mergulho reencarnatório em expiação. Aceitei a deficiência mental em uma vida simples, dir-se-ia ordinária e pacata, longe de outros afetos, obscura até, cujos programas foram acertados por meus mentores. Expiei por trinta anos, num corpo com síndrome mental, enquanto aprendi a amar acima da lógica do raciocínio, exercitando a pureza de coração. Saí da Terra vencedor de mim mesmo, enquanto o estigma do mal que causara a Andrea se tinha atenuado, quase extinguido.

Uma vez liberto do corpo físico, foi-me rápida a recuperação, porque não trazia outros débitos e retomei a evolução assumindo novamente a forma de monsenhor de B., a qual me confortava por ter trabalhado em nome do Cristo. Hoje, como aprendiz nas fileiras do bem, coloco-me à disposição para o ditado deste drama, porque muito precisava me envolver com a recuperação do mal que causara, pela condução ao suicídio.

Jesus Cristo, nosso mestre, espera que avancemos sempre, dando-nos o exemplo do perdão e da misericórdia da qual esta obra trata, enquanto permite que sua divina mãe, Maria de Nazaré, presida as câmaras de recuperação dos suicidas e reconstrução de seus perispíritos para nova oportunidade. Mesmo os réprobos como os que foram obsessores, ou os próprios suicidas, merecem outra chance e novo começo para a conquista da paz.

Salve o Cristo!

Arnold de Numiers

APRESENTAÇÃO

AOS CAROS LEITORES:

Aceitei com muita alegria na alma, apreensivo com a incumbência e diante da responsabilidade, o convite para apresentar o romance *Leila, a filha de Charles* psicografado pela prezada Denise Corrêa de Macedo e ditado pelo espírito Arnold Numiers.

Porém, quando o assunto tem a ver com Yvonne do Amaral Pereira envolvo-me com muita satisfação!

Há anos atrás conheci as obras psicografadas e de cunho autoral da respeitável médium fluminense, hoje no Plano Espiritual, as suas vidas entrelaçadas por rompantes e embates caíram como luva em mim; quem não tem percalços a serem reparados nesta existência?

E os livros da pupila de Charles e de Dr. Bezerra de Menezes trazem matizes de seres imperfeitos, como nós, e ainda pelejando com as moldagens morais, bastante deficitárias.

Encontrar com o passado da personagem Leila, história desconhecida do grande público espírita e estudiosos das obras de Yvonne, é entender que "(...) *o amor cobre uma multidão de pecados*[2]". E Arnold de Numiers (autor espiritual) assim o fez! Revelando-nos o lado bom de cada um que procura reerguer-se das próprias quedas com base no amor desconhecido e que tem o seu gérmen dentro de cada criatura criada por Deus, mas, adormecido, apenas na espera para crescer e florescer.

A narrativa envolve detalhes de uma das reencarnações da estimada médium nascida em Rio das Flores-RJ, período permeado pelo desconhecimento da lei de causa e efeito aplicada à luz do espiritismo. Mais uma vez, Yvonne nos permitiu devassar seu pretérito impetuoso, regado às paixões e desalinhado da fé no Criador. Neste

---

2   I Pedro, capítulo 4, versículo 8.

romance os personagens Leila e Roberto de Canallejas se reencontram, e se reconhecem por terem relações afetivas em vidas passadas, contudo, desconhecedores dos elos da fraternidade e do amor a si mesmos e ao próximo.

Trata-se de um relato bem estruturado, com um enredo assaz definido pelo espírito Arnold de Numiers, onde encontramos vieses ricamente adornados de citações de *O Evangelho segundo o Espiritismo* e *O Livro dos Espíritos*, pontuados nos diálogos entre Charles e a filha, sedimentando-lhe orientações valiosas para o espírito imortal; e pautado na sublime e doce melodia de uma época, onde a aventura e o desamor andavam de mãos dadas, como nos dias atuais.

Recomendo aos leitores, caso possível, lerem este romance embalado com um fundo musical clássico ou instrumental, o pensamento projetará todo o frescor daquele tempo, alguns se identificarão com tais paragens do século XIX e lugares por onde teriam vivido noutras épocas.

O suicídio apresentado ao leitor despertará nas mentes o equívoco desta solução, norteará pessoas aflitas a pensar um pouco mais nas suas consequências e propiciará encontrar em si mesmo outra alternativa frente à vontade de eliminar sua própria vida, cuja centelha vital não cessa e sim continua.

Contudo, aos homens reticentes de uma justiça divina era dada uma alternativa infeliz propagada culturalmente e estimulada pelo romance *Ana Karenina* de Léon Tolstói, que incentivou jovens em tempos transatos ao suicídio diante de uma impossibilidade de serem felizes, ou perante grave dor moral.

Esta obra, através das mãos zelosas de Denise, autorizada e chancelada pelo Bem Maior, iluminará irmãos em romagem terrena, principalmente os jovens, cuja incidência suicida faz aumentar os números de mortes diretas e também indiretas em decorrência de excessos. Dessa forma, torna-se inadiável acalmar os desesperançosos diante da vida.

Alertar sobre o suicídio é uma das propostas do espiritismo codificado por Allan Kardec.

Assim, o livro *Leila, a filha de Charles* visa contribuir e somar a tantos outros com foco no suicídio; alicerçado nos objetivos de esclarecer, acalmar e consolar diante da infeliz opção de rompimento com a vida física, todavia, capaz de expressar que haverá um novo amanhecer aos arrependidos.

Boa leitura e paz a todos!
Volta Redonda, 09 de outubro de 2015.

Roni Ricardo Osório Maia

Nota do autor: Roni é mineiro de Santa Rita de Jacutinga. Graduado em Administração, com especialização em Docência e Gestão de Pessoas, é filiado e palestrante da Associação Espírita Estudantes da Verdade. É autor do livro *Palavras de consolo – Bastidores do Projeto Yvonne Pereira* (Edição Lar Espírita Irmã Zilá).

ESCLARECIMENTO

"Newton Boechat iniciou explicando que inúmeros fatos têm
sido contados por Chico Xavier, em caráter íntimo, aos amigos,
e que, na ocasião, algumas vezes não era oportuna a
sua revelação ao público. Entretanto, com o passar do tempo,
tais confidências foram-se tornando livres de censura e
poderiam ser dadas a conhecer, sem quaisquer inconvenientes."
**(Posfácio do livro *Sexo e obsessão* – LEAL,
de Divaldo Franco/Manoel P. Miranda – em nota da editora.)**

"O trabalho é consagrado como elemento
primordial do progresso e a intenção nobre e generosa
que inspire o trabalhador sincero sempre obterá
o beneplácito divino para as suas realizações..."
**(Roberto de Canallejas, em resposta a Camilo Botelho sobre a possibilidade
de ele narrar a Yvonne o livro: *Memórias de um suicida* – FEB – p. 224)**

Sempre gostei de ler sobre a mediunidade, principalmente, os
casos ostensivos, como fontes de pesquisa e de trabalho. As histórias
de Yvonne, há muito tempo, são exemplos para palestras e outros
estudos, pelo cunho romântico de seus textos de fácil leitura e conteúdo doutrinário bem embasado e profundo, dando uma panorâ-
mica peculiar do mundo espiritual. A curiosidade que me movia,
tanto para os fenômenos ocorridos com ela, quanto para as causas
de seus sofrimentos, levou-me a ordenar suas vidas e, consequentemente, seus erros, o que resultou em muito aprendizado sobre os
sábios mecanismos pelos quais Deus se vale para ensinar aos homens e espíritos, e resumi este estudo no livro *A sublimação do amor
– percurso evolutivo do espírito Yvonne do Amaral Pereira.*

As páginas que recebi agora foram trazidas após muita oração e pedido de ajuda para um trabalho com grupos mediúnicos do Centro Espírita Seara Fraterna, no Rio de Janeiro, onde tive a oportunidade de receber o amparo de Yvonne do Amaral Pereira e sua equipe espiritual. Ela nos visitou em caravana, dando orientações principais sobre cada um dos médiuns trabalhadores da casa e, portanto, sobre nossa responsabilidade. Estavam presentes à reunião espiritual à qual Yvonne presidiu a vice-diretora da casa Juraci Sá Roriz, a diretora jurídica Diana Neves Farias, o colaborador do curso Álvaro Chrispino e o amigo desencarnado que intercedeu junto à Yvonne para nosso atendimento, Augusto Marques de Freitas.

Nas semanas seguintes, recebi, dentro da sala de passe, a presença de um espírito amigo que me confidenciou a necessidade de trazer a psicografia de uma obra, tocando meu centro de força frontal. A partir desse encontro, recebi as cenas do livro e me coloquei à disposição para o trabalho. Depois soube que o espírito amigo era Arnold de Numiers, personagem do livro *O cavaleiro de Numiers*, de Yvonne, atribuído a Charles. À medida que percebia que se tratava da história que faltou ser contada, que foi proibida por revelar a reincidência no suicídio de Leila (Yvonne), muito orei pedindo esclarecimento e orientação sobre a continuação ou não do trabalho. Foi ainda nas salas do Seara Fraterna que recebi a visita de Charles com enorme emoção, comovendo-me às lágrimas e também a outros médiuns presentes. Ele me ditou o prefácio desta obra e assim continuei a escrevê-la.

O principal motivo pelo qual a obra não poderia ser revelada à Terra seria a reincidência de Leila no suicídio, mas este capítulo foi descrito na obra *Recordações da mediunidade,* e se houve permissão para relatá-lo, foi porque não era este o cerne da proibição. Pesquisando e refletindo sobre o romance que me foi mostrado, entendi que a mentalidade machista dos séculos passados denegria muito a imagem de uma mulher que se separasse, sendo esta marcada para o resto da vida, no caso de Leila de Canallejas, até sua outra encarnação como Yvonne Pereira. Hoje, este escrúpulo em relação à mulher que se separa e volta a se casar é quase nulo e a sociedade já aceita bem este fato, sem maiores preconceitos, o que não ocorria até meados de 1970.

Pautei-me, então, a partir desta conclusão, no pensamento de Augusto Cury[3], quando ressalta a respeito do caráter humano pela ótica da inteligência socioemocional: "A sabedoria não está em não falhar ou sofrer, mas em usar nossas falhas para amadurecer e nosso sofrimento para compreender a dor do outro". Creio que Leila aprendeu isso por experiência, e agora, após a sua desencarnação como Yvonne e tendo conquistado a superação pessoal, importa que conheçamos a vida em que errou, somada à outra em que muito acertou.

Sendo assim, espero que o leitor agora entenda as razões e os dramas das personagens aqui trazidas. Agradeço a oportunidade de poder contribuir para a divulgação desta história que completa, por assim dizer, a trajetória de Yvonne do Amaral Pereira e esclarece como é infinita a misericórdia de Deus para com todos os Seus filhos, mesmo para com os réprobos e reincidentes nas infrações das soberanas leis, dando a cada um segundo suas necessidades de aprendizado e suas escolhas.

Eis a versão romanceada dos fatos reais.

Rio de Janeiro, 1º de outubro de 2015.

Denise Corrêa de Macedo

---

3   Cury, Augusto. *O mestre inesquecível.*, Editora Sextante

CASA PATERNA

> "Referindo-me à 'casa de meu pai', eu descrevia um
> saguão que me era muito familiar, de tijolos de cerâmica,
> coloniais, onde a 'minha carruagem' entrava para eu subir
> ou descer. Havia aí uma escada interna por onde eu subia
> para os andares superiores (...) e o corrimão da mesma,
> com o balcão lavrado em obra de talha, pintado de branco
> e com frisos dourados, mostrava o motivo de uma corsa
> perseguida por um cão e pelo caçador em atitude de atirar
> com a espingarda. O caçador – mais tarde eu compreendi
> – era tipo holandês do século XVII."
>
> *(Recordações da mediunidade* – **FEB – p. 52)**

CORRIA O ANO de 1864[4] na alegre e movimentada cidade de Madri. O sol se escondia entre o casario baixo e colorido, enquanto as poucas pessoas se apressavam nas ruas, entre compromissos e afazeres. Vistos do alto, pareciam formigas conduzindo seus alimentos em fileiras que eram as ruelas de passagens. O arvoredo aqui e acolá dava ares bucólicos e atrapalhava um pouco a visão, pois que procurava endereço certo naquele cenário tranquilo.

Esta harmonia dos transeuntes, porém, era aparente e não refletia os estados de alma com fidedignidade. Chegando mais perto, no nível de visão que teriam os saltitantes pombos nas cumeeiras das igrejas, pude adivinhar com facilidade a gama de dores morais que afligiam os corações descompromissados com a fé e com a serenidade advindas das consolações celestes.

Muito me consternava encontrar infelizes que remoíam seus problemas íntimos preenchendo a atmosfera com seu psiquismo de-

---

4 Datas aproximadas.

sequilibrado e exalando toda sordidez que o caráter humano é capaz de engendrar, nas mais variadas tramas e complicações existenciais. Muitos desconheciam a verdadeira vida, que é a do espírito, e caminhavam perdidos em suas ilusões terrenas, sem nunca pedir auxílio. Nada podia fazer a não ser lamentar e orar...

Seguindo a rua, cujas pedras reluziam ainda ao brilho tombado do sol, fui passando, atendendo ao chamado de espíritos amigos que me queriam mostrar dileta família em flagrante de felicidade. Cheguei à imponente construção, cercada de muros de pedras e gradeado em arabescos, os quais transpusemos sem esforço.

Os jardins que os muros escondiam eram cuidados com esmero, traduzindo o capricho dos donos em flores delicadas e folhagem exuberante. Miosótis e pequenas margaridas, rosas e muitos canteiros de tílias e açucenas... Adentramos o alpendre, que, certamente, em dia de gala, ficaria movimentado pelo trânsito de cocheiros e cavalos, boleeiros e nobres, donzelas e senhoras.

Antes de entrar no Palácio, nosso grupo de visitantes passou por fronteiras invisíveis aos olhos terrenos, onde dois guardiões nos saudaram ao perceberem as vibrações de equilíbrio e sincero amor com que nos investíamos para essa viagem de congratulações pelo retorno de espírito amigo e querido de nossa família. Estavam comigo mais alguns amigos, também interessados no sucesso da reencarnante, dois protetores da família: Olivier e Louise de Guzman e a companheira Blandina d´Alembert ou Marie de Numiers.

Diante da sala, nos pórticos principais do Palácio, deparei-me com detalhe artístico, que se tornou relevante por aquela que ali habitava e o descreveria posteriormente, pois tal cena se reteve em sua memória transcendental. No entalhe de madeira, uma corsa que foge de um cão e um caçador em posição de atirar, ricamente trabalhado por exímio artífice em branco e dourado. O caçador era tipo holandês do século XVII.

Em ambos os lados desta impressionante figura, distinguiam-se escadas também de madeira, abertas em arco. Em derredor, no andar térreo, magnífico salão de um lado, para a recepção de visitantes, estava ornado com o mais requintado luxo e enfeitado com obras de arte penduradas nas paredes. Às janelas enormes, cortinas em camadas sobrepostas abrandavam a luz, dando ar mais reservado ao mobiliário florentino.

Este ambiente, que ao leitor pode parecer luxuoso demais ou remoto no tempo, estava assim decorado porque abrigava, por aqueles dias, a íntima comemoração de seus habitantes. Regressara à Terra havia precisamente um mês aquela que seria a única herdeira de D. Carlos Ramiro de Montalban e Guzman[5], espírito muito amado de seu coração, a quem ele aceitou orientar segundo os parâmetros estabelecidos pelo mestre Jesus, conduzindo-a, pela educação primorosa que receberia, a reconciliar-se com o Altíssimo, amenizando seus débitos por meio da prática abnegada da caridade.

Recursos financeiros não faltariam para tal, uma vez que o nobre fidalgo pertencia a uma família tradicional de Espanha e França. Algumas vezes, a família também estagiava em Portugal, a pedido da condessa de Guzman, esposa de D. Carlos, que era portuguesa e possuía uma Quinta nos arredores de Lisboa, mas, quando iam para aquela cidade, ficavam no Palácio de Guzman, que era herança de D. Carlos. A menina nascera no Castelo de Montalban, em Madri e a família ficava uma temporada em cada país, atendendo aos desejos do pai e da mãe.

O conde de Guzman era alma desinteressada dessa fortuna que possuía e já havia gasto boa quantidade por sua bondade e consciência, mantendo um hospital para desvalidos, gratuitamente, onde edificara uma "Associação Beneficente de Recuperação da Juventude", que atendia tanto em Madri quanto em Lisboa. Neste programa de amparo pretendia incluir a

---

5 Personagem do conto "Nina", do livro *Sublimação* – FEB, cuja identidade foi posteriormente revelada como sendo o espírito Charles. O cenário da referida história é Madri, onde se situava o Castelo de Montalban.

pequena reencarnante, nos seus mais lindos sonhos paternos, convertendo-a em enfermeira desvelada pelo menos algumas vezes na semana.

D. Carlos Ramiro era filósofo e médico, pianista e culto, dono de particular sensibilidade para com os pobres; esforçava-se por colocar em prática e exemplificar as doutrinas espiritualistas que estudava, pois amava o evangelho do Cristo. Antes de Allan Kardec codificar o espiritismo, D. Carlos estudou a teosofia e o esoterismo, pesquisando nos livros da doutrina Rosa-Cruz, enquanto era admitido também na Maçonaria, mas assim que tomou conhecimento dos novos livros que surgiam, principalmente *O Livro dos Espíritos* e *O Evangelho segundo o Espiritismo,* passou a estudar junto à Sociedade Espírita de Paris os ensinamentos dos amigos espirituais, chegando a permanecer na França por mais de um ano. Por essa época, sua sensibilidade mediúnica se aguçou e ele passou a perceber junto a si espíritos amigos pela clarividência.

Eu conhecia e admirava este espírito havia muitos séculos e senti com facilidade as vibrações de alegria daquele coração paterno, quase em júbilo, pela oportunidade que se lhe apresentava diante dos olhos e ao alcance dos braços. Subi as escadas. O vagido característico dos bebês ecoava de uma das alas dos aposentos particulares e não foi difícil distinguir por onde seguir. O vai e vem de criadas, trajando uniformes impecáveis e atravessando os corredores deu mais respostas. Ouvi uma das damas de companhia da senhora de Guzman, ainda de resguardo, certificar-se de que o frugal repasto estivesse na temperatura ideal para ser servido.

No quarto da criança, decorado com pequenas borboletas cor-de-rosa e um berço enorme com dossel também rosa, encontrei as vibrações felizes que perseguia desde a rua. D. Carlos segurava nos braços sua filha primogênita – Leila, e chorava. Ele olhava para o diminuto rosto com veneração e orgulho que somente o coração paterno seria capaz de conter. Olhei por minha vez para a menina, certo de encontrar ali o reflexo da inocência e fui tocado por sua formosura. Os olhinhos amendoados e expressivos, translúcidos de tão claros, comparavam-se ao azul celeste. As rendinhas tocavam-lhe a fronte escondendo entre os toucados suave madeixa fininha de cabelo, também claro. As faces rosadas compunham a expressão fiel de um anjinho.

O pai apertou-a contra o peito, registrando meu influxo mental de oração pela pequena e, naquele momento, pelas afinidades imemoriais que trazia no fundo da alma, eu me tornei espécie de padrinho do coração para as lides daquele estágio terreno.

– Senhor do Universo, Pai de amor, abençoa este ser diminuto que pela Sua misericórdia retorna à convivência dos homens. Sei que ela é espírito imortal e que traz suas mazelas e recalques, precisando de amparo nesta nova senda que irá percorrer. Coloco-me, Pai amoroso, à disposição dos amigos iluminados que teceram as delicadas tramas desta nova oportunidade, para amparar e inspirar este espírito de agora até o fim de seus dias terrenos.

Como o bebê houvera adormecido, D. Carlos a depositou sobre o bercinho, aos cuidados da ama e, antes de sair, cerrou as cortinas, para que a luz que adentrava a vidraça não perturbasse o sono de sua querida filha.

Pensando dar assistência à mãe da menina, saiu decidido, cruzando o corredor para as alas contíguas em que a referida dama se encontrava.

Fiquei ainda um tempo observando o ressonar da criança e desejei votos de submissão aos desígnios de Mais Alto, e altruísmo, aproveitando a encarnação para transformar-se para o Bem Maior.

***

Voltei a buscar a família de Guzman e a encontrei em passeio a Lisboa, doze anos mais tarde, quando o bebê tinha crescido para se tornar uma linda mocinha. Pesou-me o olhar, porém, a expressão de orgulho que se avolumou na bela menina. Voltei a vê-la nessa idade, após longo período em que me encontrava em trabalhos e estudos outros, urgentes ao próprio adiantamento moral ao qual me dispunha, já que precisaria aproveitar a oportunidade de amparar Leila. Em volitação breve, penetrei outro suntuoso recinto ao qual D. Carlos intitulava lar, mais arejado e claro, talvez pela luz alta da manhã. Era o Palácio de Guzman. Vinha mais uma vez, a convite dos protetores da família, sob a direção da benemérita Louise de Guzman.

Leila, agora uma menina, já trazia o olhar severo incomum nos infantes, mas que traduzia sua vida psíquica riquíssima e culta, a par de suas conquistas na área de mediunidade. Exibia-se ao piano, enquanto empinava o nariz para o alto demonstrando orgulho, talvez inspirada. Seleto grupo de amigas de sua mãe assistia à pequena artista, que tocava com altivez e seriedade de um adulto. Aprendera, em princípio, com o próprio pai, que também era pianista, depois com mestres renomados de Lisboa e Madri. A peça escolhida, de média dificuldade, era uma das valsas de Chopin, se não me engano, tratava-se do opus 70, nº2, em F *minor*.

Aos aplausos das convidadas, a jovem fidalga retribuiu com uma mesura e, finalmente, pôs-se de pé. O vestido de musselina branca assentava-lhe lindamente o corpinho, realçando-lhe a tez clara e com rendas e brocados brilhosos. Os cabelos modelados em cachos, agora em dois tons de castanho, pois tinham escurecido desde a última vez que a víramos, ainda um bebê.

Com efusão comum aos jovens prodígios, exclamou, algo comovida:

– Oh! Não me aplaudam que o mestre é Chopin!

Todos sabiam da admiração da pequena pianista pelo mestre polonês, que morrera em Paris havia quase trinta anos e que ainda naqueles dias encantava a todos com sua arte romântica e sublime, suave e intensa, como deveria ser sua mente de gênio da música.

A mãe recomendou-lhe algum decoro junto às outras meninas, pois que se achava, na véspera, ligeiramente febril, mas Leila deu de ombros aos apelos maternos e lembrou que o pai regressaria de uma temporada de estudos, em Paris, justamente naquela tarde.

– Papai, de certo, me curará.

Aos sonhos de D. Carlos de incutir-lhe desde a infância o amor pelos necessitados ou incluí-la em suas viagens filantrópicas, a mãe da menina sempre se opunha, preservando a filha, em seu modo de pensar, do contato com a miséria e a doença, a pobreza e a dor, somadas às viciações abjetas às quais os seres humanos se submetem inadvertidamente. Não poderiam aqueles olhinhos angelicais ver tais aberrações, nem o coraçãozinho puro suportaria conviver com as mais baixas expressões do homem.

Porém, aos apelos do pai chamando incessantemente por Leila, a senhora condessa de Guzman sempre respondia que se esperasse pelo tempo certo, quando a menina desabrocharia na jovem prestativa e que, para tanto, fossem sugeridos valores morais em sua educação primorosa. Pois não falava o francês fluente? Não tocava piano com dedicação? Não se comportava como verdadeira princesa entre os convidados? Aos poucos também, os nobres valores como altruísmo e filantropia, tão prezados pelo senhor conde, seriam convertidos em pequenas ações aos desafortunados, como as esmolas atiradas aos mendigos. Sim, ela teria potencial mais tarde para se tornar caridosa e recursos não lhe faltariam. Faltava apenas, por enquanto, dar tempo ao tempo até que a maturidade e a educação que tivera lhe inspirassem os atos.

D. Carlos silenciava aos apelos do coração materno, mas não queria que a filha simplesmente atirasse moedas aos pobres e, sim, que se comprometesse com a filantropia. Por sua vez, ele não conseguia tratar sua querida Leila com os rigores que uma educação moralizante requeria, cedendo sempre aos caprichos da filha. Seu coração bondoso se lembrava dela nas revelações que tivera sobre a encarnação pregressa, quando outrora fora cigana dançarina que morrera tísica[6].

---

6   Referência ao conto "Nina", da obra *Sublimação* – FEB.

Talvez por essas razões, ou por trazer em espírito as características que se lhe acentuavam, a jovem pianista crescia algo mimada, como filha única daquele lar riquíssimo, acostumada à deferência de todos que lhe acercavam a alegre vida.

Voltando ao canto do salão, as mocinhas estavam reunidas em alegre efusão, rindo sem motivo, com a facilidade que a juventude encontra em ceder ao pequeno prazer de estarem juntas e não terem ainda grandes responsabilidades que as preocupassem.

– Então não leste, amiga Leila, a obra prima do nosso Camilo, *Amor de perdição*? Tenho certeza de que gostarás, pois teu espírito dado a aventuras introspectivas aplaudi-lo-á sem reservas. Simão Botelho e Tereza Albuquerque amam-se, mas suas famílias se odeiam...

A lucidez de Leila foi imediata para cortar a narrativa que se seguiria, trazendo à baila os detalhes relevantes da história, que, ditos de maneira antecipada, acabariam por atrapalhar o prazer de ler.

– Se é o que dizes, revive o senhor Castelo Branco os dramas trágicos de Shakespeare? Temos, à portuguesa, novos Romeu e Julieta?

A interlocutora riu-se, pois nunca havia comparado as duas histórias. De fato o tema romântico não era inédito, famílias que se odeiam e proíbem os jovens de se encontrarem, levando-os a morrer ou matar em nome do amor.

As adolescentes passaram a cismar por alguns minutos e como a nós é fácil perscrutar a alma humana nesses momentos de íntima reflexão, adentrei os equivocados pensamentos de Leila:

"Como seria nobre sair desta vida por motivo de um amor inacessível e puro. Deixar a todos essa mensagem de rebeldia, esse recado de entrega, provando que o coração apaixonado é soberano e governa a mente com seu sentimento tão gigantesco e expressivo, que prefere a morte à solidão, diante da impossibilidade de se concretizar. Sentimentos elevados de bem-querer e carinho, quimeras e passeios, beijos roubados e pequenos bilhetes consagrados a um e a outro, em segredo, lidos apressadamente à luz fraca de uma vela. Não se podem desfazer os sonhos de união pelo desgosto paterno!"

Grave impressão daquela sequência de raciocínio passou à minha percepção. Assustado pelo tema recorrente que outrora comungávamos, ou melhor, que eu inspirava a ela, naquela mesma sucessão de argumentos, afastei-me da jovem bela, deixando-a entregue a seus próprios devaneios de amor adoentado, mas entendia, agora, o quanto seu coração infantil e obstinado se equivocava diante das perspectivas desse amor inconsequente, em nome do qual as bandeiras do Romantismo se erguiam.

Veio ao pensamento a inspiração de influenciá-la, certamente, protetores do espaço vigilantes auxiliavam e passei a refletir em favor de Leila, apesar de sua firmeza de raciocínio. Tentei persuadi-la, afirmando que o engodo do suicídio era a temática central de tais dramas até hoje exaltados pela literatura mundial e, na época em voga, isso não passava de um modismo nefasto que arrastava os sonhadores à morte por amor. Com este ato tresloucado, esquecem-se de que o Pai Celestial é o Senhor da vida e da morte, Suas sábias leis não se curvam aos caprichos de corações egoístas que julgam amar, mas que, verdadeiramente, querem reter para si o ser amado. O amor autêntico a tudo perdoa e esquece e, ainda, preserva-se de toda dor e não se destrói.

O suicídio sempre foi um grave erro, o suicídio por amor, um engodo do egoísmo romântico. Quem ama liberta. Quem sabe não tiveram essas duas almas a prova ou expiação de se amarem à distância, mantendo os corações preservados um para o outro e o corpo voltado para a caridade em nome do amor?

Preso neste ínterim entre o cumprimento do plano reencarnatório e o esforço em frustrar esse plano por meio do intento de morte, embasado pela crença no nada posterior, o suicida prende-se à loucura que pratica por anos a fio. Porém, a misericórdia divina não desampara ninguém e chega a hora de resgate da loucura, após tratamento de recuperação, em que o regresso à nova roupagem terrena se fará necessário. Nenhum crime praticado contra a vida ficará impune, nem mesmo os praticados pelos heróis românticos, pois seus pensamentos e atitudes, como personagem, são criados na mente de um autor e é essa a responsabilidade que a consciência lhe cobrará mais tarde.

Afastei-me do grupo de meninas, que ainda discutiam protagonistas apaixonados e suas lúgubres razões em nome do amor equivocado, porque D. Carlos acabava de chegar ao recinto. Sendo recepcionado pela senhora condessa e por todos os convidados, ele procurou o olhar da filha que saiu do grupo de meninas para abraçar o pai e, sem delongas, reclamar de sua indisposição.

O senhor conde e sua filha confidenciavam detalhes no canto oposto ao piano e podia distinguir o tom suave e choroso com que a jovem convencia o querido progenitor de sua condição. Os cabelos grisalhos do fidalgo e sua expressão séria de puro interesse refletiam seu estado de alma – profundamente preocupado com o ocorrido, por mais corriqueiro que se fizesse. Fitou com seus olhos negros e cansados a beleza quase infantil diante de si e sorriu, algo comovido, quando percebeu que os sintomas já se haviam abrandado e que ali não havia enfermidade e sim faceirice. Leila era o brilho de seus olhos, a razão de sua vida, o coroar de sua existência. Vê-la feliz e saudável era seu ideal, compensá-la pela dificuldade que enfrentara na encarnação pregressa era o cerne de seu comportamento para com ela.

Ouvia a filha atentamente, vez por outra perguntava sobre algum detalhe do sintoma descrito e, médico que era, sondava a disposição de Leila para poder recomendar os procedimentos.

– Tu sentias dores, Leila? Conta-me onde... – perguntava o fidalgo preocupado.

– Não, papai, nada doía, só senti muito sono – redarguiu a adolescente.

– E a febre que tua mãe relatou?

– Exageros dela. Mamãe fez-me deitar – na jovem visão da vida, ir se deitar durante o dia era pura perda de tempo.

– Agora nada sentes, pois vi que te divertias ao piano.

– Não mais.

Com carinho, tocou a testa da filha, como se medisse a temperatura, mas na verdade já sabia que ela não tinha nada. Enquanto fazia isso, orava por ela.

Além de médico, D. Carlos era profundo conhecedor da alma humana, estudante de filosofia oriental e apreciador do mestre de Lion, cujo material de pesquisa estudava, semanalmente, por ser apreciador de filosofia e ciência. Em princípio, interessado na cura pelo magnetismo, acabou por envolver-se nas manifestações de mesas girantes com dedicação e, hoje, não desprezava aqueles conhecimentos na cura de seus pacientes e de toda a família.

Retirei-me do recinto em profunda meditação em torno das vidas de Leila e procurei a estância espiritual onde estagiava, buscando aconselhamento e reflexão. Nossa conselheira e também madrinha espiritual de D. Carlos e Leila, vendo o estado em que me encontrava, fez-se presente e elucidei-me, imediatamente, constatando meu pensamento aflito:

– Caro Arnold, as leis soberanas e justas de Nosso Pai Maior dão a cada um o necessário para o progresso de todos. A menina Leila foi suicida, como sabes.

Como ela fizera pequena pausa para minha reflexão, recordei o trágico episódio envergonhado de mim mesmo pela inspiração que imprimi junto ao pensamento de Leila, levando-a a atirar-se ao mar, por impulsos do coração partido. Ela tinha dezesseis primaveras e havia levado meu filho do coração, anteriormente, à mesma desgraça por ela – o suicídio. Vinguei-me como odioso obsessor que era. Senti pesar sobre mim mais uma vez as responsabilidades no ato desvairado de amor, cometido por Andrea, nos idos de 1800. Hoje, arrependido, convertido à doçura e ao perdão que nos propõe o manso Rabi da Galileia, implorei aos superiores acompanhar meu filho e não perder a menina de vista, imbuído da determinação de amá-la. A intenção era ampará-los, mas como minha carta de serviço ainda não era das mais amplas em se tratando de caridade, contentei-me com o posto de observador e amigo, embora me sentisse brindar por aquele sentimento avassalador de compaixão que tanto era descrito e inspirado por diletos mentores.

Louise de Guzman prosseguiu:

– Os pensamentos que Leila emitia há pouco não são mais que reflexos de sua alma saudosa das paixões que viveu e que a comprometeram, embaladas pelos novos personagens das histórias fictícias, a que sua mente inquieta e ávida por aventuras, poderia acompanhar. Este gérmen, ainda que pequeno, é alimentado pelas histórias de amor que lê.

"A leitura edificante, cuja recomendação não falta, pois seu pai mantém interessante biblioteca espírita e esotérica que poderia dar a ela respaldo, poderia ser uma das soluções para sanar tais anseios, até que os sonhos juvenis equivocados cedessem lugar ao juízo e discernimento da idade adulta. Sabemos que os corações ainda jovens são mais influenciáveis e, portanto propícios, cabendo aos pais e professores maior atenção e redobrada vigilância nessa idade – a adolescência.

"Em breve a menina deverá deixar o lar paterno para concluir seus estudos em colégios franceses, como costume das famílias abastadas. Esse novo lar em que Leila estagiará é instituição de grande respeito entre as luzes do cristianismo terreno. Lá, ela poderá cultivar, entre os sacerdotes e professores, nobres amizades e inspiradoras personalidades para o reto proceder, o cultivo dos valores morais e, quem sabe, possa cumprir as aspirações de seu pai, ou seja, que ela consiga praticar o altruísmo e se torne caridosa."

A benfeitora se calou e, diante das revelações do plano encarnatório de Leila, lembrei-me do compromisso com meu dileto filho ao qual não perdera de vista e acompanhava de quando em quando. Sem que precisasse esboçar as interrogações íntimas, a nobre mentora ponderou:

– Roberto a encontrará, sim, é inevitável, devido à proximidade em que as famílias que os abrigam residem, sendo amigas. Dependerá apenas do livre-arbítrio dos dois para que se unam mais uma vez.

A lua que nascia nos horizontes exortou às íntimas reflexões sobre os desígnios de Deus e o livre-arbítrio de cada espírito, tecendo luminosa trama...

AMOR, SEMPRE AMOR

> "A piedade, quando profundamente sentida, é amor:
> o amor é devotamento, é o olvido de si mesmo; e esse olvido,
> essa abnegação pelos infelizes, é a virtude por excelência,
> aquela mesma que o divino Messias praticou em toda
> a sua vida, e ensinou na sua doutrina tão santa e sublime."
>
> **(ESE – Cap. XIII – 17)**

> "E, certa vez, à noite, estando eu a exercitar a
> 'Sonata ao Luar' de Beethoven, ao piano,..."
>
> **(*Recordações da mediunidade* – FEB – p. 165)**

VOLTEI A VER Leila, no ano de 1879, agora no Palácio de Montalban em Madri, quando regressava de seu estágio educativo em Paris. Mais uma vez, como se viesse atraído pela musicalidade, ela tocava piano, arte na qual se tornara especialista e magistral ao executar Chopin, entre *polonaises* e *impromptus*, valsas e noturnos. Ainda em Paris, onde seus preceptores de piano foram discípulos diretos de seu grande ídolo polonês, como seu próprio pai também fora, ela aprimorara a sua técnica musical.

Os estudos de Leila se davam no convento anexo à Igreja de Saint-Germain. Esta igreja em particular, apesar da suntuosidade e da paz que reinava no local, vertia na solitária Leila sentimentos inexplicáveis, angústia e medo sem propósito, como se ali fosse o palco de uma grande traição. Depois de algum tempo, Leila passou a sentir verdadeira aversão pela igreja que era obrigada a frequentar todos os dias. Estas lembranças tristes, embora ela não soubesse, eram de outra existência, quando engendrara vingança contra o capitão de fé, Luís de Narbonne[7], e fugira dele enquanto ele se

---

7 Personagem do livro *Nas voragens do pecado* – FEB.

confessava, deixando marcas inconfundíveis para sua sensibilidade mediúnica nas lajes da nave central.

Os sentimentos controversos do passado deixavam impressões que só se abrandavam quando ela tocava piano. Alma dedicada e sensível, encontrou na expressão da música também sua forma para contornar a saudade da casa e de seu pai. Quando tocava, relembrava os momentos que vivera no seio doméstico, cercada de carinho e atenção, mimos e flores. No lar, não precisava estar sozinha nunca, sempre comia o que lhe apetecia e brincava, estudava e lia o que lhe enchia os olhos. Uma vez distante, valorizou a paz de seu quarto luxuoso, as amas a vestir-lhe as rendas mais caras e as amizades que a visitavam sempre. A lembrança do olhar amoroso de D. Carlos, pedindo que ela tocasse essa ou aquela música, não lhe saía do pensamento e a saudade de pessoas caras, cercada apenas por estranhos, faziam com que ela se sentisse impaciente, ansiosa, melancólica e distante em devaneios. Esse estado d´alma era relatado em minúcia por ela mesma em cartas à família, mas também era notado por suas professoras, que, enternecidas pela saudade que ela sentia, enviavam a D. Carlos suas observações.

Quando se sentia solitária ou o colóquio com as colegas de internato se tornava tedioso demais para sua perspicácia, retirava-se para a sala de música, porque obtivera permissão da Madre Superiora para tocar quando não tivesse outros estudos a realizar.

Nos três anos que estudara em Paris, Leila crescera, tornando-se visivelmente uma mulher. Sua beleza se acentuara e os profundos olhos azuis se tornaram lúcidos, refletindo os conceitos de seu tempo com a determinação de que seu espírito obstinado e intimorato trazia marcas. Leila sorria e cativava, tocava, com sua arte, os corações sensíveis como os dela e encantava os olhares masculinos que tivessem a oportunidade de fitá-la.

Assim que chegou de volta a Madri, Leila se acercou do pai, cheia de saudades de sua atenção, e passaram a conversar amistosamente, ora relembrando suas peripécias infantis, ora testando seus conhecimentos entre literatura e política, direitos humanos e, sobretudo, artes, incluindo a música. Sim, ela estava bem preparada para a vida. Sua cultura já era farta e talvez, agora que ela começava a entender os porquês da vida, D. Ramiro pudesse incutir-lhe suavemente as ideias e ideais os quais abraçava, sugerindo-lhe a filantropia que tanto completava e dava sentido aos seus dias.

Aproximei-me quando Leila deixou o piano e voltou a conversar com o pai, após os aplausos das convidadas de sempre, filhas das amigas de sua mãe. Como se interpretasse cômica peça, ela começou a treinar seu francês, faceira e brincalhona, provocando o pai com sua recém-adquirida fluência. Chamava-o carinhosamente Charles, traduzindo seu nome de batismo para a língua de Allan Kardec, certa de que seria compreendida só por ele na totalidade de seu pensamento, visto que a mãe e as convidadas limitavam-se aos cumprimentos básicos naquela língua. Assim diante de todos, mas mantendo a barreira de entendimento aos outros interlocutores, exibia-se, ao mesmo tempo revelava ao pai a intensidade da melancolia que sentira distante dele. Usando palavras que não eram de sua língua materna, ela conseguia expressar sem reservas suas dores e suas dúvidas, certa de que naquela hora, diante de outras pessoas, não seria repreendida, nem se emocionaria demasiadamente.

Foi assim que teve coragem para revelar-se rebelde aos conceitos católicos aprendidos durante sua educação por incentivo de sua mãe e praticados com mais rigor no internato, que era na verdade um convento. As madres da Igreja de Saint-Germain lhe imprimiam respeito e distância, não conseguindo amizade com elas, nem mesmo para tomar-lhes por conselheiras, visto que seus argumentos sempre diziam respeito a um céu e um inferno que Leila não poderia conceber. Disse isso de chofre, seguida da confissão, com os olhos brilhantes de lágrimas contidas, de que não queria mais regressar à França ou ao convento para a conclusão devida de seus estudos.

D. Carlos, entre enternecido e preocupado, respondeu no mesmo francês da filha, temendo ser mal-educado com os convidados que fingiam acompanhar o diálogo, certos de que ela narrava as venturas da educação primorosa que recebera ou as belas paisagens de Paris.

– Podemos conversar em particular se te apraz, querida. Por enquanto, fica sabendo que não te forçarei a regressar, se é disso que tens medo, minha filha. Sei que tua educação se completaria aos dezoito anos e isso te daria mais três anos em Paris. Se não o queres, fica conosco, mas exijo que expliques por qual segmento do cristianismo te devotarás a nosso mestre Jesus, se não és católica. Respeito qualquer religião desde que concebida e praticada com fé e devotamento e, em minha casa, não a obrigarei a seguir o catolicismo porque sua mãe assim o quer. Mas, diga Leila, se é por Lutero ou Calvino que teu coração foi conquistado, ou antes, se leste ao que recomendei em nossa biblioteca e o isolamento e a saudade fizeram-te refletir sobre o espiritismo?

Leila disfarçou como pôde sua alegria diante da aprovação do pai. Certa do apoio dele, poderiam conversar mais tarde, quando tentaria convencer também a mãe a abandonar o exílio em Paris, sem que outro convento em Lisboa ou Madri fosse a solução. Foi tão grande o contentamento que ela esqueceu o francês e agradeceu, em espanhol mesmo, às concessões que D. Carlos Ramiro lhe fizera. Displicentemente, ignorou a pergunta tão importante, mudando de assunto e aceitando tacitamente o convite do progenitor para conversar na intimidade.

Auscultei os pensamentos do pai amoroso que enchia o peito de ternura diante do contentamento da jovem, agora culta e senhora de si, que ela havia se tornado. Ele pensava até que ponto os caprichos de sua filha deveriam ser atendidos, quando foi novamente abordado pelo coraçãozinho exultante e ouviu as palavras doces, agora em sua língua natal:

– Papai, podemos promover um sarau? Em comemoração ao meu regresso? Podemos?

As convidadas aplaudiram a ideia, diante da rara oportunidade de um baile que a nata da sociedade espanhola frequentaria. Nesses eventos disfarçavam-se os ensejos que os jovens tinham para conversar ou buscar casamento entre outros jovens.

Leila era só entusiasmo adolescente pela vida radiante que se desnudava. Ela estava ciente das próprias capacidades, mas não se entendia ainda entre os mais felizes da Terra, que gozavam saúde, juventude, beleza e riqueza na mesma oportunidade. Queria sempre mais em seus sonhos e quimeras, queria um príncipe ou herói com quem comungasse os mesmos anseios. Exultava o coraçãozinho inexperiente de aventuras pelas ocasiões onde se fariam encontros entre amigos e conhecidos na promoção da sociedade, futuros candidatos ao namoro e casamento.

D. Carlos Ramiro não se importou que a conversa iniciada em francês tivesse se dissipado, pois se constrangera diante dos convidados e até mesmo da própria condessa, pessoa a quem ele sabia não compreender o pedido de Leila tão facilmente. Ele se deixou levar pela efusão adolescente com a perspectiva da festa, talvez querendo dar-lhe tempo para se acostumar à nova realidade em que se inseria – o mundo adulto repleto de saraus e festas. Desistiu de repetir a pergunta que fizera antes ou insinuar novamente os trabalhos de caridade em nome de Jesus. Pensou uma vez mais, em primeiro lugar, em atender-lhe os caprichos, certo de que teria tempo mais tarde para conversar com tranquilidade. O que seria um evento como aquele, de pequenas proporções, diante de sua fortuna? Não merecia aquela que regressava ser comemorada depois de tão longo tempo?

Mobilizou então recursos e marcou a data para o festejo, elevando o estado de espírito da filha ao júbilo pela quimera que viveria. Ela era toda emoção adolescente pela vida radiante que se abria como um leque diante de si.

Naquela noite, após o recolhimento dos criados e de D. Carlos ter dispensado seu serviço de quarto, ele se encontrava em seu escritório envolvido em sentida prece. Papéis e livros abertos de suas recentes pesquisas estavam diante dele na escrivaninha altiva, de madeira escura, à moda florentina. Uma única vela iluminava o ambiente, já que ele tinha dispensado a criadagem e solicitado que apagassem os lampiões e candelabros. Naquela luz bruxuleante, o rosto dele contraído em elevação parecia muito velho, sulcado por rugas, e os cabelos, já cobertos pelas cãs do tempo, refletiam o brilho amarelado do fogo que se extinguia na lareira próxima. Assim enlevado, a meus olhos espirituais, parecia verter de sua mente intensa claridade, maior e mais intensa que qualquer outra do ambiente, pelo calor da prece que proferia, pela sua condição de mártir, tendo morrido em nome do mestre Jesus, nos dias que ficaram conhecidos como de São Bartolomeu, na França.

Tão concentrado estava ele, que não ouviu as suaves batidas na porta. Leila pretendia encontrá-lo a sós, longe dos convidados, mas, principalmente, longe de sua mãe. Entrou suavemente, parando diante da comovente figura de seu pai em oração. Os olhos dele estavam fechados e dos lábios saíam, como uma cascata de estrelas, as mais lindas pérolas de lições que ela já ouvira. Agradecia o fidalgo pelo dom da vida, pela oportunidade de estudo, pela riqueza que possibilitava garantir o sustento dos seus, agradecia por cuidar dos enfermos e em especial pedia nominalmente por alguns assistidos de seu hospital. Quando terminou de enumerá--los, pediu que os espíritos que o cercavam cuidassem durante a noite de seus familiares, vertendo sobre eles bálsamos salutares e bênçãos de paz. Esta oração chegava diretamente à nossa benfeitora Louise de Guzman, que concedia chuva de bênçãos para todos da família e aos necessitados que foram nomeados. Calou-se o conde, quando a menina tomou coragem para ensaiar o nome paterno, mas o fez mantendo-o traduzido para o francês, que se tornou, a partir dali, um apelido carinhoso, que ela usava sempre que estavam sozinhos, ou sempre que queria abrir seu coração e pedir conselhos.

– Paizinho? Charles...

Os olhos dele se abriram lentamente e, quando ele a viu, ficou altamente enternecido pela figura de camisolões e cabelos trançados, parecendo mais magra e menor do que no dia a dia, quando se trajava com os vestidos armados e coletes comuns à indumentária feminina da época. Ele se lembrou da criança que ela ainda era, ou que fora, até sair de casa para sua educação em Paris.

– ... podemos conversar agora?

À resposta afirmativa dele, correu para tomar-lhe a bênção, osculando as mãos que tremiam ainda pela emoção da prece, deitando a cabeça sobre seus joelhos em atitude de reverência e carinho. Depois se sentou em cadeira próxima, sem saber por onde começar a falar. Na verdade, estava acostumada às preces do pai, mas aquela, em particular, tinha tocado intimamente seus conceitos de fé e devoção, exatamente quando iria confessar sua insensibilidade a esses arroubos das religiões.

Ele esperava paciente, quando percebeu o silêncio da interlocutora, talvez pelo avançado da hora ou pela solidão da casa, ela se sentisse tolhida. Resolveu, então, o nobre senhor que falaria mais uma vez à filha, resumindo o que tinham conversado, talvez para relembrá-la de onde tinham parado. Ele a tinha questionado sobre a fé e a religião que ela estaria professando, uma vez que não pretendia tornar-se católica como a mãe.

– Mais cedo ficaste de dar uma resposta, Leila. Não que fosse urgente ou condicional sondar tuas propensões a uma das religiões cristãs, mas entendo que seja necessária à vida de qualquer ser humano. Permito-te escolher e não te imponho minhas convicções, certo de que tens livre-arbítrio e bom discernimento para essa escolha.

Leila se empertigou na cadeira, olhando para a vela que se extinguia. Sondando seus pensamentos, eu via a difícil situação em que se encontrava, sem querer desagradar ao pai, mas tendo de assumir o foro íntimo de indagações e dúvidas que não são a base para nenhuma fé. Ela foi sincera:

– Perdoa-me, papai, não professo nenhuma fé. Vi que oravas quando entrei em teu escritório, silenciei respeitosa, senti a intensidade de tua devoção e me envergonhei de não partilhar a tua crença, por isso me calei. Penso que estou magoando os teus sentimentos com essa minha decisão, mas não consigo acreditar no sobrenatural como acreditas, nem me valer das práticas católicas para orientar minha conduta. Quanto aos protestantes, nunca participei de seus cultos e não saberia dizer, mas creio ser a mesma coisa, já que o mestre que norteia também essa enorme quantidade de crentes é o mesmo.

Calou-se a menina e o pai chamando sobre si mesmo a responsabilidade de orientá-la, retrucou:

– Não leste o exemplar de *O Evangelho segundo o Espiritismo* que te dei? Não tomaste aulas com os párocos e freiras por esses anos todos, como queria tua mãe? Nada do que lhe foi ensinado tocou teu coração? Nem a vida, nem as mensagens do Cristo, nem as interpretações dos espíritos foram suficientes para convencer-te? Sei que não conheces o amor, a não ser aquele que nutres por minha pessoa e outros familiares, mas não podes deixar de convir que a mensagem daquele a quem não compreendeste ainda completamente é de puro amor. Amor sublimado pelos desvalidos e doentes.

D. Carlos Ramiro parou de falar por alguns minutos, refletindo sobre a melhor forma de abordar aquela filha querida de seu coração, que caminhava pelo mundo ainda às escuras na pior das ignorâncias: a ignorância da fé. Porém, ela mesma, achando a pausa no diálogo, se interpôs:

– Li, sim, o que me pediste com atenção e assisti às aulas de catecismo com seriedade, mas entendo que esses personagens, criados para exemplificar condutas e procedimentos, são nada mais que um instrumento social para modelar caracteres. A ciência tem avançado...

D. Carlos interveio diante do que ouvia, pois não podia acreditar no que estava sendo revelado. Então sua filha querida, uma artista dedicada, que tinha estudado nas melhores escolas, obtido dentro do lar dois exemplos de fé, dele mesmo e de Constância, sua esposa – que, sendo católica fervorosa, era a expressão do que acreditava – a doce Leila agora se revelava insensível ao Cristo?

– Queres ciência? Lê *O Livro dos Espíritos* – ele correu os dedos pelas pilhas de livros sobre sua mesa, escolheu aquele que pretendia e o estendeu à filha. – Depois conversaremos sobre ciência. Quero saber sobre o sentimento que é capaz de mover os teus atos, Leila. Esse sentimento que te leva a tocar piano com desvelo, habilidade e perfeição. Quero saber sobre a saudade que sentias desta casa onde nada te falta. Da saudade que sentias de minha pessoa. Não é amor, querida?

A jovem fidalga escondeu o rosto entre as mãos parecendo chorar, enquanto D. Carlos, já de pé, afagava os cabelos dela, mesmo trançados. Minutos depois, a moça enxugou duas lágrimas enquanto rearticulava o pensamento, escolhendo palavras para ser sincera sem magoar aquele que mais amava no mundo.

– Sim, eu te amo, papai, com toda intensidade que conheço e me foi muito cara a separação que vivemos por esses anos. És um nobre fidalgo, com maneiras educadas e polidas, preparado para agir com discernimento, com compreensão. Tens o coração bom e ajudas aos desvalidos, colocando à disposição dos necessitados não só os teus serviços como médico, mas também parte da fortuna que herdarei. Não entendes que és especial para mim? Não sentirei este amor por mais ninguém.

D. Ramiro tomou entre as mãos o rosto da filha para olhar em seus olhos e se certificar da profundidade daquele amor. Ele não a estava repreendendo, mas em sua delicadeza de sentimentos, Leila se comovia diante do que conversavam. Ele mesmo enxugou outras duas lágrimas, enquanto dizia:

– És minha filha agora, mas se estivesses entre os caídos e doentes que amparo em meu hospital, eu cuidaria de ti.

Lembrando-se das inesquecíveis cenas que vivera quando Leila se apresentara em seu hospital morrendo de tuberculose, em outra encarnação, o fidalgo parou de falar. Não podia revelar seus conhecimentos sobre o passado para aquela que não conseguia acreditar. Refazendo o raciocínio, continuou:

– É amor como este que sentes por mim que nosso mestre Jesus tem pela Humanidade. Cada caído, necessitado, doente ou pobre é especial para ele e merece toda atenção e cuidado. Como ele não está mais entre nós, delega às pessoas de boa vontade que tenham responsabilidade e consciência, uma parcela desse cuidado com o próximo, assim diminuindo o sofrimento no mundo.

Leila entrou a cismar sobre os ensinamentos do pai. Nunca em suas aulas poderia ter compreendido tão bem as lições sobre o amor do Cristo, mas era alma caprichosa e ainda duvidava, argumentando com coerência dentro do que entendia sobre o amor, que era quase nada.

– As pessoas têm divergências de posturas, de atitudes, tornando-se ciumentas e más, mesquinhas e avarentas, maledicentes e até cruéis... Não é possível amar a todas elas com imparcialidade. O amor que sentimos um pelo outro como pai e filha é algo diferente, sublime, íntimo até, não terá nunca essa característica indistinta e popular.

Vendo os dois conversarem de onde me encontrava, podia observar as ondas de fluidos cor-de-rosa que exalavam do centro de força cardíaco[8] de D. Carlos, indo diretamente essas energias afagarem a área correspondente no corpo espiritual de Leila.

Pacientemente, o fidalgo voltou a elucidar, retomando sua posição na cadeira da escrivaninha, pois que a menina parara de chorar, consolada pelo carinho que sentia vindo dele. Distinto brilho se fez presente no olhar do conde, agora enlevado pelo evangelho de amor que recitava e pela oportunidade de instruir a filha.

---

8 Chackra ou fulcro de captação e manutenção de energia, situado no perispírito.

– Jesus compreende que essas atitudes e posturas que tomamos, às vezes, são frutos da ignorância das sábias leis de Deus. Falo da lei de causa e efeito e da lei de reencarnação que compreenderás quando leres o segundo livro que te dei. Desse amor que o mestre representa na Terra, cujas bases estão assentadas no perdão e na compreensão da ignorância, também eu sou apenas um aprendiz. Tudo que faço em nome da caridade, pelo que me consideram como filantropo, não é nada em comparação ao que poderíamos fazer nós dois juntos Leila, se apoiasses nossa causa...

Leila se inquietou mais uma vez. Não se julgava à altura do pai nem em termos de fé, nem em termos de filantropia, pois que esses eram ainda conceitos muito aquém de sua compreensão, em parte devido à sua juventude, em parte devido ao seu espírito arredio e insubmisso aos apelos cristãos.

– Não consigo entender esse amor, papai! Sinto muito! A par do amor que te devoto, mais além consigo apenas entender as aventuras amorosas descritas nos livros. Encontros de cavalheiros e suas damas, cartas trazendo segredos de amor e beijos roubados à moda romântica mais expressiva. Amor pela arte, pela música, dedicação ao conhecimento, aos modos polidos e ao comportamento cortês. Desse amor aos doentes e pobres, sem elegância e cultura, falta-me compaixão, falta-me fé de que alguma atitude por esses coitados tenha consequências outras que não sociais.

– És ainda muito jovem, Leila. Terás outras oportunidades de te comoveres diante da dor alheia, quando vires uma criança com fome ou jovens sem oportunidade de estudo como tens ou, ainda, diante da velhice desamparada. Muito me agradaria que te interessasses pelo hospital, que o visitasses vez por outra para teres a ideia do que falo. Enquanto viveres entre as almofadas perfumadas deste Castelo não te comoverás.

Os dois ficaram quietos por alguns momentos, entendendo-se mutuamente. A jovem se revelava romântica, mas pensava exatamente como Constância o prevenira anos antes: uma dama deveria se precatar de certas situações sociais, preferindo misturar-se às buscas casamenteiras dos salões a operar na enfermagem caridosa, no acolhimento ao mendigo, no ouvir dos problemas e se interessar por eles. Faltava-lhe a piedade, aquele sentimento descrito pelo espírito Michel, no capítulo XIII de *O Evangelho segundo o Espiritismo*[9]. Recomendou que a filha lesse o tópico em particular e depois meditasse mais um pouco.

D. Carlos resolveu que não insistiria e passou a tratar as amenidades sugeridas pela filha. Queria conhecer cavalheiros? Não seria muito nova ainda?

Conversaram animados por mais algum tempo. Pai e filha só se recolheram quando o relógio carrilhão soou duas horas da manhã.

***

MAIS ALGUMA SEMANAS se passaram enquanto esperávamos pelo grande dia em que a mansão se iluminaria pela festa. Durante este tempo, Leila tocava ao piano com frequência e exaltava-se com a música, arrastando consigo a família, que também ouvia os maravilhosos acordes, delicados arpejos que compunham as melífluas melodias. Sempre que podia, D. Ramiro tocava também e promoviam desafios um ao outro, como se a principiante pudesse superar o mestre. Todos os dias também ela buscava a biblioteca para a leitura de seus romances, esquivando-se das estantes espíritas recomendadas pelo pai, por pura falta de interesse ou, antes, por medo, já que, sendo médium, quando se concentrava, conseguia atrair espíritos necessitados ao seu redor e isso lhe causava desconforto. De quando

---

9 "O sentimento mais apropriado a vos fazer progredir, domando vosso egoísmo e vosso orgulho, aquele que dispõe vossa alma à humildade, à beneficência e ao amor do próximo, é a piedade, essa piedade que vos comove até as fibras mais íntimas, diante do sofrimento de vossos irmãos, que vos leva a estender-lhes a mão caridosa e vos arranca lágrimas de simpatia. Jamais sufoqueis, portanto, em vossos corações, essa emoção celeste, nem façais como esses endurecidos egoístas que fogem dos aflitos, para que a visão de suas misérias não lhes perturbe por um instante a feliz existência. Temei ficar indiferente, quando puderdes ser úteis!"

em vez, tomava *O Livro dos Espíritos* para dizer que obedecia ao pai e o lia com a dúvida por companheira, com a intenção de enumerar falhas de raciocínio, mas, como não as encontrava, aborrecia-se da leitura e justificava, intimamente, seu procedimento de abandonar o livro pela proibição que sofrera, certa noite, quando ainda estava no convento e uma das freiras a surpreendeu lendo o evangelho que o pai lhe dera.

A Madre Superiora tomou conhecimento do caso, o livro confiscado e a jovem sofreu reprimenda e cumpriu até mesmo penitência. Apesar de se tratar de um evangelho, foi atirado ao fogo e Leila viu o que mais amava nele queimar-se de imediato – a dedicatória que seu pai lhe escrevera – estava em Espanhol e ninguém a entendeu. Depois desse episódio marcante, ela não mais conseguia se concentrar na leitura espírita, julgando-se muito pecadora ao fazê-lo, ou antes, era isso que pairava em sua mente, justificando sua falta de atenção a um pedido que seu pai lhe fizera, pois se não era espírita, tão pouco era católica.

Com a proximidade do dia do baile, vieram também os preparativos. Cada ornamento do salão fora polido e cuidado pela fiel criadagem da mansão. Flores foram encomendadas e as melhores comidas e bebidas capazes de agradar aos mais finos fidalgos da época. A prataria e a porcelana foram previamente escolhidas pela senhora daquela festa e fariam inveja às outras senhoras tanto pelo refinamento quanto pelo bom gosto. As obras de arte, selecionadas pela pequena anfitriã para constar diante de seus convidados, foram retiradas dos aposentos íntimos para a especial decoração. Até mesmo o cavaleiro em posição de atirar em corsa assustada, entalhado na madeira ao pé da escada, recebeu polimento de uma resina específica que o fazia brilhar, dando destaque a tão distinta ornamentação. O Palácio parecia resplandecer iluminado pelo encanto e pela alegria de sua herdeira.

No grande dia, meia hora antes de os convidados adentrarem o salão, Leila exercitava seus dedos ágeis ao piano, quando os membros do trio de cordas chegaram. Ao invés de se inibir diante de consagrados profissionais da música, ela continuou tocando, afirmando pouco depois que também tocaria uma das peças de Chopin, pois as amigas estavam acostumadas a ouvi-las sempre que ali vinham e naquele dia não se furtariam a fazê-lo. Os músicos, admirados da qualidade do trabalho que ouviam, aquiesceram ao pedido, que mais pareceu uma ordem.

Mais tarde, de fato, quando o salão estava repleto de convivas, a jovem anfitriã comprovou que era verdade aquele seu primeiro impulso e não se intimidou diante do público. Aos olhos maravilhados de todos os presentes, aquela linda e rica fidalga se apresentou como um anjo vindo diretamente das beatitudes celestes. Vestia vaporosa musselina branca quando desceu as escadas, cruzou o salão com os olhos fixos no instrumento, parecendo não ver mais ninguém, trocou algumas palavras com o maestro e se sentou. Seus dedinhos, embora pequenos, davam conta do teclado com exímia habilidade. Como prometido, ela iniciou os acordes do fabuloso *Fantasie-Impromptu*, opus 66 de Chopin, música que alterna trechos suaves e intensos, que bem retratavam seu estado de alma tão vivo e cheio de contrastes, de altos e baixos que espelhavam sua forma de ser. Essa música era a preferida de seu pai.

Não era comum que uma senhorita abastada, herdeira de um título, se apresentasse nos salões, mesmo que fosse de sua própria residência. Recitais e apresentações eram particularidades do mundo masculino, cabendo às mulheres tocar o instrumento longe dos olhares do público ou aplaudir diante de músicos consagrados nos teatros. Leila não ignorava essa proibição, mas era voluntariosa e independente em sua música, sentindo tanto orgulho do que fazia que não conseguia se conter diante de duas ou três jovens de sua idade que pudessem aplaudi-la, quanto mais diante de vinte ou trinta pessoas. Tomara a decisão de tocar piano aos convidados naquela mesma tarde, sem consultar pai ou mãe se conviria ou não tal atitude. D. Carlos deixou passar mais essa extravagância da filha, porque não queria estragar- lhe a festa, mas pensava não ser possível continuar com saraus daquele gênero.

Ao final da apresentação, os aplausos foram unânimes e Leila ficou trêmula de contentamento cruzando o olhar com toda aquela gente que a admirava e respeitava como filha da casa de Guzman, sem estranhar-lhe a atitude incomum. Destacou-se, ante os olhares empolgados, o de um jovem fidalgo, de maneiras educadas, que a cumprimentou acenando levemente a cabeça e continuou a fitá-la com visível encanto no olhar, insistentemente. Leila o notou assim que desceu do piano e, como algumas pessoas a cumprimentavam, disfarçou o constrangimento que sentiu pela intensidade com que era observada por ele.

Retrocedendo um pouco a narrativa, quando a menina entrara no salão, podemos entender melhor a razão daquele olhar. Antes, porém, devo introduzir o rapaz. Acontece que me interessei pela vida de Leila, por duas razões muito distintas uma da outra: o ódio e o amor. Numa encarnação pregressa, eu me liguei a ela pelos canais obsessivos em perseguição, ou antes, uma louca vingança, por ela ter traído e levado meu filho a matar-se em nome do amor que consagrava a ela. Este espírito, chamado Henri de Numiers[10], é hoje Roberto de Canallejas reencarnado, este mesmo jovem insistente que admira Leila acima de suas forças por esses mesmos laços fortíssimos de amor. Entendi que pelo ódio não lograria senão desgraçar-me ainda mais pelos intrincados caminhos dos compromissos reencarnatórios. Compreendi que errei e tentei reparar o erro consagrando-lhe agora o amor, em respeito a esse filho, já que os méritos que possuo são demasiado incipientes para tentar dar-lhe proteção.

Roberto era jovem de vinte e cinco anos, filho adotivo do visconde Carlos de Canallejas, um amigo de D. Ramiro desde a juventude, que também era espírita e fundara um orfanato nos arredores de Madri, de lá retirando o pequeno Roberto do desamparo. D. Carlos

---

10 Personagem da obra *O cavaleiro de Numiers* – FEB.

Ramiro custeara-lhe os estudos de medicina e ele, Roberto, grato pelo apoio, hoje trabalhava no hospital beneficente.

Enquanto Leila tocava, Roberto se sentia inspirado pela música, mas em primeiro lugar impressionadíssimo com a pianista. Ele a seguiu com os olhos pelo salão, tocado e comovido em suas fibras mais íntimas, quando ela foi anunciada e, finalmente, entrou. De onde estava não perdia um só movimento das rápidas mãozinhas graciosas e brancas que corriam pelo teclado. Comovido, relembrava na delicada figura da menina, o espírito imortal que lhe fora caro em outras existências corpóreas. D. Carlos percebeu nele o interesse, ou antes, também pressentiu a ligação espiritual e, pai atencioso que era, colocou, sobre o ombro do jovem de Canallejas, as mãos fidalgas para facilitar a abordagem do rapaz.

– Vejo que estás impressionado, caro Roberto.

– Senhor conde, vossa filha é primorosa pianista! Que talento ela tem! Que postura! Se não me atrevo em demasia, gostaria de falar-lhe em particular.

•Com custo Roberto conseguiu disfarçar a emoção enquanto tentava expressar como ficara admirado com a execução da peça de Chopin, mas na verdade, estava atraído pela jovem, impelido pelas forças do amor que lhe reacendiam o coração.

D. Carlos observou o médico e amigo com bonomia. Já havia alguns anos que atuava na medicina junto a ele e era dedicado estudante, atencioso com todos, simpático e inteligente. Formara-se em medicina para seguir os passos do pai adotivo e o fazia com respeito pelos pobres, assim como lhe era pedido. Como pai, D. Ramiro não se oporia que ele conversasse com Leila e concedia aquela entrevista em nome da filha. Foi assim que permitiu que eles se falassem a sós, mas advertiu:

– Bom amigo, podes falar com ela o quanto queiras, será um prazer conceder-te a entrevista, mas saibas que Leila conta apenas com quinze primaveras, é ainda muito jovem para que lhe façam a corte. Acaba de regressar de Paris, para onde precisa ainda regressar, concluindo os estudos. Ela se acostuma à vida em sociedade pela primeira vez.

– Sim, senhor conde, compreendo que se trata de adolescente, mas hás de convir que não o sou. Quero apenas demonstrar minha admiração pelo talento que ela apresenta e pela formosura inocente dos detalhes que lhe colorem o rosto – disse o jovem médico, escolhendo as palavras que não traíssem seus sentimentos.

– Leila é inteligente e sensível, recebeu educação num dos conventos da França, mas faltam-lhe alguns valores morais como predicados que sei que o senhor dispõe, caro Roberto, como a piedade, a compaixão pelos pobres... Como és também jovem, talvez pudesses me ajudar e servir de exemplo.

– Ficarei feliz em ajudar.

A senhorita de Guzman terminava de tocar, exaltando os lindos acordes finais, enquanto seu pai retomou o lugar que antes ocupava e Roberto passou a ensaiar seu mais intenso olhar, conforme expliquei.

Depois do minuto em que se constrangeu com o jovem de Canallejas, Leila se integrou a um grupo de fãs e amigas que sempre a ouviam e, naquele momento, discutiam sua performance, aplaudindo seu talento. Ela estava lisonjeada com os elogios, mas se defendia modesta:

– Aplaudam Chopin, ele é o gênio, eu sou apenas a intérprete!

D. Carlos chamou a filha para apresentá-la a conhecidos que queriam também cumprimentá-la e, enquanto caminhava pelo salão parando em grupos distintos para a conversa sugerida pelo pai, sentia o olhar expressivo do rapaz desconhecido a segui-la. Ela, porém, retribuía quando possível, quando não, via que ele trocava de lugar evidenciando que queria vê-la ou mostrar-se interessado. Ficaram os dois jovens a olhar-se incessantemente por mais de dois quartos de hora, o que não era costume da época, porém os dois não conseguiam desviar a atenção um do outro.

Roberto não conseguiu esperar que D. Carlos o apresentasse à jovem pianista e, quando a viu em outro grupo de amigas, aproximou-se. Parado atrás dela, ouvia os elogios, concordando com cada um deles e acrescentando por si mesmo mais alguns mentalmente. Quando falou, sua voz possante a assustou, pois destoava dos sopranos que a cercavam, sendo grave:

– Então, sois fã de Chopin! Também eu o sou – começou ele, algo determinado, segurando levemente o cotovelo dela, e continuou convidando-a a caminhar até o sopé da escada: – Não vos preocupeis se nos afastamos dos outros, porque tenho a permissão de vosso pai para falar-vos.

Leila se sentiu desconfortável com a proximidade dele, com o olhar intenso e a expressão curiosa. Diante do convite de Roberto, corou e, quando isso acontecia, seus olhos de azul profundo evidenciavam sua diáfana cor. Ela experimentava um misto de atração e temor que excitava seu coração faminto por uma aventura amorosa, porém, mulher que era, temia a impetuosidade a qual uma paixão poderia levá-la. Aquele jovem, porém, não lhe era de todo estranho, pois ela o conhecia desde a infância, ele estivera presente a alguns eventos promovidos por D. Carlos. Só não estava lembrada de qual amigo de seu pai ele seria filho, pois o jovem galante não apresentava semelhanças físicas com nenhum dos conhecidos. Os olhos dele eram grandes e os cabelos negros e bastos, sua voz possante de barítono a fazia estremecer por soar tão grave e a barba cuidada, terminando em ponta, fazia com que ela ficasse curiosa por correr os dedos por ali.

Ele, por sua vez estava encantado diante daquela beleza singela, quase infantil, mas que caracterizava uma pessoa capaz de tocar piano com maestria de uma madona. Revia nela de alguma maneira que não conseguia explicar, traços que lhe eram familiares, modos convidativos, olhares irresistíveis. Queria conversar, queria exaltá-la como pianista, mas também como mulher pura e doce, qual ave canora que estreava o voo e o canto nos salões naquele dia.

A partir daquele momento, a conversa entre os dois fluiu fácil, descobrindo preferências e prazeres, ou melhor, redescobrindo um no outro as afinidades. Discretamente, afastei-me para que os jovens se entendessem, pois que sabia que eram espíritos que se amavam, com programa reencarnatório de se reencontrarem em nova chance de matrimônio. Meu filho amado pedira essa oportunidade de vir ao lado de Leila, porque, sendo esposos de outras vidas, não lograram conviver por mais que alguns meses e este fato, de não poder tê-la consigo, o frustrava em seus sentimentos recônditos.

Entre sorrisos o jovem casal parecia perfeito. Ele mais alto e aristocrático com cabelos penteados com esmero, de forma característica dos homens madrilenos da época e ela mais baixa, porém com porte elegante, finamente vestida de branco, com pequenas rosas douradas como drapeado leve, parecendo uma delicada boneca de porcelana. Os dois juntos estavam amoldurados pelo bravo caçador entalhado na madeira que ouvia as confidências deles ao pé da escada.

Mantendo distância, procurei não adentrar seus pensamentos, mas vi que ela, em dado momento sorriu, voltando a corar e os olhos dele se reviraram de prazer. Ao final do breve e intenso encontro particular, ele levou as mãos dela, ainda nuas pelo ofício que acabara de executar, aos lábios, roçando a barba com delicadeza entre os anéis de distinção e nobreza que lhe ornavam os dedos.

Afastaram-se com pesar, pois não convinha que ficassem por muito tempo a sós. O olhar que buscava um ao outro, porém, os traía, assim como seus espíritos, reconhecidos e gratos pelo encontro, deixavam fluir entre eles uma gama de cores com predomínio do rosa claro e azul que exalava de seus centros de força cardíacos. Achavam-se unidos por aquele mesmo amor imortal que sentiam ainda ontem, quando se reencontraram como primos[11].

Essa energia que irradiava deles não passou despercebida aos convidados que, embora não tivessem grande sensibilidade mediú-

---

11 Referência à obra *O drama da Bretanha* – FEB.

nica, captavam os olhares e as preferências, as posturas e os gestos da jovem anfitriã. Entre os curiosos daquele comportamento de Leila estava também sua mãe, Constância, que percebeu o colóquio entre os dois médicos, seu marido e o jovem de Canallejas, depois reparou na movimentação deste, buscando a filha e acompanhou de longe a conversa que os dois tiveram em separado. Intimamente, a senhora condessa aprovava que a filha se casasse. Somente a oprimia o fato de Leila ser tão jovem ainda e não ter completado os estudos na França, mas entendia que a possibilidade de um casamento com médico de posição social e estima do senhor conde D. Carlos, seria um achado, por isso nutria também esperanças de que o destino da filha assim se selasse. Seria melhor que ela se casasse logo e sossegasse os instintos impetuosos, pensava ela, mesmo que fosse com aquele jovem adotado pelo senhor de Canallejas, com o qual ela não simpatizava muito.

Assim como a senhora condessa de Guzman, eu exultava ao ver o casal se entender, pois essa era a vontade de Roberto, ele que fora traído e humilhado por aquela que agora se fazia tão dócil a ele. Meu pobre filho do pretérito andou com o coração destroçado de amor por Leila – a quem chamavam Berthe de Sourmeville[12] – por algum tempo depois que ela o deixou. Vi-me na obrigação de ampará-lo e consegui por algum tempo, mas ele a encontrou em outra das voltas da vida e novamente foi abandonado. Não aguentando o peso da nova separação, atirou-se de um penhasco em nome do amor não correspondido, este mesmo sentimento equivocado de entregar-se à morte por amor, característica do Romantismo, mas que é um ato de quem ignora as leis do verdadeiro amor sublimado. Fiquei consternado diante da fraqueza a que ele se entregou e, com olhar paterno também equivocado, culpei a reencarnada Andrea, que não era outra senão Leila. Quis vingar-me a despeito dos aconselhamentos dos bons amigos superiores, então persegui e obsidiei com todas as for-

---

12 Personagem da obra *O cavaleiro de Numiers* – FEB.

ças de meu ser, levando-a também ao mesmo erro, quando se atirou de um penhasco às costas da Bretanha. Envergonho-me de dizer que a inspirei, insisti obstinadamente para que ela se entregasse também à morte, mas, depois, com a consciência dilatada, muito chorei pelo mal que causei e não tinha outra intenção senão vingar Henri, mas este há muito a havia perdoado do fundo de seu coração, restando a mim o amargo remorso.

Retomando a narrativa, vi que a festa prosseguia solene, com as danças de costume. Leila era disputada para fazer par com os mais promissores rapazes solteiros da sociedade, mas eu, que podia acompanhar o que ia além de seu coraçãozinho arfante pelo giro das valsas, percebia o despertar das energias afins de almas queridas do passado – Roberto e ela juntos formavam uma miríade de cores, um arco-íris de beleza, entrelaçando seus corpos espirituais enquanto dançavam.

À medida que a jovem dama rodopiava, pelas mãos de Roberto, suas faces se ruborizavam pelo esforço ou pela proximidade do cavalheiro. Aproximei-me para identificar-lhe os pensamentos e descobri que ela estava bem impressionada com o rapaz, pensando mesmo em revê-lo para que tivessem oportunidade de conversar melhor. Em sua imaginação revia cenários de teatros e recitais, cujas instalações visitara em companhia do pai e da mãe, mas que agora pretendia explorar mais detidamente com a companhia escolhida.

Roberto percebia o brilho nos olhos azuis que a jovem pousava sobre ele e também o sorriso, retratando a alegria que irradiava de seu estado interior, sentindo-se também ele assim e pensava, por sua vez, no mesmo objetivo que ela: uma oportunidade para vê--la novamente, mas ele a queria encontrar sem os arrebatamentos dos eventos sociais, onde seriam alvo mais uma vez de comentários e olhares.

Como sabia que D. Carlos queria ingressar Leila nos trabalhos de caridade, esperando que ela se interessasse pelos enfermos, distinguindo na pobreza o meio de despertar a sua piedade, o jovem médico pensou em convidá-la, ou antes, interessá-la no trabalho que realizava para que ela pedisse ao pai que a levasse a conhecer o hospital. Quem sabe ela, tendo tanta beleza física, não poderia também ter um coração nobre, cujos valores morais só precisavam de um pouco de incentivo para se revelarem? Com certeza, se ela mostrasse interesse, D. Ramiro não se negaria a levá-la, apresentando a ela os pobres, amparados sob a sua égide, já que mantinha o hospital e tantos se beneficiavam dele.

Com essa disposição íntima, começou a discursar sobre si mesmo, entre um giro e outro da música, dizendo que havia cinco anos acompanhava o pai adotivo e o próprio D. Carlos no atendimento médico. Particularmente, se interessava por crianças e doentes do pulmão. Enquanto ele falava e se enchia de entusiasmo pela profissão que professava, via que Leila se interessava sinceramente. A valsa terminara, para eles rápido demais, sem que ele tivesse a oportunidade de convidá-la, mas ela mesma viu a chance e, enquanto se afastava para retomar outros convidados à dança, falou com voz melodiosa:

– Caro senhor de Canallejas, conseguistes tocar o meu coração para a beneficência, quando há muito, meu pai tenta fazê-lo sem sucesso. Qualquer dia desses pedirei a ele para visitar o hospital, pois não me faltam agora os motivos.

O jovem enamorado sorriu, vendo que seus argumentos tinham surtido efeito e respondeu a ela, certo de que agradava, assim, pai e filha:

– Estarei lá, visto que trabalho todos os dias. Quando me quiserdes ver serei o homem mais feliz de Madri.

NOVAMENTE JUNTOS

"Henri, porém, não me é odioso e há momentos em
que chego a amá-lo profundamente. Mas, de súbito,
sinto horror a ele, sinto medo dele e minha alma
como que sente que, um dia, ele foi cruel para
mim e causou-me grandes desgraças."
(Berthe de Sourmeville – *O cavaleiro de Numiers* – FEB, p. 83)

"Ela vos ama desde séculos, sempre desejou
ser vossa esposa, mas até hoje não conseguiu
realizar esse caro sonho do seu coração..."
**(Revelação de Nina a D. Ramiro,
a respeito de Constância – *Sublimação* – FEB, p. 242)**

NAS SEMANAS QUE se seguiram ao baile, não se comentava outra coisa entre os meios sociais senão as habilidades da senhorita de Guzman ao piano, suas vestimentas distintas e vaporosas e sua predileção pelo médico de Canallejas, com quem confidenciara em particular. Essa efusão de comentários, muitos deles fomentando maledicências e especulações, não chegou aos ouvidos da família diretamente, mas ouvia-se pela criadagem e pelos corredores interjeições de espanto por serem surpreendidos nesse assunto.

Chegaram também, por aqueles dias, cartas internacionais do Convento de Saint-Germain, vindas da Madre Superiora e do Pároco, solicitando o regresso da pupila para novo ano de estudos, conforme previsto. A senhora condessa recebeu-as com alegria, participando imediatamente à filha sobre seu regresso à terra de Napoleão. Como D. Carlos não estava em casa naquele momento, Leila não quis informar à mãe sobre sua impetuosidade ao pedir ao pai e obter concessão para não mais regressar a Paris. Preferia esperar que ele mesmo, como senhor das atitudes da família, pudesse participar à esposa, mais tarde. Aceitou sem discutir, então, a disposição da mãe de organizar a partida, que seria dali a algumas semanas. Reviam roupas e acessórios no quarto de Leila, quando a condessa Constância a elucidou:

– Sei que te admiraste do jovem de Canallejas, Leila, mas precisas continuar tua educação e como regressas ao Convento em algumas semanas, seria de bom-tom que participasses ao médico tuas ações. Ele pode, como espírito bom e amigo, querer marcar eventos contigo, teatros, passeios, comuns aos jovens de tua idade e da dele. Seria mais honesto revelares que teu pai não aprova que te relaciones e se ele te falou a sós, como notei, foi porque D. Carlos acreditava que ele ajudar-te-ia de alguma forma. Precisamos também, mais tarde, conversar sobre o que convém ou não a uma moça pronta a casar como tu és agora.

A condessa continuou a falar determinada:

– Deves preservar o nome de nossa família e há uma lista de atitudes e posturas que melhor cabem a uma senhorita para que se comporte de acordo com os padrões sociais. Não deves permitir que os cavalheiros te falem em particular, nem deves conceder mais de uma entrevista a cada um se não for de interesse de teu pai...

A lista das recomendações parecia não ter fim e a condessa ia falando como se fosse coisa fácil de decorar. Leila se assustou com a quantidade dos detalhes do que seria "de bom-tom", como disse sua mãe. Ela deixou de escutar o que a mãe dizia, animada com as perspectivas futuras, passou a sonhar acordada com Roberto. Quanto aos seus anteriores entendimentos com o pai não os revelou, sabendo que o que a mãe queria ou entendia não tinha muita importância. Leila só se calou diante do que lhe era recomendado, em atitudes de decoro e respeito. Quanto à proibição do namoro, estava ciente de que, como a mãe prezava, precisaria antes concluir os estudos, mas sabia também que Roberto não lhe falara sem antes consultar D. Carlos. Leila fez silêncio também sobre o desejo de visitar Roberto no hospital e não confidenciou que recebera bilhete dele vindo por alguma relação entre os criados da casa, pedindo que ela apressasse a ida, pois que ele já morria de saudades.

A distância e a separação para dois jovens que se amavam em segredo era triste incômodo que, talvez, apenas as cartas e bilhetes pudessem compensar. Como Roberto era de fato amigo da família, tais correspondências foram-lhes franqueadas, visto que D. Carlos prezava a influência que ele teria sobre Leila. Com tal justificativa, escreveram um para o outro as amenidades e cortesias que não lhes satisfaziam, porque escondiam, no ímpeto de se procurarem por cartas, o verdadeiro motivo que era o de se verem pessoalmente. Em segredo, marcaram o encontro por meio do referido bilhete. Cabia à Leila pedir ao pai consentimento, como se a ideia de caridade lhe brotasse espontânea e sem interesses outros.

Quando a mãe saiu do quarto, Leila trancou a porta com expressão de felicidade e desdobrou o bilhete, saboreando novamente cada palavra. A letra caprichada do doutor tentava disfarçar a emoção que ele sentira ao escrever.

Senhorita de Guzman,

Que bom que encontramos afinidades em nossos gostos e, se vós demonstrastes, no dia do baile, interesse pelo meu trabalho é por que somos de fato parecidos no que concerne ao cuidado com os doentes. Perguntastes, em vosso bilhete anterior, o que faço efetivamente no hospital de vosso pai. Pois bem, atendo às crianças, especialmente aquelas que apresentam problemas pulmonares, ao lado do meu pai e do vosso.

Falai com vossa mãe ainda hoje, pedi para visitar as crianças que são como vossos irmãos menores, como sei que não os tendes. Eu mesmo me incumbirei de guiar-vos, sem que preciseis ocupar vosso pai. Conduzir-vos-ei com muito gosto, mostrando-vos a dor como a conheço. Haveis de enternecer-vos, pois a piedade pelos enfermos é mais fácil de sentir.

Aguardo-vos ainda esta semana,

Vosso amigo, cheio de saudades,

Roberto.

Sem perder tempo, naquela mesma noite, comunicaria ao pai que queria visitar o hospital e conhecer as novas instalações de que ouvira falar. D. Carlos aceitaria de bom grado aquele repentino interesse de Leila pelos necessitados, porque sabia da influência que Roberto teria.

Quando D. Carlos de fato regressou de seu trabalho, foi procurado por Constância e Leila, e, como eram muitos os assuntos a serem tratados, ficou combinado que se reuniriam após o jantar. Seria melhor tratar desses assuntos urgentes na sala de estudos anexa à biblioteca. A reunião teve início, enquanto os três tomavam chá. D. Carlos foi participado sobre as cartas-convites que vieram de Paris, e ele, como Leila esperava, comunicou sua decisão de manter a filha em Madri e adiar os seus estudos. Explicou à Constância que, longe de casa a jovem tinha enriquecido seus conhecimentos, mas mantinha o coração fechado aos enfermos e às leituras edificantes às quais ele muito prezava.

A condessa discordou discretamente do marido, sabendo que sua vontade pouco teria peso, conforme o papel da mulher na época, no entanto expôs com cautela sua opinião, pois sabia também que D. Carlos a respeitaria. Ela entendia que Leila deveria voltar ao Convento imediatamente porque seu temperamento entusiasmado pela vida em sociedade poderia pôr a perder o trabalho de educação moral que os padres haviam começado. Um ano apenas poderia ser a diferença para ela, que era jovem e que ao contato social, distanciada dos conselhos dos venerandos educadores, poderia não regressar jamais. Seu coração materno suspeitava como intuição feminina o temperamento da filha e supunha assim seu futuro.

Ao ouvir as intenções da mãe, Leila teve os olhos marejados mais uma vez, mas se controlou. Não quis que a condessa soubesse de seu pedido anterior, preferindo acatar a decisão como tendo partido do pai. Disse que se sentia aliviada por ficar, porque longe de casa se sentia muito só e que prometia, no tempo que lhe sobraria, ler o que o pai quisesse, participar de visitas aos enfermos, mas também, se a mãe preferisse, poderia continuar indo às missas junto dela e tomando conselhos de um confessor.

A discussão se protelou por mais uma hora. Percebi os pais preocupadíssimos com o destino daquela que era sua única filha, porém ambos em perspectivas distintas. A condessa Constância teimava obstinadamente, alegando que, se Leila ficasse na Espanha, ela não se responsabilizaria pelo que poderia acontecer, pois tinha certeza de que o erro e a iniquidade constariam do destino da filha. O impasse permaneceu e não se resolveu, visto que ainda faltavam algumas semanas para o regresso a Paris e Constância não desistiria facilmente de argumentar em favor de sua própria religião.

– Por enquanto, tomarás aulas comigo todas as noites após o jantar – D. Carlos concluiu, não querendo estender em demasia aquela questão ou querendo dar tempo para que mãe e filha se acostumassem com os argumentos por ele apresentados.

A condessa entendeu haver ali anterior pedido de Leila e como era pessoa insegura em relação ao proceder com a própria filha, sentia inexplicáveis ciúmes ao ver D. Carlos tão espontaneamente acatar ao que a menina pedia e dissimular como lhe conviesse os deslizes por ela cometidos. Constância era ainda espírito doente, praticara a obsessão e perpetrara vingança após sua desencarnação, quando se chamou Otília de Louvigny, frustrada em seus intentos matrimoniais com aquele que hoje de fato a desposara. Enquanto eu me voltei a Deus pedindo perdão pelo erro do passado, Constância nunca conseguiu se desvencilhar das mágoas que carregava e não pediu perdão. Era espírito endividado e triste, porém ela, adivinhando que entre seu marido e filha havia uma ligação maior de amor sublime, ressentia-se por se achar preterida ou não estar à altura desse amor. Assim pensando, não deu por encerrada a questão e inquiriu, orgulhosa, como se dentro de seu próprio lar pudessem se passar ultrajes ao nome de Jesus:

– O senhor meu marido poderia esclarecer quanto ao conteúdo de tais conversas moralizantes? Falarás, porventura, à nossa Leila, lições sobre o evangelho, assim como os padres e sacerdotes? Pretendes elucidar em nome da caridade e da penitência aos pecados, explicando a Santíssima Trindade, os santos e dogmas segundo a Santa Igreja? Pois entendo que somente aí está a verdade e, sem querer desfazer de tuas convicções ou habilidades, senhor, compreendo que tais conceitos estariam melhor nos lábios de freiras e cônegos preparados para o ministério educativo, como há nos conventos.

Leila olhou para o pai, confusa e arrependida de estar causando tanta crise no seio de sua família. Não fosse a saudade, renunciaria ao intento de protelar sua educação, mas D. Carlos refutou aos argumentos da esposa tranquilamente, como convinha a um seguidor do Cristo havia muitos séculos, tendo ele próprio envergado a batina outrora, como em outra feita se embateu pelo ideal luterano.

– A verdade, querida Constância, está no fato de que a sublime mensagem do Cristo é a mesma de transformação íntima pela fé, esteja ela sob qualquer égide na Terra, que seja fiel aos princípios de amor e caridade. Os evangelhos retratam as posturas pelas quais nos devemos pautar para nos assemelharmos ao Rabi da Galileia, tornando-nos também melhores homens do que fomos antes de conhecê-lo. Eis a essência de tudo que ensinarei a Leila – e ela já tem discernimento para discutir o que achar por bem. Para acalmar o teu coração, digo que não será nada menos que "o amor a Deus sobre todas as coisas e ao próximo como a nós mesmos", conforme nos ensinou Jesus. Se quiseres, Constância, poderás nos dar a honra de tua companhia.

Se Constância queria entrar na questão das diferenças religiosas dentro do próprio lar, não o revelou declaradamente, calando-se constrangida, diante dos sábios argumentos do marido.

Aproveitando a oportunidade, Leila pediu para visitar os enfermos ainda naquela semana, ciente das novas instalações da casa de acolhida de que D. Carlos sempre falava e à qual Constância já visitara. Ficou acertado o melhor dia para que a menina seguisse em companhia do pai, quando este saísse para o trabalho.

Assim, dias mais tarde, os jovens enamorados voltaram a se ver no hospital, naquela casa de acolhimento e dor que no entendimento de Leila pareceu sombria e triste. Nunca transpusera os pórticos daquele magnífico edifício, embora sempre que passasse pela rua em frente, deitasse os olhos pelas portinholas da carruagem para entrever o que seria o famoso hospital de D. Carlos e forte impressão lhe assomava ao espírito frágil, como se nos refolhos da alma se lembrasse da própria dor pregressa, quando a tuberculose lhe sugou a vida. Sua sensibilidade mediúnica adivinhava ali suspiros daqueles sofredores que já passaram para o lado dos ditos mortos e ainda continuavam presos às suas dores. Apesar dos sussurros que ouvia e das impressões misteriosas que não ousava perguntar ao pai o que seriam, ela se achava motivada pela possibilidade de ver e falar com Roberto, o que de fato aconteceu.

D. Ramiro não estranhou o súbito interesse da filha pelo hospital, pensando que ela seria capaz de agir em retribuição, motivada pelo consentimento para que ela ficasse em Madri, embora, no fundo do coração, atribuísse também os méritos ao jovem de Canallejas, com quem conversara anteriormente. Quando efetivamente chegaram, com os passos retumbando pelas lajes frias dos corredores, o velho conde entreviu a cena que há muito esperava, ele que já não cria em despertar na filha a piedade, viu Leila conversar com senhoras acamadas nas alas femininas, interessada e polida como convinha a uma dama. Porém, D. Carlos entendeu as intenções de Leila mais claramente, quando Roberto se prontificou a mostrar a ela as instalações novas no andar superior e serviu de anfitrião, dispensando D. Carlos de acompanhá-los.

Os largos corredores, cujas janelas altas davam um colorido embaçado ao lugar, emolduravam os dois jovens, emprestando-lhes a seriedade que não sentiam, mas antes a grata satisfação de caminharem junto um do outro. Falavam com efusão enquanto caminhavam e D. Carlos ao vê-los, naquela distância que os separava, em entendimento mútuo, às vezes, segredando detalhes, ao vê-los ele entendeu que aquele era um reencontro e não um encontro. Percebeu o conde que o rapaz era hábil e não perdera tempo em convencer Leila a conhecer o trabalho de caridade, conjugando, assim, a vontade que sentia de revê-la com a necessidade de inseri-la nos sentimentos de piedade aos pobres doentes, conforme haviam combinado.

Mais tarde, naquele mesmo dia, D. Carlos teve um sonho muito impressionante, onde Roberto envergava vestimenta dos estudantes eclesiásticos do passado e Leila cantava a convidados diletos do que pareceu ser a corte da França, distribuindo rosas brancas entre os convidados e guardando para ele – Roberto – a única rosa vermelha que portava. Acordou a cismar sobre o passado e o futuro e pressentiu ali a união daqueles dois seres que se amavam havia muito tempo.

Voltei a seguir o casal. Dentre as alas de doentes, algumas de mazelas dificílimas, Roberto guiava sua visitante pressuroso, cercando-a de cuidados e atenção. Dentre as esquinas que dobravam, numa delas, surpreenderam-se os jovens a sós. Talvez ele o tivesse premeditado, mas ela de nada suspeitara, quando pensava dobrar à direita e encontrar novos doentes, viram-se em sala particular, dir-se-ia os aposentos reservados ao médico, pois escrivaninha e compêndios de medicina os cercavam, assim como um armário com elixires que Leila adivinhava serem remédios.

Principiou ele, algo nervoso, dizendo que ali a trouxera para conversarem. Leila não se opôs, fascinada que estava com a postura dele e tudo mais que lhe dizia respeito. Tomou, então, assento na cadeira ajeitando as saias para dissimular o nervosismo de seu coração que adivinha a urgência de tal assunto. Ele também se sentou diante dela e principiou a falar:

– Preciso falar-vos, senhorita. Desde que vos vi, inspirada por Deus ou, quem sabe, o próprio Chopin não viesse das alturas celestes para supervisionar o vosso talento, o fato é que desde então não consigo dormir, nem pensar, não consigo comer direito, vivo como escravo de vossos caprichos. Sei que é muito cedo para o vosso coração inocente, talvez nem compreendais a intensidade e a urgência do que vou falar-vos, mas, por favor, escutai, por quem sois, a este que vos fala. Estou louco de amores por vós. Reconheço que vosso pai não estima que recebais a corte de um homem, pois que sois tão jovem, mas o coração me traiu, quando conversei convosco ainda na festa em vosso lar. Quem sabe não nos comprometamos para depois do vosso regresso de Paris, quando concluirdes vossos estudos... Assim me tornaria o homem mais feliz do mundo, se me dissésseis sim, agora.

Roberto encerrou aquela breve declaração, que pareceu a Leila muito sincera, mas ela, desacostumada ao que seria lícito ou não responder, pautava-se pelo que ia dentro do próprio coração, entendeu que deveria ser educada, mesmo que o preterisse para consultar o pai como impunham os costumes da época, onde fora instruída a nada responder por seu próprio discernimento. Embora um compromisso de casamento firmado com jovem da posição que ele ocupava fosse o sonho de toda e qualquer jovem da época, esse não era o motivo que enternecia Leila, mas sim o sentimento puro e sincero que ela sentia nas palavras do moço doutor.

– Senhor doutor de Canallejas, não me surpreende tal revelação, pois venho notando vossa predileção pela minha pessoa, desde a festa em casa de meu pai, e a alegria com que nos encontramos hoje revela que não me é difícil a convivência convosco. Ainda não conversei com meus pais sobre esse tipo de assunto, quero dizer o casamento em si – ao dizer isso corou intensamente, tendo de fazer uma pausa para recompor-se, o que disfarçou levando mimoso lenço bordado aos olhos, como se os tivesse marejados de emoção. – Heis de convir, senhor, que esta é apenas a segunda vez que nos vemos... não saberia... Quero dizer...

Salvando Leila do embaraço com as palavras, Roberto a interrompeu, certo de que impunha dúvidas ao coração juvenil e que realmente se precipitara. Queria dar a ela mais tempo para se acostumar à ideia, talvez conversar com D. Carlos novamente e foi com esses pensamentos que retomou a palavra:

– Perdoai-me, senhorita, esqueço-me de vossa inexperiência e não queria constranger-vos a responder imediatamente. Conversarei com vosso pai, se assim preferis, mas adianto-vos que minha intenção é sincera. Se assim vos falo, parecendo precipitado, é porque sou impelido pelo sentimento tão grande que me avassala o peito. Sofro de amores por vós... Vosso olhar é como uma dádiva concedida à minha pessoa; vosso sorriso, como uma flor perfumosa a chamar-me e não resisto aos vossos encantos...

Na verdade, Leila estava felicíssima com a descoberta do amor e, desde que iniciara as leituras de obras românticas, sempre imaginou que viveria um grande amor. Aquelas palavras, por mais precipitadas que ele julgasse, eram exatamente o que ela esperava ouvir.

– Posso não entender ainda as convenções sociais e desculpar-me-eis se sou demasiado indiscreta ao revelar-vos o que sinto, mas sendo sincera não posso dizer que me desagradais, senhor, pelo contrário, estava secretamente nutrindo esperanças de que me falásseis como hoje, tão grande a impressão que também me causastes...

Ele, comovido até as fibras mais íntimas do ser, tomou as mãozinhas trêmulas de emoção da jovem para osculá-las com carinho, flexionando um joelho ao chão para reverenciá-la com respeito.

Leila retomou a palavra, lembrando as queixas da mãe, querendo que ela regressasse a Paris ainda naquele mês. Quem sabe se Roberto se apresentasse como pretendente, não ficaria mais fácil à senhora condessa permitir que ela ficasse? Não era agradável a ela, ou antes, aos dois, que no momento em que descobriam interesse mútuo, tivessem de ficar separados por um ano, pelo menos, conforme previsto no calendário do internato. Se a condessa Constância conseguisse convencer seu pai e ela, Leila, realmente fosse a Paris naquela temporada, além da saudade, quem poderia prever as censuras que a seriedade do convento iriam impor às cartas de seu noivo? Pensando assim, falou um tanto aflita:

– Pretendeis, senhor, falar com meu pai ainda esta semana para que possamos ao menos nos corresponder mais livremente como prometidos?

– Oh, senhorita, falarei agora mesmo, se é vosso desejo, mas não pretendia que nos correspondêssemos e sim que nos encontrásse-mos algumas vezes na semana em passeios e teatros, saraus e ou-tros eventos.

– Temo que tenhamos pouco tempo para isso, menos de um mês, pois minha mãe insiste que eu regresse a Paris para terminar meus estudos. Depois de três anos concluirei o que ela pretende que eu faça, mas confesso-vos, senhor, mais uma vez sendo sincera, que repugna-me a ideia de voltar a viver reclusa, longe dos meus, longe de Madri e agora que sei... longe do vosso amor...

Roberto, que era mais velho que ela, não se deixou abater pela ideia da distância que possivelmente viveriam e preferiu acreditar no bom-senso de D. Carlos, quando falou:

– Não vos agasteis, por enquanto, esperai, senhorita, vosso pai é boníssimo, não creio que não vos escute ou que não queira atender ao vosso apelo. Se eu demonstrar interesse, é bem certo de que ele me conceda vossa mão, mesmo que para o futuro, que protele vossa viagem, que ceda, enfim. Sabei que já me entendi com ele, antes de falar-vos, sobre minhas intenções de conhecer-vos e ele me impôs apenas uma condição, que eu mostrasse à senhorita as práticas da caridade a que ele tanto aprecia. Reclamou, como pai preocupado que é, que ainda sois muito jovem para pensardes em namoro. Te-nho certeza de que prezava o vosso nome, mas reconsiderará, se nos mostrarmos sinceros em nossas intenções.

– Oh! De quantas perspectivas de futuro falais, senhor! Que júbilo sinto, neste momento, em que me participais as vossas ponderadas considerações. Ainda que eu tenha de servir ao hospital como enfer-meira dos doentes, seria preferível a enclausurar-me mais uma vez. Sei que sou jovem, mas quantas outras moças há que já nessa idade se casam, constituem família e são muito felizes assim. Pelo terceiro ano consecutivo sofro, senhor de Canallejas, com a distância, mas também com a clausura e o recolhimento em que sou obrigada a viver. Minha arte é a única expressão que possuo, que me lembra da casa de meu pai. Por isso escolho sempre Chopin a tocar, seu caráter melancólico e sublime expressa o que se passa em minha alma.

– Senhorita, interesso-me deveras por vossos sentimentos, vossas revelações me são caras, mas sinto interromper-vos, precisamos voltar. Não ficaria bem sumirmos assim, os dois, por muito tempo no primeiro dia em que nos aventuramos a sós...

Leila se levantou de pronto, esquecida de quem era, de onde estava. Suas confidências ao jovem médico soaram tão descontraídas e naturais, como se ela soubesse que há muito tempo o conhecia. O amor inundava seu ser completamente, mas quando se sentira beijada nas fímbrias do vestido e nos nós dos dedos, um estranhamento se passou em sua pele, que ela atribuiu ao contato com a barba masculina, ao que estava desacostumada, mas, em verdade, relembrou as tristes impressões dúbias que sentia em relação àquele espírito – amor e ódio. Estavam os dois seriamente compromissados pelos laços do ódio por parte dela, cujo perdão ele ainda não obtivera por completo, pois que fora Capitão de Fé[13], liderando a matança dos "huguenotes", endereçando sua espada aos membros da família de Leila, na triste noite conhecida como de São Bartolomeu. Eram hoje, Luís de Narbonne e Ruth Carolina, reencarnados.

Apressaram-se em deixar os aposentos do médico, tomando outra ala à esquerda para a visita aos doentes mentais, os casos mais difíceis. Leila não se sentiu bem naquele local, pois que sua sensibilidade mediúnica captava ali os diversos obsessores que acompanhavam suas vítimas e ela, se olhasse com atenção, veria, claramente, a população internada ao dobro, se fossem contados os desencarnados presentes.

Leila ouvia choros convulsivos daqueles que se achavam esquecidos dos médicos, ocupando leitos que, para os encarnados, estavam vazios. Também sentia as emoções conturbadas de alguns espíritos que ali estavam querendo vingança. Este sentimento muito a

---

13 Referência ao romance *Nas voragens do pecado* – FEB.

abatia e a levava a perceber por trás dos doentes, outros rostos sulcados pelo ódio, ou pressentir sombras atrás de si mesma. Ela não revelava tais impressões a ninguém, muito menos ao gentil doutor que a acompanhava. Pediu, então, suavemente, que queria encerrar a visita.

Roberto julgou que ela se cansara ou que antes estivesse assaz emocionada para continuar a ronda e levou-a de volta a D. Carlos. À noite combinaram uma visita, quando o jovem pretendia conversar com seus futuros sogros.

Assim, se entenderam os dois espíritos imortais, que se reencontravam com intenção de se unirem naquela vida.

FELICIDADE PRINCIPESCA

"Estas passagens serão encontradas em *Memórias de um suicida*,
o nome dado à esposa de Roberto era Leila."
(*Yvonne, a médium iluminada* – CELD, p. 116)

NOVAMENTE, ACOMPANHEI OS passos desses dois jovens que descobriram que se amavam profundamente, a vivência mais intensa que dois espíritos podem experimentar, encarnados na Terra, já que junto com a certeza desse amor, guardavam impressões e adivinhavam sentimentos recônditos, supondo preferências um do outro. Um aceno de cabeça, uma interjeição mais profunda, um gesto de mãos nuas ou enluvadas constituíam sinais cujos olhos dos que se amam se dedicam a decifrar. Assim se agia na sociedade da época onde os encontros amorosos eram sempre seguidos de uma preceptora, uma dama de companhia, uma mãe zelosa e mais se adivinhava o coração amado pelas posturas e gestos, supondo as intenções de um e de outro, do que se tinha oportunidade de vivenciar antes do casamento.

Leila estava apreensiva diante da intensidade do sentimento que nunca, nesta encarnação, experimentara. Por outro lado, tinha algumas impressões e percepções estranhas que não eram mais que ecos, que o seu espírito imortal retivera. Eram suspeitas fundamentadas nas vivências anteriores, onde estivera nos braços do mesmo cavalheiro Roberto, em situações diversas, cumprindo o papel que desta feita lhe seria reservado – o de esposa amorosa, mas que, sem recordar as razões daquelas lembranças, via-se preterindo o marido, buscando refúgio em outros braços, fugindo dele com repulsa. Esses sentimentos, na verdade se deviam ao fato de ela ter sido levada pelo ódio e pela obsessão a buscar vingar-se dele outrora, mas como para desgraçá-lo tivera de casar-se com ele, passou a amá-lo, odiando a si mesma por isso. Neste drama íntimo, encontrei a protagonista desta história, tentando afastar as más impressões e se fixando na pessoa do amado, como sendo o seu salvador, que possibilitaria a ela livrar-se das imposições da mãe sobre o convento e do pai sobre os estudos espíritas.

Roberto, por sua vez, vivia intenso desejo de se casar com Leila o mais rápido possível, pois temia, também acometido das mesmas suposições sobre o passado, que a jovem fugiria dele assim que tivesse a maior idade, que seria impetuosa e poderia conhecer outras figuras masculinas, outros estudos ou passeios que fossem mais interessantes que a descoberta do amor. Sim, ele sabia que a menina era muito jovem e, como artista, talvez seu íntimo somente se revelasse mais tarde, buscando a expressão dessa arte, buscando os aplausos do público, buscando os olhares diferentes dos críticos, talvez dos jornais até.

Roberto chegou ao Palácio de Montalban, naquela noite, com o coração acelerado pela emoção, pois sabia que o que pleiteava junto a D. Ramiro era seu mais precioso bem – sua filha. Embora intuísse que tinha direito a Leila desde muito tempo, este sentimento imortal embotava seus pensamentos, tirando-lhe a lucidez que lhe era característica e ele temia não ser aceito e fazer a jovem enamorada sofrer. Também passava por sua mente agitada o drama que sua amada queixosa deixara entrever sobre os dias solitários no convento em Paris e ele queria salvá-la, queria compensá-la com sua atenção e desvelo.

D. Carlos Ramiro não foi pego de surpresa com as intenções do amigo médico, pois em sonho muito claro, entrevira a união dos jovens como sendo determinação de Mais Alto. Quando ele e Roberto adentraram seu gabinete para conversar, o pai consciente já sabia o que esperar.

Após os entendimentos entre D. Carlos e seu futuro genro, a condessa foi chamada a opinar e ficou surpresa com a escolha da filha.

Mesmo sabendo que ela era ainda muito jovem, Roberto insistiu em assumir o compromisso e planejar o casamento para o mais rápido possível. O conde de Guzman ainda argumentou, querendo esperar que Leila completasse dezoito anos, mesmo que ela não fosse a Paris.

Neste ínterim, em que os dois discutiam sobre a permanência de Leila em Madri ou não, Constância intercedeu junto ao marido, desistindo de sua vontade anterior de que a filha fosse a Paris, para aceitar que se casasse o mais rápido possível. Embora não simpatizasse com Roberto, a seu ver seria melhor ter uma filha revoltada, às portas do casamento, do que ter uma jovem impetuosa e desobediente, sem nenhum marido em vista.

D. Carlos se deu por vencido desta feita e já pensava em como intensificar suas aulas de filosofia espírita, aproveitando o bom ânimo de todos e confortado de que o futuro genro também comungasse os mesmos ideais de fraternidade. Ficou, então, acertada a data para o primeiro mês da primavera, quando o noivo poderia tirar umas férias para que desfrutassem de passeio após os esponsais. Roberto, feliz em seus intentos, passou a fazer o papel de noivo cuidadoso com sua noiva adolescente, também exultante de felicidade.

Quando os noivos pensaram que tudo estivesse acertado, a condessa Constância pediu que o casamento de Leila se desse em Portugal e que os preparativos para o enxoval também fossem feitos no Palácio de Guzman, onde conhecia costureiras e vendedoras. D. Carlos vivia entre os dois países e mantinha, tanto em Lisboa quanto em Madri, hospitais beneficentes, ocupando-se em uma ou outra cidade conforme a vontade da condessa de viajar. Restava perguntar a Roberto se ele estava de acordo, mas o jovem doutor estava tão entusiasmado com a ideia dos esponsais que a nada se opôs. Como Roberto ajudava D. Carlos Ramiro e o próprio pai em Madri, tanto no hospital quanto no orfanato, o pai de Leila, querendo remediar a situação, já que o jovem comungava com ele os ideais de filantropia, pediu que o futuro genro se ocupasse da ala infantil do hospital de Lisboa e assim ficou acertado.

Depois da viagem a Lisboa, Roberto reabriu um pequeno solar de sua família e passou a trabalhar junto com D. Ramiro, atendendo a crianças e doentes do pulmão. O Solar dos Canallejas era construção antiga na cidade e, em comparação aos Palácios aos quais Leila estava habituada a viver, era muito mais modesto. Tratava-se de uma casa de dois andares, sem jardim ou terreno ao redor, com alpendre frontal formado por quatro pilares que sustentavam as varandas superiores, cujo acesso se dava pelos dois únicos quartos. No andar inferior, havia duas saletas sociais, uma sala de jantar e a ala de serviços. Roberto mandou afinar o pequeno piano que fora de sua mãe adotiva, mas não nutria esperanças de que Leila ali residisse.

Quando a família de Guzman se viu instalada novamente em Lisboa, após os primeiros preparativos e compras, vamos encontrar Leila, numa das tardes de seu noivado, à espera do noivo e outros amigos, numa impaciência característica de sua idade, pois que pretendia tocar a *Prelúdio opus 24* de Chopin, e para tanto muito tinha treinado. Enquanto caminhava pelos corredores e salões de assoalho retumbante do Palácio de Guzman, ia olhando pelas grandes janelas a toda hora, dizendo ter ouvido uma carruagem. O sarau só começaria à noite, porém a jovem impaciente estava pronta muito antes e desceu as escadas aflitíssima, apesar de o pai a chamar para seus aposentos particulares.

D. Ramiro levantou os olhos da leitura e a advertiu o mais severo que conseguiu, uma vez que desculpava a impetuosidade da filha pelo encantamento adolescente por amor ou mais um capricho que logo passaria, que era participar de festas e saraus.

– Leila, por que não vens ler um pouco comigo e aquietas assim o teu coração aflito. De certo, ainda é cedo para que os convidados e teu noivo cheguem. Todo sarau só começa com o anoitecer, como de praxe.

A calma e seriedade do pai a convenceram a se sentar. Ele que já pensava no que poderia fazer para atraí-la aos estudos, visto que agora contaria poucos meses da presença da filha em sua casa.

Olhando para ela, ele se lembrou de pequena menina que abrilhantara seu lar com peraltices infantis, agora já uma jovem voltava a brilhar pela música, enaltecendo a todos com a sublime melodia, principalmente de Chopin, nas tardes em que pai e filha tocavam, fazendo valer uma disputa musical.

A encantadora jovem, já vestida com as tradicionais musselinas brancas, comuns às moças daquela idade em dias de festa, ajeitou os brincos de ouro e o cordão que pendia pelo pescoço, trazendo camafeu com o retrato de Roberto e se sentou ao lado do pai, fazendo expressões de impaciência e batendo a perna insistentemente, como revolta. D. Carlos quis quebrar a impertinência da filha cobrindo-a de elogios, como se estivesse com ciúmes.

– Estás linda com este vestido! O penteado ressalta o teu rosto, estás perfeita. Mas vejo que o preparo é para o teu noivo, não sobrando para o teu velho pai nem mais os beijos apressados de outrora, quando estudávamos em minha sala.

Ela se recompôs intimamente, sorrindo. Tomou-lhe a destra carinhosamente para osculá-la como sempre, e elevou os olhos para encará-lo desfeita em ternura, enquanto o fazia.

D. Carlos relia *O Livro dos Espíritos* e o deu à filha para que continuasse a ler propositalmente em questão que poderia interessá-la, dizendo ser de onde ele havia parado. Ela reparou nas letras douradas da capa, como se visse o livro pela primeira vez e tomou as primeiras frases, algo contrariada, como se o fizesse por castigo. Ela leu em voz alta:

"Dois seres que se conhecem e se amam podem se encontrar em outra existência corporal e se reconhecer? – Reconhecer-se, não; mas podem sentir-se atraídos um pelo outro. Frequentemente, as ligações íntimas fundadas numa afeição sincera não têm outra causa. Dois seres aproximam-se um do outro por consequências casuais em aparência, mas que são de fato a atração de dois espíritos que se procuram na multidão."

Talvez a pergunta tenha lhe chamado a atenção ou feito com que ela refletisse, pois segui seu pensamento, que antes divagava sobre a noite que teria, e que agora acompanhava, ainda que sem entender, a questão 386 de Kardec, passando a refletir. Pensava ela: – "Afinal, o que haveria além da morte? Seria mesmo somente o julgamento de Deus, separando os bons dos maus? Onde, nas Sagradas Escrituras, estaria escrito sobre esta chance de se reencontrarem reencarnados seres que se amam? Madre Marie de Sainte Anne não gostaria de saber que ela estava lendo sobre assunto proibido como a reencarnação." Seu pensamento imaturo divagava pelas proibições católicas desde que tivera o livro que o pai lhe dera queimado, mas também não se fixava nas orientações da Igreja quando, por outro motivo qualquer, divergissem de suas vontades.

– Oh, papai, estou desatenta e não consigo dar a entonação precisa. Lê o senhor para mim, por favor.

Aproveitando que se desobrigara da leitura, passou a divagar sobre o seu verdadeiro amor reencarnado – seria Roberto? – enquanto perdia lições primorosas sobre a vida além da vida, transmitidas pelos lábios amorosos do pai. Dizia ele, interrompendo a leitura para as explicações que achava por bem dar, apesar de não receber nenhuma pergunta de volta ou contestação:

– Somos espíritos imortais e a morte do corpo não deve nos frustrar ou abater se nos separamos de entes queridos, pois sabemos que é posição transitória, na certeza de que os laços de amor sempre nos manterão unidos e poderemos estar na Terra ou no Espaço, novamente unidos.

Como as perguntas não vinham, decidiu que faria o contrário e perguntaria à filha o que ela pensava sobre ó assunto. Decidido, recomeçou:

– Mas, o que pensas, Leila, que possam ser estes laços de amor imortais? Acaso seriam fortes impressões do pensamento? Teríamos, então, o poder, sem que o saibamos conscientemente, de reencontrarmos nossos mortos? De atraí-los em encarnações futuras?

Leila contemporizou:

– Não saberia dizer, meu pai, mas aproveitando a oportunidade de perguntar, o que gostaria de saber é onde consta a reencarnação nas Sagradas Escrituras?

D. Carlos vasculhou a memória para relatar à filha com fidedignidade o que se lembrava do evangelho de João, onde Jesus responde a Nicodemos a famosa frase: "Quem não nascer da água e do espírito não entrará no Reino dos Céus."[14] A palavra poética e singela, enfeitada com adjetivos, fazia com que as mensagens do mestre parecessem adaptações romanceadas dos evangelhos que partiam do fundo do coração dedicado do fidalgo. Depois elucidou com propósito que a reencarnação foi retirada dos dogmas da Igreja no Concílio de Constantinopla, em 553 da era cristã, mas que constava no cristianismo primitivo.

Os olhos do conde piscavam elevados, buscando as figuras mentais que era capaz de captar das abóbadas celestes, para elucidar a filha, mas ele estava certo de que a menina ainda não possuía condições de entender bem a respeito da sublime mensagem passada.

Após os esclarecimentos, conseguiu definitivamente a atenção dela para o que lia, chegando mesmo a concluir com ela que um amor despertado assim de forma repentina, como o que ela sentia pelo jovem médico, só poderia se tratar de uma atração pelo cumprimento dos fortes laços dos compromissos imemoriais de outras vidas.

Depois das suaves elucidações paternas, enquanto os dois ficavam em silêncio, meditando sobre os ensinamentos do mestre Jesus e ouvindo ao longe o canto dos pássaros, como que para comprovar que não estavam sozinhos, percebemos de nossa visão dilatada, que Leila ainda trazia dúvidas em seu coração e sussurramos suavemente aos seus ouvidos de médium, que ela as expusesse ao pai. Assim, inspirada formulou a pergunta:

– Não entendo, paizinho, como a verdade que é uma só pode parecer diversa nos mais variados credos que se dizem cristãos...

---

14 João, capítulo 3, versículos 1-8.

– Os homens interpretam as verdades celestes, daí as diversidades, querida Leila. Homens são falíveis até mesmo os que elaboram os mais complicados pensamentos. A igreja católica é feita de homens, como a luterana e também nós espíritas não prescindimos do fator humano para engrossar as fileiras das tribunas e as páginas dos livros.

– Mas quem detém a verdade? Como saberei em quem acreditar?

– A verdade total e definitiva é aquela em que acreditas no fundo da tua consciência e que sentes em teu coração. Não importa sob qual credo ela se encontre, importa que te sintas confiante, que pratiques a caridade como expressão dessa verdade, dessa fé.

A jovem pianista meditou e, voltando a elucidar o pai, com a suavidade que só as filhas possuem, concluiu:

– Se o amor é a essência da mensagem do mestre, a verdade... pode ser interpretação dos homens, mas sentimos dentro de nós e a fé depende da nossa confiança e convicção. Resta-nos encontrar um meio para a expressão desse amor, desse sentimento que esteja de acordo com o que acreditamos. É por isso que o espiritismo recomenda a prática da caridade? Oh, que difícil! Recitar fórmulas prontas é bem mais fácil...

D. Carlos ressentiu-se e interrompeu o que ela ia dizer. Nunca poderia acreditar que Leila, aquele espírito curioso e independente pudesse preferir acatar ao que lhe mandavam fazer, nem poderia permitir que criticasse qualquer das religiões sob seu teto.

– Não, Leila, estás enganada. Recitar fórmulas prontas e cumprir rituais pode ser fácil, mas não vai tocar diretamente o teu coração que é impulsivo e grandioso. Precisas compreender a medida do amor do Cristo: é tão grande que abarca os mais humildes e necessitados, pois que vê aí a caridade. Se pusermos também a reencarnação como fator de estudo, podemos entender. Um dia, estivemos passando pelas mesmas necessidades que hoje passa nosso irmão e amanhã poderemos estar em qualquer das situações. Por isso, precisamos tratar com caridade toda e qualquer criatura.

Fez uma pausa, como se estudasse o argumento que iria colocar e adiantou-se:

– Se tu e Roberto foram esposos ou irmãos em outra vida, não o sabemos, mas temos certeza de que os laços que os unem é de puro amor.

– Seria mesmo Roberto este espírito a mim atraído por ligações pretéritas? – inquiriu com os olhos brilhantes pela novidade, ressaltando a cor azul vivo como o oceano revolto.

– Depende do que sentes por ele, Leila. É mesmo amor? Como podes ter certeza em tão pouco tempo? – redarguiu o pai, chegando ao cerne do assunto que queria abordar.

– Tenho certeza no fundo de meu coração, papai. Ao amor dele me sinto ligada da mesma forma que tenho necessidade de viver perto de ti. Tenho esse pressentimento de que ele me espera, por isso ainda não se casou e que me será devotado e amigo durante a vida toda.

Leila não dissera ao pai, que algumas vezes sentia repulsa pelo futuro esposo, porque pensava que isso se deveria à falta de costume com a presença masculina tão próxima dela. A conversa tão elucidativa fizera com que ela se pusesse a pensar sobre o futuro e o passado, sobre os laços eternos de amor, no sentido que ela conseguia entender, que era o amor entre os namorados e esposos, quando, sem que ela notasse, a tarde se esvaiu em matizes de vermelho e rosa e, finalmente, a carruagem esperada adentrou os pórticos do Palácio de Guzman.

Afoita e aturdida pela presença dos amigos e do noivo, puxou o pai pela mão, encerrando os estudos, para conduzi-lo ao salão onde exercitaria ao piano o número preparado. A condessa Constância chegou minutos depois que Roberto cumprimentou a noiva com a reverência convencional, segurando as mãos da pianista entre as dele, para beijar.

Outros amigos a cumprimentaram por sua vez e as mesmas conselheiras que a encorajavam à leitura de romances e a elogiavam ao piano, agora, pediam conselhos sobre os pretendentes que frequentavam os mesmos ambientes que elas. A conversa fluiu por alguns minutos até que Leila se sentou ao piano e tocou. Ela estava feliz e elevada na seriedade de sua arte.

Ao terminar a música chamada *Prelúdio, opus 24* tocou também algumas valsas leves, como a Grande Valsa Brilhante, opus 18 e a Valsa do Minuto, opus 64, nº 1, que exigia muita habilidade e treino, a par da sensibilidade já conhecida da jovem.

Todos aplaudiram em uníssono, mas os aplausos mais calorosos e entusiasmados partiram de seu pretendente, que vertia olhares de admiração, não só pelo talento, mas também pela beleza da intérprete. Concentrada e séria, Leila era a expressão da sensibilidade. Sua tez muito alva se tornava avermelhada pelo esforço empreendido, o que a deixava ainda mais bonita, enquanto as mãos firmes e ágeis iam dando expressão à arte sublime do mestre polonês.

Após a apresentação e os elogios de sempre, ela se dirigiu mais uma vez ao grupo de jovens para conversar amenidades, quando surgiu entre os colegas a ideia de assistirem a um concerto que se realizaria na semana seguinte, no Teatro da Graça.

✳✳✳

ASSIM SEGUIU A temporada de noivado de Leila, entre teatros e saraus. Seu mundo doirado parecia perfeito em todos os sentidos, pois o noivo se revelava atencioso e prestativo, tanto ao pai como à filha, como era comum à época. Juntos se completavam magnificamente, enquanto a maturidade do rapaz dava à moça uma segurança maior em suas posturas e escolhas.

Enquanto Leila cumpria o programa de leituras edificativas proposto pelo pai, por outro lado, frequentava a Santa Missa aos domingos ao lado da mãe. Aos poucos, ela se tornava mais consciente do papel que desempenhava na sociedade e se apresentava mais senhora de si, conservando no coração os prezados valores que seu pai tanto queria que aprendesse: a fidelidade e a disciplina, mas assim agia para agradar ao pai.

Quase todas as noites, como toda jovem de sua idade, frequentava salões e festas, exibia vestidos e ornamentos caros que o pai lhe comprava, e exigia dele ingressos aos eventos, carruagens e criadagem à disposição, presentes aos amigos e aulas de piano, com mestres cada vez mais requintados. Por esse período também recebeu aulas de bordado para aprender a marcar as peças do enxoval com monogramas entrelaçados e brasões de sua família e do noivo, mas logo se entediou dessas habilidades manuais que possuía, como parte de sua educação, mas não praticava. A tudo isso D. Carlos atendia sem reclamar, entendendo fazer seu papel de pai abastado, facilitando os caprichos da filha o mais possível, já que tão jovem, logo estaria presa a um casamento.

A esses passeios, com a mesma turma de alegres moças da mesma idade de Leila, porém, nem sempre Roberto a acompanhava e ela, imatura e linda em sua pureza, aceitava de outros amigos os elogios pretensiosos que lhe excitavam o orgulho. Ora era notada por seu talento e reverenciada, quando não lhe pediam que tocasse algo, em casa de um amigo ou outro mais sensível. Estrondosos aplausos a seguiam nessas apresentações. De outra feita, eram seus vestidos sempre novos e costurados de acordo com a moda vinda de Paris, ressaltando-lhe a beleza e a altivez. Ainda havia os elogios bajuladores à sua pessoa, enaltecendo suas escolhas, suas atitudes, suas posturas... Em poucos meses de eventos, Leila conseguira progressão social tamanha que lhe garantia, a cada nova semana, um convite irrecusável na sociedade lisboeta.

Os convites chegavam acompanhados de bilhetes com palavras melífluas como estas: "sem a vossa presença nossa festa não será a mesma" ou, "contamos convosco para brilhar mais uma vez tocando para nós o que vos aprouver", ou ainda, "vosso sorriso e vossa beleza enfeitam os nossos salões". A jovem condessa, adulada e enaltecida em seus predicados, sentia-se tocada no mais profundo sentimento do orgulho do que era e do que possuía, como rica fidalga, filha de figura importante da sociedade. Seu coração puro e otimista em tudo acreditava, sentindo-se a verdadeira princesa dos salões, alguém realmente querida e requisitada.

A D. Carlos e Roberto esse particular passou despercebido no que tocava ao caráter florescente da menina de Guzman, pelo muito que estavam envolvidos no intento de orientá-la na moral cristã e na prática da caridade, certos de que, quando as bases de tais princípios se firmassem, ela mesma se encarregaria de aparar arestas de seu temperamento. Assim, não viram o orgulho que nascia, ou que renascia, nem a impulsividade com que a jovem agia com os colegas, atraindo admiradores à sua beleza e ao seu talento, mesmo tendo compromisso de casamento com o médico de Canallejas.

A respeito desta tendência de Leila, vejo-me na obrigação de relatar um episódio que ocorreu certo dia, quando ia com a mãe ao compromisso da Santa Missa. D. Carlos nunca as acompanhava nesse ofício sagrado, pois não queria trair seus princípios, tão pouco Roberto, que era mais simpatizante das doutrinas espiritualistas. Mas neste dia, Leila esbarrou com um dos conhecidos de saraus e festas, enquanto a senhora condessa tomava a confissão, preparando-se para o ato solene da comunhão. Leila viu-se sozinha, na nave central da Igreja de São Roque e tentava manter o pensamento elevado em oração, quando pressentiu que alguém se sentava ao seu lado. Era Marcus de Villiers[15] – ela o reconheceu de imediato – um de seus admiradores, que também tocava o cravo e o piano com a mesma paixão que ela. Inibida, recolheu os terços e acertou a postura, mas ele impetuoso, mesmo afoito, tomou a palavra:

– Se não é a senhorita de Guzman? Que surpresa!

– Boa tarde, senhor conde de Saint-Patrice..., muito me surpreende também ver-vos por aqui – disse a moça, disfarçando os batimen-

---

15 Personagem do livro *O drama da Bretanha* – FEB. Seu nome foi mantido para melhor identificação.

tos apressados do coração pela aventura de falar a um jovem que sabia seu admirador. Na verdade, queria conhecê-lo melhor, mas não tivera oportunidade porque se viram apenas duas ou três vezes em casa de conhecidos em comum.

Ele, porém, estava bem ciente do que buscava naquele encontro, e poderíamos dizer que não fora obra do acaso, mas antes ele o premeditou, estudando os hábitos das condessas de Guzman. Foi direto em sua abordagem:

– Desculpai se a interrompo em vossas preces, mas não posso me furtar a elogiar-vos. Vossa postura e graça são inconfundíveis, com certeza refletem vossa alma sensível e pura. Desculpai se me sento perto de vós. Assim de perto, sois mais linda, mais suave, que olhos azuis possuís. Quem sabe os anjos não se espelharam no vosso rosto para delinearem os deles próprios?

Leila ficou muda de constrangimento e conseguiu apenas aquiescer, olhando de soslaio, desconhecendo o rapaz, seu companheiro de saraus, também pianista, mas com quem não tinha intimidades. Piscou os olhos azuis para disfarçar o nervosismo de ver-se em público, abordada por um cavalheiro, sem que uma dama a acompanhasse, sabendo ele que se tratava ali de uma noiva prometida. Seu medo era de que a mãe a surpreendesse, o que não aconteceu.

Lembrava-se de tê-lo cumprimentado em casa de amigos, aceitara os elogios dele em conversas em grupo e vertia olhares para a pessoa do cavalheiro bem apessoado, mas com admiração pela arte que compartilhavam. Nunca pensara que esse comportamento lhe renderia uma abordagem assim. Faltava-lhe a maturidade para reconhecer que suas atitudes anteriores foram levianas.

O rapaz foi breve em sua fala, porém intenso. Ao se entender reconhecido tomou-lhe a mão, para maior surpresa de Leila e, desajeitadamente, confessou ele, que a amava em segredo, que nutria por ela grande admiração e não conseguia vê-la casando-se com um filho adotivo, sem fortuna, como era o senhor de Canallejas. Ela era pura joia, orvalho úmido das manhãs primaveris e não poderia, no frescor da juventude, quase uma criança, doar-se em um casamento com tantas desvantagens sociais. Ele ali estava para impedi-la de tamanho contrassenso. Sugeria no lugar do outro, o próprio nome como noivo e o título de conde.

Leila se levantou, indignada do que ouvia, não se atreveu a responder o que considerou tamanha afronta, mas caminhou para procurar pela mãe, depois se deteve. Se seu pai soubesse do ocorrido ou seu noivo, poderiam surgir graves complicações. O cavalheiro intrépido não se deu por vencido e a seguiu pela nave da igreja, fazendo retumbar seus passos pelas lajes frias.

– Preciso de uma resposta, senhorita! Vossa negativa magoaria profundamente meu ser – ele a segurava pelo braço, olhando intimidador em seus olhos.

A jovem condessa engoliu a indignação que sentia pela abordagem que sofreu, em nome do orgulho de se ver admirada por olhares masculinos, de saber ter despertado tão nobre sentimento, mesmo à distância. Sem querer criar confusão para si mesma ou para o noivo, falou, dissimulando o que sentia:

– Esperai por mim, senhor, do lado de fora, na saída pela esquerda, não vamos profanar este lugar santo.

Ele a soltou e sumiu pelo lado indicado.

Quando a condessa Constância regressou do confessionário, Leila a convenceu de que precisava dos mesmos conselhos do padre e seguiu, deixando atrás de si a mãe, para furtar-se pela saída da esquerda. Logo viu o vulto de um cavalheiro junto aos pilares e se apresentou diante dele temerosa de que uma negativa enfática pudesse macular a própria reputação de estrela requestada em todos os eventos, querida e admirada por todos. Uma negativa significaria perdê-lo, perder sua admiração ou, muito pior, poderia ele afrontar assim também a Roberto, a seu próprio pai, quem sabe não os desafiaria a um duelo? Temerosa das consequências da admiração que despertara, resolveu contemporizar.

– Senhor, aqui estou para ouvir-vos, mas adianto que não sois a solução para meus problemas. Há outros agravantes em minha situação que desconheceis.

– Oh! Senhorita, que agravantes? Dizei por quem sois e, se puder, eu os solucionarei. Sei que vosso talento vos precede! Não podeis vos esquecer dele. Tenho programas traçados dentre orquestras e grupos de teatro que necessitam de pianistas. Quem sabe não me torno famoso por toda a Europa? Queria que compartilhásseis comigo dessa glória. Com vosso talento poderíeis tocar um dos Concertos de Chopin, tornar-vos-íeis famosa, senhorita; se nos casamos nossa vida será esta – rumo ao estrelato.

Os olhos de Leila brilharam de perspectivas futuras... mais aplausos, flores e admiradores por onde passasse. Seria um sonho aquela vida... um sonho ao qual não mais poderia sonhar, pois estava irremediavelmente comprometida com uma vida mais medíocre.

– Senhor, não posso, mil vezes não posso, pois que me comprometi com outro. Também não posso revelar os agravantes de minha história com o jovem visconde de Canallejas, demandaria muito tempo e não o temos. Vossa proposta é muito tentadora e muito me lisonjeia, mas não posso... quem sabe não nos encontramos no futuro, sob outras condições?

Disse isso e saiu teatralmente, sabendo que desta feita o jovem não mais a impediria. Fugiu para o centro da igreja, para junto da mãe, mas durante a missa, a toda hora, conferia a entrada da lateral esquerda, mantendo a expectativa.

IMPULSIVIDADE INDÔMITA

> "Era assim que eu queria ver-te outrora:
> Submissa a mim, passiva, obediente, amorosa,
> cooperando nos trabalhos que realizei.
> Mas infelizmente não o quiseste..."
> **(Roberto de Canallejas na obra**
> *Um caso de reencarnação* – **LORENZ, p. 21)**

O INCIDENTE RELATADO com o senhor conde de Saint-Patrice...
passou despercebido e poder-se-ia dizer que a própria Leila o esquecera, atarefada que estava com os preparativos do casamento e
sua agenda de atividades. Na sequência dos acontecimentos voltará
à baila a relevância de tal personagem na trama que se seguiu após
as bodas, como também vale destacar o caráter da noiva, acentua-
damente independente em seu modo de pensar para a época, o que
só se evidenciou de maneira completa mais tarde, quando ela se tornou adulta.

Naquele momento, porém, Leila queria com todas as forças de
seu ser aquele casamento, fruto do amor imaturo que sentira pela figura do distinto médico. Ao mesmo tempo, se casava pensando em
livrar-se do colégio francês e da imposição do pai que estudasse com
ele próprio para se evangelizar. Sem entender que saía da guarda
dos pais para passar para guarda do marido, ela pretendia resolver
um problema criando outro, já que o amor que sentia pelo jovem
que se tornaria seu esposo era ainda imaturo, como ela própria o
era, e possuía o agravante de reter as impressões das outras encarnações, quando por duas vezes fora esposa de Roberto, mas fugira,
alegando a mistura entre os sentimentos de amor e repulsa.

O jovem médico ignorava os anseios contraditórios da prometida e entrava de coração aberto, com as mais puras intenções ao

desposá-la, querendo ali naquele relacionamento estruturar a vida social, estabelecendo família, o que pensava ser também o desejo da futura esposa. Tinha D. Carlos em alta estima e consideração como profissional, mas também como benemérito e mantenedor do hospital onde atuava.

Finalmente, então, o tempo passou e vamos encontrar os jovens noivos novamente no dia dos seus esponsais. Era uma manhã esplendorosa onde o sol surgia, apesar do frio ameno da primavera, prenunciando bons presságios para os noivos. Cães ladravam nas casas vizinhas e a azáfama, entre os criados da casa e contratados para o evento das bodas era geral. Dir-se-ia que as bodas tinham atraído as paisagens mais lindas e as emanações mais puras dos corações que desejavam o bem à família de Guzman, na figura de D. Ramiro, sendo Roberto também muito benquisto pela sociedade pelo pouco tempo que serviu como médico dedicado e eficiente ali em Lisboa.

O Palácio de Guzman recebera ornamentação especial à escolha de Leila, com flores brancas enfeitando todos os cantos em arranjos imensos posicionados em lugares estratégicos para o deleite do olhar dos convidados. D. Carlos e a condessa Constância estavam aflitíssimos, preocupados com os preparativos da cerimônia, que se seguiria à Igreja, pois sabiam que a menina era exigente e caprichosa, mas, principalmente, porque percebiam a eminente separação da única filha que partia para o casamento.

Mais tarde, com toda a família já vestida e preparada, a carruagem os esperava, enquanto se desvencilhavam dos detalhes que requeriam direcionamento aos criados. Somando-se a isso, como se não bastasse o choro das senhoras serviçais da casa, a condessa também escondia o pranto, esquivando-se das despedidas. D. Carlos presenteou Leila com um colar de pérolas e brincos combinando, que haviam pertencido à mãe dele. Tudo pronto, então, partiram para a Igreja em suntuoso cortejo conforme o desejo da noiva, mas a cerimônia foi rápida e não contava com muitos convidados, atendendo ao pedido especial do noivo, que era muito discreto. A figura do benemérito D. Carlos atraía todo tipo de gente a seu Palácio, pessoas do povo que queriam felicitá-lo, pois o conheciam do hospital ou outros curiosos das vestimentas e posturas da noiva, agora também famosa na sociedade.

A felicidade se estampava no rosto e no espírito rebrilhante de meu filho diante daquela jovem escolhida de seu coração. Tanto eu, como a senhora de Numiers, mãe de Roberto de outra vida, tínhamos presenciado a cerimônia na Igreja de Santa Maria e enchíamos, conforme nossas potências vibratórias, a mente daquele que tinha sido nosso filho, com os melhores fluidos de amor e carinho e votos de felicidade. À Leila também separamos grande dose de amor convertido em gotas de luz para aplicarmos, especialmente, em seu coração tão jovem.

Ao saírem da igreja, ficaram detidos entre as pessoas que queriam cumprimentá-los, e a noiva, mesmo vestindo o incômodo véu e a perolada grinalda, mostrou-se amável ao receber os conhecidos de seu pai e de seu marido, que a procuravam. Roberto, porém, logo se enfadou e demonstrou impaciência, chamando Leila para adentrarem a carruagem de volta. Ele alegava que teriam mais tempo para os cumprimentos durante as comemorações, mas, na verdade, esta desculpa servia para encobrir os ciúmes que sentia da companhia da noiva, pensando fazer-se merecedor de exclusividade, pelo menos naqueles dias.

Ficaram detidos novamente, porque muita gente se aglomerava na entrada do Palácio e isso dificultou a entrada da carruagem dos noivos em regresso. Roberto tomou a mão da esposa para confabular com ela enquanto esperavam a liberação da rua. Mais uma vez confessou seu amor, jurou tratá-la com respeito e osculou-lhe as mãozinhas talentosas, franqueando-lhe os estudos de piano e os saraus que poderiam continuar acontecendo no solar dos Canallejas, onde vivia desde que viera de Madri, ou no Palácio de Guzman, já que residiriam na Quinta de Vilares, a qual D. Ramiro havia mandado preparar para recebê-los como esposos e esta propriedade era um pouco afastada da cidade, dir-se-ia rural.

Roberto estava particularmente animado com a perspectiva de residir na Quinta de Vilares, pois gostava da ideia de ficar longe da agitação da cidade, escondendo Leila de todos, em uma ciumenta privacidade de esposo recém-casado.

Quando soube dos planos do marido, Leila deteve-se, transtornada. Nunca pensara residir em outro lugar que não fosse o Palácio de Guzman e como não tinham discutido tal questão, pelo menos com o noivo, pensou que residiriam no mesmo Palácio de seu pai, aproveitando-lhe a administração, os criados e tudo mais. Aquela foi a primeira contrariedade de seu dia que estava se saindo perfeito. Pela primeira vez também, Roberto a viu no auge de sua altivez, exigindo que seus caprichos fossem acatados. Disse a jovem esposa, com o olhar perdido de exaltação, enquanto o noivo entendia ali a afetação comum às noivas pela emoção:

– Então, não viveremos com meus pais como pensei? Acaso a Quinta de mamãe está preparada para receber uma artista? Há um piano onde eu possa praticar? Uma pena ser uma casa longe de tudo, nunca poderíamos oferecer lá um sarau, como bem elucidaste. Entendo que meu pai não se oporia se vivêssemos junto dele. Vou conversar com ele hoje mesmo e se ele aceitar, acertamos tudo.

O jovem esposo olhou-a como se a desconhecesse, pois não era comum esse tipo de decisão partir da iniciativa da esposa, que antes acatava cordata aos ditames do marido, mas como ele não queria se indispor naquele dia que julgava grandioso, silenciou os próprios desejos, informando apenas sobre os preparativos que fizera para recebê-la naquela noite no Solar dos Canallejas ou na Quinta de Vilares. Como partiriam em viagem, pensou que ao regressar ela se esqueceria daquele pedido e poderiam residir na Quinta que estava sendo ofertada e preparada com o que D. Carlos sabia que Leila poderia gostar.

– Está tudo preparado e à tua espera, minha querida, inclusive meu pai me autorizou a mandar restaurar um piano que era de minha mãe para que possas tocar e o mandamos para a Quinta de Vilares. Hoje, mais tarde, se formos para lá e se não estiveres demasiado cansada, poderás dar um parecer sobre o instrumento e, depois que regressarmos da nossa viagem, decidiremos o que fazer.

Diante da evasiva do marido, Leila regozijou-se ainda mais, assim ela se entendia amada e querida e naquele dia era o que mais importava. Se Roberto entendia que ela era uma adolescente voluntariosa, ela, por sua vez, via nele aquele que nascera para agradá-la em todas as suas melindrosas manifestações de egoísmo. Com esses sentimentos dominando o coração juvenil, repleto de vontades, foi quase cruel o que disse, sem perceber que magoava aquele que muito a amava.

– Não precisava o incômodo, pois tenho certeza de que meu pai providenciará outro piano novo para mim, se lá ficarmos.

Roberto se ressentiu, mas aceitou ceder aos pequenos caprichos dela, que D. Ramiro era capaz de satisfazer. Assim foi o primeiro dia, mas outros se seguiram em semelhante condição.

Retornando à festa, que foi perfeita, Leila de fato se esqueceu daquela contrariedade, assim que se viu como centro das atenções dos convidados novamente. De longe, olhando os dois a dançar, enchia meu coração de alacridade e satisfação. D. Carlos não disfarçava também o sentimento, como na primeira vez que o vi nesta encarnação e ele segurava nos braços aquele lindo bebê que era sua herdeira. Aproximei-me dele para perscrutar sua alma e ouvi sua mente inquieta e boa, elevada em oração pelos noivos.

– Pai de amor e bondade, agradecemos por mais essa felicidade de abrigarmos nossa Leila até este dia de suas bodas. Agradecemos a chance de embalá-la nos braços, de orientá-la dentro de Vossa doutrina de caridade. Obrigado, Senhor, pela família que pudemos dar a ela, os bens materiais que possibilitaram mobilizar recursos para sua educação e foram bem aproveitados por ela, pois que redundaram no despertar do talento de uma artista. Muito somos gratos por essa oportunidade, meu Deus, e queremos pedir amparo na Vossa Misericórdia, pois que Leila possui bom coração e é obstinada, Senhor, assim como Paulo Apóstolo. Quando souber colocar esta determinação a favor dos necessitados, trabalhará de bom grado na Vossa obra de redenção dos pobrezinhos.

Assim, eu os deixei no limiar da felicidade. Era hora de me afastar da família, confiante de que este quadro de venturas não se modificaria nunca. Saí de Portugal para regressar aos campos de trabalho junto aos sofredores e servi mais uma vez ao meu próprio progresso, em nome do Cristo Jesus, durante algum tempo. Olivier de Guzman chamou-me para que fizesse uma pausa em nossa vigília, já que o jovem casal viajaria em núpcias e cabia respeitar-lhes a privacidade.

Aquele ano se passou para os nubentes com a rapidez em que se escoam as horas agradáveis e ternas e a ventura do casal em bom relacionamento continuava tranquila fazendo planos ao futuro, juntos. Assim os reencontrei, quando voltei a estar com aquele grupo de espíritos determinados em permanecerem unidos pelo amor milenar que traziam como herança e como ideal. Leila e Roberto descobriam em seus corações apaixonados as benesses do casamento, enquanto se divertiam unidos em viagem pela Europa que durou quase o ano todo.

Visitaram Paris e Roma, conheceram as terras que herdariam na Espanha e voltaram ao Castelo de Montalban, onde Leila nascera e ficaram alguns meses com a condessa Constância e D. Ramiro que lá estavam. Leila pediu ao marido para seguirem viagem e continuaram pelas propriedades rurais de D. Carlos, no interior da Espanha e depois voltaram a Portugal. Quando, finalmente, regressaram a Lisboa, de fato residiram por um tempo na Quinta de Vilares, por vontade de Roberto. Na verdade, o jovem casal não chegava a um acordo a respeito da moradia. Roberto insistia em residir na propriedade rural, longe dos olhares curiosos dos lisboetas, enquanto Leila queria voltar ao palácio, porque não suportava a ideia de viver longe do pai.

A condessa Constância se ressentia, enciumada das preferências de Leila pelo pai e, assim pensando, se recusou a seguir a família até Lisboa. Ela resolveu que ficaria em Madri, mesmo sozinha, alegando impossibilidade de viajar por problemas de saúde e necessidade de solidão e retiro. D. Carlos não se agastou, pois já estava acostumado às exigências da esposa. Preferiu seguir a filha e ampará-la no começo do matrimônio, agora que resolviam a residência definitiva em Portugal.

Constataram, pouco tempo depois, os dois varões médicos da família, que Leila estava grávida. Por este motivo principalmente, D. Carlos passou a ocupar apenas um dos quartos do andar superior do palácio, cedendo as alas principais ao casal de Canallejas, atendendo assim a mais um capricho da filha. O Palácio de Guzman foi remodelado ao gosto dos novos moradores, mas Leila preservou o que pôde do original, quando sua mente privilegiada recompunha os mesmos objetos em posições diferentes, dando um novo encanto ao tradicional casarão.

O tempo passou rapidamente e a jovem mãe, já com o corpo remodelado pela bênção da maternidade, estava revigorada de energias, pois regressaria à Terra outra menina, que também era parte daquele grupo seleto de espíritos. Esta época da vida da senhora de Canallejas, em que desfrutava da companhia amiga, tanto do pai quanto do marido, foi plena de felicidade. A perspectiva da vinda da criança em um lar praticamente de adultos enchia a atmosfera de ternura e carreava de alegria a vida dos familiares.

Num desses dias, cheguei ao palácio para vigilância, quando vi a filha de Charles deitada num divã, numa das horas calmas do entardecer, com as madeixas escovadas e presas, como era moda entre as madonas da época. Tinha um livro nas mãos, o novíssimo *Ana Karenina* de Léon Tolstói, mas não o lia, somente pensava, remodelando mentalmente o suposto rostinho angélico da criança que trazia dentro de si.

Levantou de um pulo ao ouvir o barulho da carruagem, depois

se arrependeu, pela tontura que sentiu. Era Roberto e seu pai que regressavam do hospital, para ela, a melhor hora do dia.

A efusão com que ela os recebia deixava o jovem marido exultante de felicidade, como era de se esperar. A esposa grávida se tornara ainda mais linda, com as maçãs do rosto coradas e o corpo redondo, como era a beleza da época. Leila não se via assim, porque sentia com maior intensidade os desconfortos de carregar um peso extra dentro de si.

D. Carlos queria conversar com a filha todos os dias, certificando--se do estado da futura mamãe. Os cuidados eram tantos, vindos do pai e do marido, que Leila nem mais se queixava dos enjoos e inchaços, já que nada fazia senão repousar. Estava muito entediada de ficar sozinha durante o dia todo e ter de esperar tanto tempo para ver o rosto da criança com quem sonhava acordada.

As noites se passavam agradavelmente, enquanto a barriga continuava a crescer. Depois de cumprir os nove meses de achaques e repouso, finalmente, novos vagidos de recém-nascido encheram o Palácio de Guzman, agora habitado pela família de Canallejas. Era a pequena Lelita, que nascia, com uma vasta cabeleira farta e negra como era o cabelo de seu pai, mas com os mesmos olhos amendoados da mãe, de puríssimo azul.

A condessa Constância veio passar uma temporada com a filha durante aqueles primeiros meses e novamente todos estavam reunidos em torno da senhorita de Canallejas, que para o desapontamento geral, só sabia chorar, passando de colo em colo.

Este fato foi o coroamento da felicidade daquela família e assim, ocupados com as alegrias e preocupações que nos dão as crianças, passaram-se mais quatro anos entre brincadeiras e gracejos que só os corações maternos podem entender e desfrutar. A menina crescia, se desenvolvia e enchia os olhos dos pais e, se por um lado Leila era uma mãe de vinte anos, atenciosa e realizada, por outro era uma pianista frustrada. Não mais tocara, desde que a filha nascera, a não ser curtos acalantos de quando em vez para que os delicados ouvidos da criança não se ressentissem ou para que não perturbasse seu sono. Roberto incentivava a esposa a treinar seu amado Chopin que constituía música tão elevada e suave que só poderia contribuir para o desenvolvimento da menina, mas Leila, que não queria mais treinar, ressentia-se de errar alguma nota e se desencorajava de tentar alegando não ter mais tempo.

Eu fazia visitas regulares à família de Canallejas, dividindo o tempo entre auxiliá-los e manter o estágio que fazíamos nas estâncias educativas do espaço, concluindo assim, o trabalho de reeducação moral, junto a Marie de Numiers, minha querida esposa espiritual.

Lelita crescia mais e mais. Enquanto a menina corria pelas luxuosas salas do Palácio e a ama ia atrás, Leila se sentia preterida e não permitia que a filha se afastasse dela. Somente mais tarde, quando vieram os professores contratados pelo avô, foi que a mãe retomou a prática diária do piano, sem negligenciar a educação que pretendia dar à filha.

Neste período em que desfrutava as benesses da vida matrimonial, Leila vivia o sonho de toda mulher de sua época, coroando o casamento com a maternidade, como havia de ser. Seu coração irrequieto e impulsivo, porém, não atribuía valores ao que outras mulheres chamariam de realização. Ao contrário do contentamento e até mesmo da inveja que muitas lhe devotavam, Leila, em seu íntimo trazia grande frustração, que não revelava a ninguém a não ser ao coração paterno que a aconselhava com paciência, nas raras vezes que se encontravam a sós, quando Roberto ficava detido no hospital e D. Ramiro seguia para ver a neta e a filha. Os primeiros sinais de agastamento moral e tédio começaram a surgir e eu percebia a mudança nos pensamentos de Leila.

Num desses dias, segui o diálogo íntimo entre pai e filha:

– Não posso, papai, viver apartada de tua proteção, sinto-me perdida. Teus conselhos são para mim como um clarão que dissipa as nuvens, espanta as trevas de meus tumultuados pensamentos.

– Pergunta Leila, o que queres de mim, querida? Estou à disposição...

– Sinto-me irrequieta interiormente, minha vida não é plena e longe está da tranquilidade que vejo outras senhoras desfrutarem. Algo me falta e não sei bem o que é esta realização, papai.

Em seu íntimo, Leila sabia muito bem o que queria. Sonhava com o reconhecimento do público, a projeção social, com os aplausos à sua arte. Por outro lado, não queria negligenciar a família que possuía, porque entendia que a pequena Lelita precisava de seus cuidados. Não teve coragem de falar de pronto ao pai sobre seu drama interior, onde se debatia, querendo alimentar o orgulho e o egoísmo, sem perder a vida em família.

– Tenho certeza de que, se te dedicasses aos pequeninos no hospital ou em qualquer lugar onde te sintas bem, poderias complementar a tua vida com a benevolência, virtude de que sempre me lembro. São mães como tu mesma, cuja cesta está sem pão, crianças magras que não desfrutam refeições regulares, pessoas adultas ou idosas, cuja lareira está sem fogo. Lê, querida Leila, no capítulo V de *O Evangelho segundo o Espiritismo* que te dei, a mensagem de Delphina de Girardin, intitulada "A verdadeira desgraça"[16] e te comoverás às lágrimas, lembrando que à nossa Lelita nada falta.

– É sublime a tua ideia, querido pai, mas não me encontro ainda pronta para enfrentar as dores alheias sem me abalar. Ao invés de consolá-los, choraria com eles...

Ele a interrompeu com o coração apreensivo, se não era o que a filha queria, talvez ela não estivesse sendo sincera no que mais a afligia. Com paciência completou:

– Podes sanar as necessidades desses pequenos com a tua riqueza, podes ensiná-los a orar, podes levar donativos, querida Leila.

---

16 "Vou revelar-vos a desgraça sob uma nova forma, sob a forma bela e florida que acolheis e desejais com todas as forças de vossas almas iludidas. A desgraça é a alegria, o prazer, a fama, a fútil inquietação, a louca satisfação da vaidade, que asfixiam a consciência, oprimem o pensamento, confundem o homem quanto ao seu futuro. A desgraça enfim, é o ópio do esquecimento, que buscais com o mais ardente desejo."

Pensa o quanto temos de empréstimo celeste – esta casa, a saúde, o amor que nos une, a bênção de uma criança perfeita. Outros há que não desfrutam senão dores, senão falta... mas, se não é isso que queres, dize o que aflige teu coração e o teu pai de sempre irá mover o mundo, se for preciso, para te ajudar.

Leila olhou os raios de sol que morriam pelas vidraças, contemplou as molduras da janela, os cortinados e pinturas de arte pelas paredes, enquanto disfarçava a emoção que sentia. Sobre a mesinha, os restos de biscoitos e chá na chávena pintada com delicadas flores. Na sala ao lado, ouvia os folguedos da pequena Lelita e, neste momento, ela percebeu o quanto era feliz ali, naquela vida doméstica e pacata. Não podia, por outro lado deixar de ser sincera e assim, mais uma vez, como ocorria sempre que se sentia impossibilitada de entender a si mesma, abriu o coração ao pai.

– Sinto falta do piano, sinto falta dos aplausos, do brilho dos saraus... Vivo entediada de tudo que tenho... Envergonho-me de dizer, papai, porque sempre és tão bom para mim e pensas que sou o anjo de pureza capaz de seguir teus abnegados passos dentro da filantropia. Não posso, não posso! – Leila estremeceu levemente, sentindo as mãos suarem pela ansiedade de revelar-se, como se estivesse diante de um ser superior e elevado, não obstante, amoroso.

– Mas o que te impede de promover saraus? Por que não tocas, Leila? Tenho certeza de que teu marido não a proíbe. Se buscasses os pobrezinhos para lhes promover música e pão, com certeza, teria plateia sincera e devotada.

– Roberto não proíbe, mas não gosta e não quero aborrecê-lo. É pessoa discreta e boa de coração, não gosta das futilidades das rodas sociais, mas, antes, parece um aldeão, não quer sair ou receber convidados. Por ele, ainda estaríamos residindo na Quinta da mamãe. Quanto aos pequeninos que a minha música poderia consolar, não há piano nos albergues e eles se entretêm com sanfona.

– Como queiras, minha filha, mas lembra-te de que o tempo está passando e a oportunidade que tens de viver a vida privilegiada que levas é responsabilidade com o Alto. Pensa nisto, sensibiliza o teu coração, tenho esperança em ti sempre.

D. Carlos se mostrava esperançoso de que daquela vez, Leila se entregasse ao doce chamamento dos desfavorecidos. Ela, que poderia promover tantos saraus quantos quisesse entre os mais pobres da cidade, levando até eles o alimento e o consolo, permanecia insensível aos apelos do pai.

Foi assim que ao completar vinte e um anos de idade, Leila se permitiu dar uma recepção, um novo sarau onde tocaria. Mandou convidar os amigos de outrora e muitos se lembravam dela e atenderam ao chamado. Roberto não se opôs, dizendo mesmo que gostaria de ouvi-la tocar mais uma vez. As peças escolhidas foram algumas *polonaises* e *mazurkas*.

– Por que não tocas as valsinhas ou o *Fantasie Impromptu* que tantas lembranças nos trazem? Afianço que o gosto pelas valsas é geral – perguntou Roberto quando a ouviu treinando o difícil roteiro a que se propunha, e tomado de ternura por aquela que enchia a casa de harmonia, descansou a destra sobre o ombro da esposa, apertando levemente, em atitude respeitosa, demonstrando imenso carinho.

Leila estremeceu com o susto daquela mão aristocrática e branca que a tocava, como se lhe acometesse alguma lembrança pretérita, quando ele entrara fardado nos salões de seu antigo lar e ordenara a matança de sua família[17]. Foi um momento apenas, mas ela se esquivou das mãos que tanto a queriam bem. Levantou-se de um pulo e respondeu, entre contrariada e surpresa, enquanto caminhava até o canto oposto da sala:

– Porque todos já ouviram as valsinhas que toquei e o *Impromptu* guardo-o para ocasiões especiais. Se me pedirem, tocarei com prazer, pois sei todas...

Quando ela se virou, ele, que a tinha seguido até a janela, inter-

---

17 Referência à obra *Nas voragens do pecado* – FEB.

rompeu a fala da esposa, enlaçando-lhe a cintura, para dar vazão ao sentimento que abrasava seu coração varonil. Reparou como estavam vivos os grandes olhos azuis que rebrilhavam às luzes mortiças dos castiçais, pois já era noite.

– Então, toca para mim – ele a apertava contra o peito de maneira que a prendia com sua força masculina, enquanto Leila experimentava desconforto. Sem se dar conta disso, continuou: – Dize, minha querida, que jamais esquecerás o nosso amor! Que sempre viveremos essa ventura de estarmos juntos, de nos abraçarmos de forma tão completa que me enche de razão a existência – depois ele a beijou e, sem deixar que tomasse fôlego do abraço apertado, continuou beijando seu rosto e pescoço, enquanto falava junto aos cachos do cabelo dela, a voz mais parecendo um sussurro.

– Tenho ciúmes do teu talento, quando os olhares se voltam para ti e todos te aplaudem, ficas diferente, minha querida, teu olhar guarda um brilho altivo, ficas muito distante de mim que te amo.

– Distante como? – ela retrucou no mesmo sussurro, sem querer confrontá-lo, como se apenas desabafasse: – É a música que me eleva e os aplausos complementam... Estes sentimentos teus se devem ao ciúme, que é exagerado. Vês que nossos amigos me admiram e te ressentes... Pois digo que este tipo de amor é possessivo.

– Acontece que não és somente talentosa, és linda e jovem... Todos aproveitam para admirar-te mais e mais, nada sobrando para teu pobre marido, esquecido e relegado a segundo plano.

– Mas quem está comigo agora? Quem me abraça e beija, não és tu?

Sem esperar resposta, ela se esquivou mais uma vez, soltando-se delicadamente daqueles braços que a sufocavam, mas se sentou ao piano e tocou o que ele lhe pedia. Enquanto tocava, ia pensando no sentimento de asfixia que o amor de Roberto lhe causava. Era intenso demais, exigia dela a dedicação total, tanto a ele quanto à família. Ele sempre se comportava como se ela fosse fugir na próxima semana, fugir do amor dele, do casamento, fugir da filha. Quando articulou essas ideias, Leila pensava estar exagerando a si mesma, mas depois de conjecturar um pouco, percebeu o quanto sua liberdade estava sacrificada naquele casamento. Desde que tinha quinze anos, só se dedicava à família. Tinha saudades da única viagem que fizeram juntos, pela Europa. Naqueles dias ele foi tão atencioso e romântico, mas agora parecia patético com aquela necessidade desproporcional de abraçá-la sempre que estavam sozinhos, como se ela fosse fugir ou morrer.

Ele a queria somente para si, longe de todos, como uma boneca de porcelana que enfeita o lar, mas que não poderia ter outros amigos ou admiradores para a sua música, que era, na verdade, a única realização pessoal de Leila. Se D. Carlos a queria adepta das doutrinas espiritistas, Roberto a queria confinada, vivendo entre as paredes do Castelo, dedicada e submissa a ele e à família apenas.

Quando Leila voltou a executar a mesma peça de Chopin que treinara, com exímia habilidade, no dia de seu aniversário, os aplausos estrondosos a chamaram à vida social novamente, a cor voltou-lhe às faces, os olhos rebrilharam de prazer, enchendo sua alma sedenta de aventuras com o desejo de viver e tocar a sua arte. Assim que terminou, caminhou pelo salão colhendo olhares de aprovação, elogios e palavras, enaltecendo seu orgulho. Num dos grupos de amigos estava Marcus de Villiers, o conde de Saint-Patrice... e Leila pensou em se aproximar dele, querendo saber se ele teria coragem para elogiá-la com tanta ousadia como fizera naquele dia distante no tempo, dentro da Igreja de São Roque. Enquanto caminhava para o grupo onde ele estava, um dos copeiros a interceptou com um recado baixo, vindo da ama de Lelita, pois que aparentemente a menina tinha febre. Com o olhar ela procurou pelo marido, mas Roberto já se encontrava ao pé da escada, com ares de preocupação estampada no rosto.

Ela foi até o marido e conversaram brevemente. Como a viscondessa de Canallejas não podia se retirar do recinto, ele subiu aos aposentos particulares, como médico que era, para examinar a filha. Leila se desculpou com os convidados pela ausência do marido e continuou tranquilamente a colher sorrisos e elogios pelo salão. Quando passou novamente pelo conde de Saint-Patrice... este a interceptou, mais uma vez ousado, dissimulando, porém, o sentimento que lhe avassalava o peito sempre que ele a via.

– Viscondessa de Canallejas, quantos talentos, senhora, possuis e os aprimorais cada vez mais! Os meus olhos não se cansam de admirá-los... tendes postura de dama, beleza que só se realça com o tempo, porte altivo, olhos aquecidos pela emoção, quando estais ao piano. Nesse momento, meu coração para a própria cadência para seguir-vos.

– Que lisonjeiro, senhor conde de Saint-Patrice..., mas sou apenas discípula e admiradora de Chopin, meu querido Fred, assim como o sou das artes em geral, da literatura. Leio e toco piano, como outras damas da sociedade, nada demais. Soube, porém, que o senhor se tornou artista renomado. Tocai algo para nós se não for incômodo e provai, senhor, a vossa habilidade artística.

O conde ajeitou as luvas para tirá-las e pediu que se anunciasse uma peça de Franz Liszt, muito comum na época, intitulada *Liebestraum*, e a qual Leila nunca treinara, por não querer deixar de tocar sua preferência que era o mestre polonês.

Quando ele terminou de tocar, todos aplaudiram e foi a vez do conde ficar inflado de orgulho por sua arte. De fato, ele estivera ensaiando muito, pois aceitara tocar com um maestro austríaco que pretendia formar um grupo seleto de músicos e viajar pela Europa com os concertos ensaiados, à moda das orquestras. Nesse grupo, faltava um pianista que tivesse conhecimento de Chopin bastante para atrever-se a ensaiar o Concerto nº 1. Naquele momento de aplausos e glória, Marcus se sentiu à vontade para incluir Leila em sua aventura. Quem sabe se ela se distanciasse de casa, poderia conseguir conquistar para si aquele coração misterioso, que deixara uma mensagem indireta em sua negativa, naquela tarde na igreja de São Roque, quando afirmara uma perspectiva futura de encontro amoroso, ou assim ele o entendera, mesmo ela estando prometida, à época, em casamento.

– Senhora viscondessa, perdoai a minha ousadia, o meu atrevimento, mas entendo que os artistas se devem uma fidelidade, uma cumplicidade que nunca será entendida pelos outros mortais. Digo, senhora, que me perdoai antecipadamente se vos ofendo com minha proposta, mas, se a aceitardes, daríeis ao vosso talento uma chance de se multiplicar e de ser admirado pelo público. Trata-se, senhora viscondessa, de uma vaga para tocar o Concerto nº 1, do vosso amado Chopin, junto a uma orquestra que se inicia. Eu não me atreveria a assumir a função, que requer muito talento, diante da vossa dedicação ao mestre polonês e se for de vosso interesse, posso apresentá-la a Ludwig Von Stainer, o maestro austríaco de que vos falei e com o qual estou viajando.

Leila estremeceu intimamente diante do convite, tão polido quanto possível, mas que escondia um interesse evidente de que ela o acompanhasse em viagem pela Europa, o que seria inadmissível a uma senhora casada, a uma dama da sociedade da época. Seria uma loucura e aquele cavalheiro merecia uma recusa imediata, pois disfarçava nas habilidades de piano o ensejo de ficar a sós com ela. Porém, a oportunidade de tocar era única e não se repetiria em sua vida. Uma viagem com uma orquestra, escalas para apresentações com aplausos do público, apupos e assobios exaltando a música. Oh! Que sonho! Que inveja de ser livre... se ela pudesse. O orgulho e o egoísmo mais uma vez chamavam a sua personalidade ainda doentia ao desatino, enquanto a responsabilidade de mãe de família e esposa iam ficando em segundo plano.

Tentada como nunca pensara que pudesse ficar, Leila respondeu, também sendo discreta e evasiva o quanto possível diante dos convidados.

– Pensarei com cuidado em vossa proposta, senhor, já que meu amor às artes é tão grande, quem sabe não consigo alguns meses para que eu e meu marido possamos tirar férias e acompanhar a vossa orquestra – falou e ia retirar-se da presença do amigo, quando ele mais uma vez a interceptou, tocando ousadamente o braço dela:

– Eis o cartão com o endereço a quem devereis procurar para a entrevista.

Leila o apanhou dentre os dedos do amigo e sentiu que o papel tremeu em sua mão. Leu as letras douradas e viu o brasão com insígnia da família do conde, mas não gravou o nome e o endereço e depois não sabia se o guardava ou atirava ao fogo, mas acabou por não fazer nenhum gesto comprometedor diante dos olhares, entre curiosos e maledicentes, dos outros convidados.

Aquele inocente cartão, que poderia muito bem ter sido isolado pela anfitriã foi, depois que os convidados se retiraram, motivo para esperanças mais efetivas, daquela que antes só tinha sonhos. O cartão era como um bilhete de felicidade, a senha para a mudança de vida, era a concretização de sua loucura, sim de loucura, pois Leila não se iludia em sua escolha equivocada, sabia muito bem quais seriam as consequências, se seus desejos mais profundos se realizassem. Faria infeliz ao marido e à filha, desgostaria o pai, envergonharia a mãe, mas ela não pensou em ninguém dentro de seu sonho orgulhoso, excluiu todos os afetos para deixar apenas a ilusão de que seria famosa e amada pelos expectadores por onde quer que passasse. Era o egoísmo que nem a sua educação primorosa dada pelos padres, preceptores e pelo próprio pai, nem o grande amor que sentia por Roberto e a filha foram suficientes para calar em sua alma.

Na semana seguinte, procurou o endereço indicado e avisou ao pai que tomaria aulas naquele local com novo maestro que chegava à cidade. Agora que tinha retomado a prática do piano seria bom que tivesse aulas novamente e escolheu o maestro austríaco. D. Ramiro nada estranhou, nem Roberto, pois que este era um procedimento que se repetia frequentemente, quando Leila se cansava ou esgotava as possibilidades de estudo com um dos mestres. Na verdade, ela estava praticando em segredo o Concerto nº 1 e treinava junto à orquestra para seguir com eles quando o maestro achasse por bem. Assim, treinaram por seis meses...

No sétimo mês de estudos, as aulas para o concerto se intensificaram e Leila saía todas as tardes para praticar, sem que ninguém suspeitasse que suas atitudes se pautavam em outro motivo que não fosse aprender e praticar música. O tempo que tinham na orquestra era exíguo e ela mal via o conde de Villiers, que treinava em horários diferentes no mesmo piano.

Numa dessas tardes, teve de correr para casa, pois recebera um bilhete chamando-a para conversar com o pai. D. Carlos queria anunciar aos parentes sua viagem de volta à Espanha, para ficar um pouco com a esposa, pois Constância viajara para Madri, desde que entendera que o Castelo de Guzman agora era o lar dos Canallejas. Ela, que já vinha apresentando quadro queixoso de dores, alegava agora grande desconforto nas viagens e, já que Leila ocupava o Palácio de Lisboa, ela moraria definitivamente no Castelo de Montalban. Havia três anos que não viajava.

D. Carlos contou com o apoio do genro, pedindo a Roberto que ficasse encarregado da direção do Hospital Beneficente de Lisboa por aqueles meses e assim ficou estabelecido, porque ele partiria naquela mesma semana.

– Minha filha, sinto deixar-te por alguns meses, mas Constância me chama e, na verdade sinto saudades de minha terra natal. Lá deixei outro trabalho igualmente humanitário e beneficente, como sabes, e Carlos de Canallejas precisa de meu apoio vez por outra, durante o ano. Assim, como sempre fiz, divido-me aqui e ali, ajudando os que me procuram. Bem queria deixar ao teu encargo alguma tarefa filantrópica, mas, como alegas muitos afazeres junto à Lelita, perdoo-te. Deixo Roberto no meu lugar, confiante de que o trabalho não será prejudicado – foi o que disse D. Ramiro, revestido de ternura paternal com aquela que muito amava.

– Oh! Papai, sabes que muito me ressinto na tua ausência, por isso sempre quis seguir-te em tuas viagens, mas sei que preciso ficar desta vez.

Leila se despediu do pai com um estranho pressentimento em seu coração que ficou apertado e ela disfarçou como pôde as lágrimas que marejavam seus olhos. Pensava estar se afastando dele por um longo período. Quando se despediram, agarrou-se ao pai como se pedisse desculpas pelos atos futuros, mas deixou que ele fosse embora sem abrir seu coração irrequieto, pois não achou oportunidade de depositar seus problemas nos ombros cansados que partiam, buscando recompor-se.

Qual foi a minha surpresa coroada pela dor, quando entendi que a jovem esposa estava propensa a abandonar tudo: a família, a fortuna, a honra e a reputação. Afastei-me em profunda meditação, busquei apoio nos benfeitores da família, pois não acreditava que, mais uma vez, ela seria capaz de deixar meu filho.

Do plano espiritual, via-se uma sombra se apossar dos pensamentos da jovem viscondessa, sombra essa criada por ela mesma, por seu desvario em busca de aventura, por sua leviandade, por sua pouca vivência. Entendia o mundo florido que lhe fornecia tudo de que precisava, menos os aplausos, e era só isso que alimentava seu orgulho. Não era o conforto do Palácio, nem o luxo dos vestidos, nem o olhar inocente da filha, nem o amor devotado do marido. Oh! Quantas mulheres a invejavam, por sua posição, por sua felicidade, mas ela não dava valor à estabilidade que possuía, não se interessava por praticar as lições de caridade que D. Carlos tão pacientemente concedia e, diríamos que se mostrava envolvida e curiosa, às vezes, pelos assuntos, talvez para agradar ao pai.

Remontando os passos de Leila, vi que assim que regressou da viagem com o marido, por algum tempo residiu de fato na Quinta de Vilares, sem se acostumar à vida rural e retirada, vindo depois a se tornar senhora do Palácio de Guzman. Logo veio Lelita, cujos cuidados passaram a ser a justificativa para tudo mais a que Leila não queria se dedicar. Nunca mais foi visitar os doentes em companhia do marido ou do pai, não leu a coleção espírita em sua biblioteca, nem devotou suas horas ou seus domingos aos conselhos do padre em qualquer paróquia, como queria sua mãe.

A pedido da benfeitora Louise de Guzman, conversei naquela

noite com Leila, em emancipação pelo sono. Como tinha fácil acesso aos seus pensamentos, descobri suas dúvidas e aconselhei que ela tivesse juízo e pensasse na pobre criança que seria deixada no lar sem o amparo materno. Ela se envergonhou muito, porque tinha muito respeito por mim, sabendo que fôramos ligados em outra encarnação. Chorando, chamou o pai, pedindo apoio, mas o velho conde de Guzman, também emancipado pelo sono, não conseguiu acalmar o coração aflito de Leila. Ouvi enquanto conversava com ela, quase em sussurros, pedindo pela neta, pela família. Os dois confabularam por muito tempo, mas, como sempre, os conselhos e os pedidos se fazem, mas são deixados ao encargo do espírito as decisões de acatar ou não, de dar ouvidos aos bons conselhos ou não, respeitando o livre-arbítrio de cada um.

Voltando ao mundo desperto, descobri que o maestro Ludwig Von Stainer não demorou a anunciar a partida da orquestra, dentro de poucos dias e Leila passou a viver o dilema de sua vida. Cedia aos chamamentos da aventura e do desatino ou desistia, para sempre, do sonho de se ver famosa pianista. Intimamente, ela conjecturava as possibilidades de seguir e de ficar, de falar a Roberto ou simplesmente fugir. Ceder aos apelos de Marcus, com quem trocava cartas desde seu aniversário de vinte e um anos e nelas ele a incentivava em sua sensibilidade de artista ou permanecer com o previsível marido, que, se não negava carinho, também não era sensível à sua arte, que respeitava, mas não compreendia. Não podia levá-lo em sua estranha aventura, justo agora que o pai se ausentara para a Espanha, deixando o hospital ao encargo de seu marido. Por outro lado, sem ela, a orquestra perderia seu mais rico número ensaiado a tanto custo por meses.

Com um pouco de habilidade mental, sondei o íntimo de Leila e percebi que as cartas de Marcus de Villiers, de cunho servil e romântico, à moda dos amores platônicos, eram cheias de elogios à arte da jovem fidalga, por outras vezes, excedia-se o conde, e incluía a beleza cativante da pianista nas suas exaltações, enquanto acrescentava outros predicados menos pudicos, mas que atingiam seu intento de enaltecer Leila, até que ela cedesse em acompanhá-lo com a orquestra.

Leila, em princípio seduzida pelas palavras empoladas e elogiosas, como serpente encantada pelo faquir, logo se sentiu curiosa pela figura do artista que comungava com ela a mesma paixão pela música e, em pouco tempo, se viu atraída para ele, como única solução ao tédio de sua vida amorosa, pressionada pelo marido a negar seu talento ao público, em nome da família, como se vivesse para agradá-lo e amá-lo apenas. Marcus ainda prometia aplausos e respeito às apresentações que fariam pela orquestra, em nome do que ele chamava de liberdade musical.

Ele colocava Leila em um pedestal, dizendo que ela deveria ser reverenciada, não só pela habilidade ao piano, mas pela beleza física de que era possuidora. Destacava cada detalhe, desde o olhar determinado e altivo, às minudências como a curvatura dos mimosos dedos ágeis, e fazia isso com galhardia, preenchendo as necessidades dela de se sentir excitada pelo orgulho. Roberto, por mais que a amasse, nunca insuflaria dessa forma as qualidades da esposa, pois sabia não ser saudável que ela se sentisse ainda mais adulada do que já era.

Passou-se um mês e, numa manhã, depois que se despediu calmamente do marido que ia trabalhar, como se nada de extraordinário se passasse, contratou uma carruagem de aluguel e mandou carregar com suas malas, previamente arrumadas em sigilo. Chamou Lelita e disse que precisava viajar, mas que voltaria em alguns meses. Desvencilhando os bracinhos brancos de seu pescoço, deixou a filha em prantos e, com uma estranha frieza, entregou a menina para a ama. Não se despediu de Roberto, que nem sabia das intenções da esposa, nem participou ao pai sua resolução. Deixou apenas um bilhete de oito palavras, pedindo que não procurassem por ela. Seus olhos estavam nublados pelo orgulho e o coração entorpecido pelo egoísmo. Leila agora se via impulsiva e fria como se os matizes da personalidade de Ruth-Carolina lhe colorissem a determinação em fugir.

Quando chegou ao teatro, a orquestra já esperava por ela e Leila partiu com o grupo de músicos do maestro Ludwig Von Stainer, na carruagem de Marcus ...

DRAMA DOMÉSTICO

"Nesse momento, porém, um grito hediondo
de angústia e desespero fere o ar: Andrea precipita-se
no vácuo e cai no abismo, desaparecendo
nas águas, que são violentas."
(*O drama da Bretanha,* – FEB, p. 183)

O QUE DIZER de uma decisão tão equivocada, quando não se pode
mais aconselhar ou acompanhar aquela pessoa cara ao coração que
entra por um caminho sem volta? Todos os parentes e amigos, todas as pessoas e espíritos ao redor de Leila viam que sua escolha se
tornaria uma vereda lamacenta, um atoleiro que a faria estagnar,
sufocar e sofrer. As resoluções que tomou foram decisões de seu
livre-arbítrio e os resultados e consequências seriam também suas
escolhas, mas certo era que, com essa atitude, arrastava novamente
todo o grupo de espíritos que a amava para este mesmo lamaçal.

Minha principal decisão de auxiliar e não atrapalhar ficou profundamente abalada diante do que fizera a esposa de Roberto. Outras épocas houve que a assediei, arrebatei e conduzi vingança em
nome do filho amado, mas entendia agora que este não era o melhor
caminho. Com muito pesar, vi-me novamente na mesma situação
que me agastava o ser, vendo Leila se afastar do lar que abrigava
seu esposo e filha, em troca de uma aventura. Este foi o maior desa-
fio que enfrentei – calar e seguir auxiliando diante da nova decisão
da jovem esposa de abandonar tudo, mais uma vez. Vi quando ela
se afastava pela rua, aflita e insegura de sua nova vida ao deixar
meu filho do coração e nada pude fazer, nem segui-la, pois as de-
terminações de Louise de Guzman eram que deixasse Leila com sua
escolha, sem interferir. Se a seguisse, erraria novamente e passaria a
persegui-la e odiá-la mais uma vez, o que já era impossível em mi-

nha posição. Deixaria de ser guardião familiar para me tornar mais uma vez transgressor da lei de Deus que respeita as escolhas de cada um. Precisei, naquele momento, de muita força moral para controlar o íntimo e calei o grito de revolta, entendendo que o que fizesse agravaria a situação de todos, por isso precisava de equilíbrio, se quisesse ajudar.

Deixei Leila em sua aventura desvairada para me dedicar ao filho querido que ficou em Lisboa, mais uma vez abandonado e preterido, ignorado em seus mais sinceros sentimentos, traído e vilipendiado pela esposa. Minha posição de confiança junto à família não permitia nem que tivesse notícias dela, visto que seu ato foi de rebeldia, quando ignorou os conselhos de seus protetores e preferiu o destino incerto ao lado de um homem que a seduzia pelo que representava. Se soubesse o que fazia, com quem estava, como se conduzia, certamente me desequilibraria mais uma vez.

Quando Luís de Narbonne[18] desceu seus exércitos sobre a família de Ruth-Carolina, não sabia que quatro encarnações não seriam suficientes para recobrar o respeito e a consideração daquela a quem ele amou sinceramente. Na época, Ruth se julgava desgraçada, pois para a vingança, organizada sob o consentimento da rainha Catarina de Médicis, casar-se-ia com Luís, o que de fato aconteceu e ela se apaixonou por ele. De outra feita[19], mais uma vez Roberto foi deixado de lado, o que o levou a se suicidar por amor a ela, rendendo outros desdobramentos menos felizes para sua vida e, quanto a mim, passei à posição de obsessor e engendrei vingança contra Leila, sob a personalidade de Andrea[20] que, alucinada, cometeria o mesmo crime de suicídio.

As relações de amor e suicídio ou de suicídio por amor eram o cerne da encarnação desses dois espíritos, agora ambos caros ao

---

18 Personagem do livro *Nas voragens do pecado* – FEB.
19 No livro *O cavaleiro de Numiers* – FEB.
20 No livro *O drama da Bretanha* – FEB.

meu coração. Eles obtiveram da misericórdia divina nova oportunidade de se verem como esposos, mas Leila, presa aos seus atos pretéritos, repetia as loucuras cometidas anteriormente. Receei por Roberto, com certeza, aquela era sua maior prova – resistir ao suicídio por amor a Leila.

Ajudando a reafirmar nossa decisão de seguir no bem, assim que Leila partiu, fui chamado pelo benemérito Olivier de Guzman, espírito elevado e que também era protetor de todo o grupo onde nascera Leila. Olivier requisitou minha presença junto às Câmaras de Socorro em que estagiava, em entrevista confortadora, reafirmando seu amparo e proteção. Estávamos reunidos à sua espera, visto que não era só a mim que ele pretendia ajudar. Também pediu que eu trouxesse Roberto, meu filho do coração, liberto do corpo físico em desdobramento pelo sono. Depois atenderia a outros espíritos de nossa esfera de ação. Começou ele, após os cumprimentos e as orações que iniciavam qualquer trabalho:

– Jesus, querido amigo, concedei o discernimento para que possamos amparar aqueles que passam hoje pelas mesmas dores de que ontem fomos vítimas, dá-nos, senhor, a calma e o discernimento para ajudar, a proteção e o amparo para apoiar o que não pode ser mudado.

Depois que terminou a breve oração, recomeçou a falar com naturalidade:

– Estou aqui nesta posição, porque já enfrentei as mesmas dificuldades que vós. Olhando de fora do problema temos uma visão menos parcial e menos equivocada, aceitai nossos conselhos, pois.

Como se buscasse inspiração entre as camadas superiores, voltou os olhos para nós com sentida expressão de piedade e completou:

– Chamei-vos aqui, Roberto e caro Arnold, para juntos estudarmos o perdão que concederemos às faltas em que Leila incorreu. Vi que, diante das atitudes dela, o coração de Arnold ainda se enfraquece e Roberto se martiriza por não a ter compreendido. Venho trazer-vos ânimo e consolo! Leila tomou uma decisão precipitada e errou. Tenho certeza de que voltará a si, retornará ao lar e pedirá perdão. Aceitai-a de volta como receberiam a uma irmã que se atirou numa aventura e se arrependeu. Estamos trabalhando neste sentido de conscientizá-la para que ela regresse e desista da excursão. A vós, Arnold, gostaria que vossa dedicação se voltasse a todo o grupo de espíritos amigos e não só a vosso filho e nora.

Roberto silenciou diante da experiência e dedicação que Olivier trazia em suas palavras, mas eu, que lutava contra a vontade de abandonar o posto de espírito amigo e observador, retruquei, ainda chocado:

– Ela está cega, senhor conde de Guzman, não distingue o valor do lar, do nome do marido, não entende que está entre os felizes da Terra e joga fora o que foi preparado com tanto carinho, a pedido dela mesma, junto a D. Carlos e Roberto – eu disse transtornado, mas diante da bondade com que ele nos olhava, silenciei, pois sabia que ele podia ler a revolta em meu coração.

– Venho hoje pedir que aceiteis transferência, Arnold, para que não atrapalheis o novo curso que a vida do casal de Canallejas está tomando. Seria melhor que te ausentasses da Terra e voltasses para cá. Conversaremos com Louise, ela poderá atender como vem fazendo à distância. Ou, quem sabe, depois que Leila voltar, vós voltareis também – ele elucidou com brandura.

Discordei veementemente daquela sugestão, embasado pelo livre-arbítrio, embora soubesse que o meu coração precisava ainda de refrigério para a situação que se instalara. Ainda argumentei:

– Oh! Senhor conde, bondoso amigo, permiti que não me afaste de meu filho neste momento de dor. Afianço-vos que não seguirei Leila, não a julgarei novamente e orarei por ela, pois já a perdoei e ela me perdoou pelo desvario da obsessão. Esta perspectiva de ação não passa mais pela minha mente.

Roberto, que estivera refletindo sobre a melhor resolução, pediu, com lucidez de argumento, que eu permanecesse junto dele.

– Caro conde de Guzman, meu pai de outrora está ressentido

pela recorrência ao erro ao qual Leila se atirou, mas, como dissésseis, estamos todos orando para que caia em si e volte para o seio do lar onde deixou uma criança inocente, onde deixou meu coração partido. Pai Arnold é de grande amparo, quando me sinto impotente até mesmo para a oração. Ele pode me sensibilizar para a melhor atitude a seguir. Por isso, reforço o pedido dele.

O amigo elevado na hierarquia espiritual entendeu o drama que se estendia além daquele ato impensado de Leila e concedeu minha permanência junto a meu filho com a ressalva de que não procurasse por Leila, enquanto estivesse fora do lar. Assim fiz.

***

DEIXEI QUE O tempo curasse essas feridas de ver Leila reincidente na infração, como único remédio para o que não se pode mudar. Reconheci que já estava distante do sentimento de vingança porque acatei a prudência de meus superiores e retornei para junto do marido traído e abandonado. Retrocedo um pouco a narrativa, mostrando o que me levou a procurar por Olivier e como ficou meu filho no momento em descobriu que Leila o tinha abandonado. Contarei, então, como foram as atitudes de Roberto, depois de constatar a falta da esposa e chocar-se com o curto bilhete que dizia: "Parto por meus sonhos, não me procure. L.", ele ganhou a rua e foi embebedar-se, como não era costume seu. Nenhuma explicação o consolava, nenhum serviçal sabia seu paradeiro e ele sabia que aquele sumiço era definitivo. Descobriu, por essas coincidências da vida, que a companhia de música, a orquestra do professor de Leila, o maestro Ludwig Von Stainer, tinham partido de Lisboa em turnê pela Europa naquela semana. Inconsolavelmente, vagou por toda a noite, pensando várias maneiras de encontrá-la e trazê-la de volta, porém nada fez. Era honrado e sério, discreto e severo demais em seus julgamentos para imaginar a própria esposa envolvida em um escândalo. Se tomasse o cavalo e a trouxesse de volta à força, talvez nunca mais tivesse o seu amor, além de expô-la aos comentários impiedosos e olhares indiscretos. Antes de tudo, conhecia muito bem a esposa que tinha. Era voluntariosa e independente, não acataria uma decisão dele que viesse contrariar seus planos, antes discutiria argumentando com inteligência e, obstinada que era, não desistiria de seus intentos, obrigando-o a usar a força bruta. Ele não seria capaz disso, não mais.

D. Carlos iria cobrar dele o que fizera para preservar o nome da família, preservar Lelita, mas o que ele poderia ter feito? Nem sequer fora comunicado da decisão da esposa. Ela poderia ter alegado cansaço, poderia ter requisitado um passeio e arranjar-se-ia uma dama respeitosa para acompanhá-la, mas não foi o caso. Simplesmente deixou o lar por uma aventura, sem justificativa, sem negociação. O que teria passado por seus pensamentos irresponsáveis quando se despediu da filha? Lelita contava cinco anos de idade, não poderia passar sem os cuidados da mãe... Desesperado, vagueou pela noite e voltou para casa pela manhã.

Roberto se tornou uma alma doente a partir do momento em que perdeu a esposa, pois recuperou interiormente o caráter tristonho, que revelava sua dor, e pautou sua postura naquele sentimento de mágoa que era também reflexo de outras vidas. Imaginava-se o pior dos homens, que fora feliz e perdera a felicidade no momento em que não soubera compreender as necessidades da própria mulher. Tinha amado e perdido, mais uma vez, mas sem entender bem os ditames da Vida Maior, apesar da intuição que sentia do passado, repetia os mesmos sentimentos que antes o levaram à falência de si mesmo.

Do médico dedicado e cheio de entusiasmo pela ajuda ao próximo restou um automatismo insensível e distraído que mostrava a cada atendimento que fazia aos doentes o quanto Leila lhe fazia falta. Ficara taciturno e acabrunhado, perdendo completamente a simpatia, o brilho nos olhos, o gosto pelo trabalho e até mesmo o cuidado de si mesmo. Via-se, vez por outra, enamorado do passado em que fora feliz, relembrando momentos, como da primeira vez que lhe falara ali mesmo no hospital. Revia a moça tímida, contorcendo as mãos e fechando os olhos para encontrar as palavras que revelavam seu íntimo com fidelidade. Depois pensava na mulher serena e altiva, na artista primorosa, na mãe cuidadosa. Onde estariam essas facetas de Leila que ele tanto amava? Na certa estavam tolhidas em nome da aventura que vivia.

Ele não conseguia entender por que ela não tinha conversado sobre sua vontade de tocar em público. Em princípio, ele achara um absurdo aquele desejo inusitado de sempre se apresentar à sociedade, pelos saraus e festas, com dedicação e ensaio prévio, exibindo não só seu talento, como sua juventude e beleza, a par da riqueza que a sustentava e custeava seus estudos de piano sempre e cada vez mais avançados. Depois que veio a filha deles, a criança roubara-lhe a atenção e ela se converteu em mãe zelosa, esquecendo um pouco este refinamento por completo. Roberto sentia ciúmes, como todo marido vaidoso de sua esposa, e nunca via com boa vontade esses arroubos. Quando, porém, Leila insistiu em se apresentar no próprio aniversário de vinte e um anos, voltando depois de muito tempo a querer os aplausos, ele achou razoável o pedido, não tendo como negar que ela, vez por outra, mostrasse sua arte. Talvez até, ele tivesse entendido, caso esses saraus se repetissem, mas agindo impensadamente, como agira, atraíra sobre si mesma tanta responsabilidade, tantos olhares ao sair pelo mundo acompanhando uma orquestra, trocando a pacata companhia da família por este prazer de se ver famosa.

Passou-se o tempo sem que outra notícia chegasse. Uma carta, um bilhete, um mensageiro que informasse onde ela estava, em que hotel se hospedara, e ele teria ido ao seu encontro, porém Roberto não recebeu nada. Ela parecia esquecida de que tinha uma família. Com certeza, ele a perdoaria no momento em que regressasse e pedisse para aceitá-la de volta, sem alarde, sem discussões, sem outros problemas, mas ela não conseguiria pedir perdão. Não escreveu, porém. As notícias vinham mesmo pelos jornais que anunciavam exímia pianista tocando aqui ou ali na orquestra a qual ela se agregara – primeiro em Paris, depois Roma, e outras cidades menores por onde passaram.

Roberto estava tão envergonhado da atitude da esposa, que não pensava participar a D. Carlos do ocorrido, temia, no entanto, que pelos mesmos jornais, o nobre fidalgo tomasse ciência de que aquela mulher que tocava Sonatas de Chopin na famosa orquestra fosse Leila. Se o conde soubesse, certamente, empreenderia uma busca pela filha, exigindo explicações por aquela loucura em nome da música, ou enviando uma dama de confiança para partilhar com ela a viagem. Roberto esperava ver as justificativas que a jovem esposa teria para tal atitude, para seu sigilo, para a fuga... D. Carlos não a pouparia em nome do bem-estar da pequena neta, mas isso também não aconteceu e não foi pela pena de Roberto que D. Carlos saberia das irresponsabilidades de Leila, pois muito ainda lhe pesava à consciência a pressão que fizera junto a Victor[21], contando a ele sobre o comportamento indecoroso de *mademoiselle* Andrea, à época sua estimada prima.

Calou-se o jovem médico diante da própria dor, consolando seu coração partido com o olhar carinhoso sobre a criança que crescia, tristemente, cercada de serviçais. A menina tornara-se chorosa e irritadiça, apegada em demasia ao pai, não o deixava desde a hora em que ele punha os pés no lar e, não raro, adormecia nos braços paternos entre soluços inconsoláveis pela saudade da própria mãe. Roberto a amparava e tentava distraí-la com brincadeiras e histórias, mas, de sua parte, também se sentia muito triste e era-lhe difícil evadir para o mundo animista e onírico das histórias que outrora criava com habilidade. Lelita se ressentia, pedindo que ele repetisse personagens e descrições mais famosos, mas ele, desatento, esquecia a sequência das histórias e mudava fatos relevantes, perdendo a motivação para continuar falando. Cansada, a pequenina adormecia entre suspiros e soluços.

---

21 Victor de Guzman era D. Carlos em encarnação pregressa como consta em *O drama da Bretanha* – FEB.

Lelita era sensível ao extremo e, como o pai, não estava pela primeira vez pleiteando o amor de Leila e muito eu me sensibilizava ao vê-la e ouvi-la como menina tão delicada agora que havia nascido e crescera até os cinco anos de idade. Lembrava-me da outra encarnação, quando este mesmo espírito, que hoje se chama Lelita, conseguira consentimento para reencarnar como filha de Andrea. Meu ódio e obscurecimento contra a mãe não me permitia pensar na criança que ela carregava no ventre, por isso me sentia responsável pela menina, pois sua mãe de outrora se atirara do penhasco nas costas de Bretanha, na França, sem pensar no pequeno feto que carregava dentro de si, ou antes, envergonhada por carregar no ventre o filho que seria bastardo. Eu a incentivara ao ato infame e criara para mim mesmo a responsabilidade de tê-la induzido, o grande equívoco de achar que fazendo um espírito destruir seu próprio corpo físico, estaria me vingando e ficaria isento futuramente.

Assim que compreendi que a desgraça de um infeliz não compensa o sofrimento do ser que amamos, assim que me dei conta de que Andrea morta e suicida não restituiria a Arthur[22] a honra e a autoestima perdidas, eu me arrependi de tê-la feito sofrer. Antes mesmo de tê-la induzido a este ato, já a atormentava com meu assédio a ponto de ela ser considerada louca pela mediunidade que expressava. Pedi perdão a Deus e a ela, em oportunidade posterior, mas o perdão de meu filho foi o mais difícil de pedir...

Com estas agravantes e responsabilidades sempre voltando à minha consciência, afastei-me de Roberto, porque não trazia as melhores vibrações para ampará-lo nesses momentos de provações. Aceitei por algum tempo os conselhos do conde Olivier e deixei as feridas cicatrizarem um pouco mais. Fugi dali. Não conseguia animar meu filho do coração ou ver Lelita sofrer a ausência da mãe. Vaguei pelo Posto de Socorro, procurando novamente pelos conselhos de Olivier de Guzman que me recomendou formar um grupo

---

22 Arthur foi Roberto, personagem de *O drama da Bretanha* – FEB.

de oração pela família Canallejas. Ele próprio faria parte. Convidei Marie de Numiers e Louise de Guzman, mantendo vigília constante e atraindo Roberto sempre que possível, durante a noite, quando ele se desdobrava pelo sono, para consolá-lo.

Vi os meses se escoarem na mesma morosidade. Quando regressei à Terra, Roberto cultivava o desinteresse pela vida, sem notícias de Leila, a tristeza se apoderava dele sem que a situação do jovem médico se modificasse. Para dar um sentido à vida, ele passou a pesquisar o que causava a doença conhecida como tuberculose, que matava a maioria de seus pacientes. Dedicando o tempo que tinha, uma vez que se tornara insone, vagando pelo palácio até altas horas da noite, passou a colher amostras com os pacientes e as trazia para casa. À noite, entre uma brincadeira e outra com a solitária filha Lelita, olhava pelo microscópio o comportamento do emaranhado de células, sem nada descobrir porque sua mente não estava com os vibriões e sim com a pianista a quilômetros dali.

Elucubrava meu filho dileto, no auge de sua dor e de seu amor, se aquela a quem chamava de esposa estaria passando algum tipo de necessidade, se estaria alimentada, se dormia confortavelmente, se se agasalhava ao sair, pois não sabia se ela havia levado recursos para manter-se. Ela, que nunca precisara se preocupar com o dinheiro, pois que vivia até ali cercada de luxo, carinho, serviçais e muito respeito... Estaria sozinha sabendo dar-se ao respeito? Roberto pensava nela, mas não com ódio ou ciúme, pensava nela esperando um sinal, um chamado para correr aos seus braços e perdoar. Muito aprendi com meu filho nesse momento. Ele, o maior ofendido com as atitudes da esposa, só pensava nela preocupado com seu bem-estar. Espelhei-me em seu exemplo de silenciosa revolta e também me resignei ao que não poderíamos mudar. Leila muito errara, mas nós dois a amávamos e este amor imortal atenuava suas faltas.

Esquecido de si mesmo, Roberto remexia as amostras perigosas com displicência, colocava elementos químicos que possibilitassem reações aos micro-organismos, mas deixava de verificar o resultado, passados alguns dias de elaboração ou se cansava de anotar nos surrados cadernos que nada surtia efeito. O vibrião invadia célere o organismo humano, destruindo-o rapidamente, alojando-se nos pulmões. Sobre a mesa de pesquisas, vários frascos abertos se amontoavam esperando análise. Assim procedendo, por algum mecanismo do subconsciente, contaminara-se e também à filha. Os sintomas vieram inconfundíveis para o dedicado médico. Lelita e ele morreriam em breve daquela estranha doença que minava as forças físicas e enfraquecia os complicados liames entre o corpo e o espírito. No fundo de seu comportamento, entendia que ele queria mesmo morrer e deixara as portas psíquicas franqueadas pela doença, hoje chamada depressão, facultando a entrada do micro-organismo que depois ficou conhecido como bacilo de Koch, em homenagem ao seu descobridor. Roberto vivia deprimido, sem que o soubesse, antes chamavam melancolia às crises nervosas, pois não se estudavam ainda as doenças da alma – não no Ocidente.

Tão triste estava que se esquecera também da prece, restando a mim muito esforço para a aproximação e aconselhamento. Ele que não era mau e amava acima de tudo aquela que hoje o traíra, apenas não achava dentro de si forças para continuar com sua vida, para orar e para aguardar os desígnios de Deus.

São intrincados os liames entre o corpo e o espírito, demandando outros corpos sutis, hoje declarados como perispírito, conforme a orientação de Allan Kardec. Nesses corpos sobrepostos, porém, qual teia tenuíssima, alojam-se também pensamentos e sentimentos como se matéria física fossem, pois tendo formas e ocupando espaço, obstruem a livre passagem da energia vital responsável pela boa saúde, necrosando áreas importantes das camadas sutis dessa teia, refletindo os compromissos da alma. A melancolia, ou depressão, conjugada com os estágios de abatimento moral, aborrecimento ou remorso, danifica essas teias protetoras e convida a fauna microscópica a entrar.

Roberto abriu suas portas psíquicas, rasgou as teias protetoras de seu corpo e chamou a morte. Não se podia dizer que ele não soubesse o que fazia, mas se não se atrevia a atirar-se do penhasco como outrora, também tinha responsabilidade por negligenciar o cuidado devido. Suicidas há, inconsequentes, que se entregam às viciações, sem forças morais para se erguerem e sucumbem antes da hora por desgaste do corpo; outros que se descuidam de remédios e procedimentos recomendados pelos dedicados médicos e morrem por falta de recurso, irresponsáveis consigo mesmo; porém nosso amigo aqui estudado não se encontrava nem num tipo nem em outro, estava antes com os doentes do espírito, ou loucos que se entregam, que desistem de lutar, que não veem senão tristeza diante de si mesmos e perdem as metas evolutivas tão cuidadosamente preparadas para o sucesso da encarnação. Orava por ele e por Lelita, e também por Leila, diariamente, auxiliado por vibrações da mentora Louise de Guzman.

Porém, Roberto ordenara perseguições religiosas em nome da bandeira do catolicismo, e sendo coração devotado e fiel à Igreja de sua época, no século XVI, não titubeou em mandar matar, contraindo assim inúmeros desafetos que, ainda hoje, o perseguiam, contribuindo para o seu estado de desilusão, tristeza e desesperança. Via ali, além da depressão, os processos obsessivos que sempre agravam a situação dos doentes da alma. A esses irmãos consegui pressentir e muitos, consegui orientar e afastar alguns, mas outros não me davam ouvidos e, como as vibrações eram afins, permaneciam quais soldados vigilantes de suas presas, ou antes, quais feras espreitando suas vítimas.

As doenças como a tuberculose se demoravam, minando os esforços do corpo físico em combatê-la. Àquela época, sem os eficientes antibióticos, hoje tão úteis e precisos, as pessoas tísicas estavam, por assim dizer, à espera da morte que se completaria em poucos meses vencendo o bacilo a batalha contra os anticorpos. Não fosse pela recomendação do reforço alimentar e disciplina para o repouso, nada mais poderiam os médicos fazer. Roberto sabia disso, como médico que era e, embora soubesse desses procedimentos atenuantes dos sintomas, nada fazia. Não parou de trabalhar, porque não queria permanecer mais tempo sozinho e vagava insone até altas horas, passando apenas por breves momentos de modorra durante a madrugada mais fria. Também se distanciava da comida, alegando completa falta de apetite. Em casa, avisava que se alimentaria no hospital e, uma vez trabalhando, se esquecia de pedir as refeições. Na verdade, a depressão que enfrentava era a pior chaga que precisava vencer, pior ainda do que os sintomas de seu mal dos pulmões.

Ele estava desinteressado da própria cura ou ciente de que a morte seria inevitável. Os algozes que o cercavam incentivavam seus desgostos fornecendo imagens que denegriam a figura de Leila, sussurrando atitudes que tivesse tomado longe dele ou, antes, apresentavam a realidade em que ela se transformara, uma fugitiva da família, da estabilidade de uma senhora casada.

Depressão e tristeza, desfalecimento moral e obsessões levando ao suicídio. Temas recorrentes nos dramas de amor nos quais Leila figurava. Juventude, beleza e riqueza, as ilusões poderosas que a requestavam ao erro, orgulhosa de si mesma, do que possuía, mas na verdade, isso tudo era apenas matéria que se desgastaria com o tempo: a juventude amadureceria, a beleza se amarrotaria e a riqueza poderia ser colocada a perder.

Alguns meses se passaram e a situação dos dois doentes se agravava. Roberto já não ia ao hospital e a notícia de que não havia responsável pelos doentes chegou a Madri pelas cartas preocupadas dos próprios auxiliares de enfermagem que trabalhavam dia e noite, sem orientação. D. Carlos de Canallejas, que viera de Madri havia uma semana, acatou o desejo do filho de não avisar a D. Carlos Ramiro do sumiço de Leila e passou a frequentar o Palácio de Guzman para tratar a neta. Assim, D. Ramiro foi participado apenas da doença do genro e da neta e, assim que soube, marcou viagem de regresso a Lisboa.

À noite o quadro dos doentes se agravava, Roberto queria cuidar da filha, mas não tinha forças para ficar acordado, então se valia das criadas e amas a quem passava severas recomendações sobre o medicamento e os procedimentos, se o caso se agravasse. Uma noite eu o vi despedir-se de Lelita com desvelo, colocando-a sob as cobertas e acariciando seu rostinho magro e triste até que pegasse no sono. Depois foi até o quarto contíguo, que ocupava para ficar mais perto da filha e deixou que a babá pernoitasse ao lado da menina.

Para seu espanto, acordou no meio da noite com os soluços e a agitação. Lelita já não respirava. O esforço que empreendeu para sair da cama e comprovar que sua filha desencarnara foi demasiado para o seu estado de abatimento moral. Ele tentou reanimá-la com os conhecimentos que tinha de medicina, mas quando chegou até ela sabia que as tentativas seriam em vão. Depois do esforço e da decepção, Roberto desfaleceu, tendo ele também de receber cuidados até o amanhecer.

O conde D. Carlos Ramiro chegou a Lisboa no dia seguinte e já não encontrou a neta com vida. Naquela noite, Lelita, que sofria muito com as hemoptises, teve uma dessas convulsões hemorrágicas sem que ninguém acudisse e afogou-se. A morte da menina agravou o estado de Roberto, que agora se sentia também responsável pela criança que morrera sem cuidados. Ele, como médico, não poderia ter saído de sua cabeceira, mas a dor e o cansaço minavam suas forças também e ele adormecera, acordando apenas quando ouvira os soluços da ama e Lelita já não respirava.

D. Ramiro constatou o estado de seus familiares, ficou comovido ao saber que Leila, sua amada filha, havia abandonado tudo o que tinha, em nome de uma aventura. Mentalmente, agradeceu a Deus porque Constância não quisera acompanhá-lo em regresso a Lisboa. A condessa entrou em profundo abatimento moral com a triste notícia da doença do genro e da neta, que pensava ainda com vida. Nem Constância, nem ele poderiam imaginar que Leila tivesse fugido.

Lisboa já não era a mesma para D. Carlos que regressava ao lar com o coração apertado pelo desrespeito às leis de Deus que se passava sob seu teto, em sua família. De fato, quando partira para auxiliar Constância, sentira um grave pressentimento ao abraçar Leila para se despedir. Não fosse a esposa, reclamando havia meses sua visita, já que se sentia sozinha e doente, ele não teria empreendido a viagem. Uma vez em terras de sua família, deixara-se ficar revendo parentes e antigos latifundiários, além de outros amigos há muito não visitados. Passara por quintas e herdades, ficando por muitos dias afastado, mesmo incomunicável, prestando pouca atenção à Lisboa e ao resto do mundo.

Uma vez de volta ao Palácio de Guzman, encontrou o luto instalado e o vimos taciturno enquanto acontecia o rápido diálogo entre os dois condes doutores. D. Carlos Ramiro inquiria ao amigo D. Carlos de Canallejas os detalhes do que se passava. Profundo conhecedor do drama que envolvia a filha do amigo, o senhor de Canallejas advertiu-o:

– Lembro-me da cigana Nina[23]... – fez pausa para que o amigo se familiarizasse com a encarnação passada da própria filha e prosseguiu: – Leila não resistiu aos apelos do palco onde outrora dançava, esgotando a saúde durante as noites de apresentações. Lembro, caro amigo, de que ainda ontem a tiraste do sereno, quando extenuada física e moralmente, no tablado de uma taverna, vendia-se ao preço de uma refeição. Tua nobre postura a reergueu e protegeu, ajudando-a com a inclemente doença que já a atingia. Depois, quando soubeste de tua ligação com ela, oculta sob os escuros véus do passado e vieste contar-me, comovido, tua ventura por tê-la em regresso, agora sangue de teu sangue, imaginei que as tendências ao mal seriam contornadas pelo teu amor e pelo teu exemplo digno, mas vejo que...

– Oh! O quanto tentei apresentar a ela as elevações sublimes da caridade, o amor aos pobres, a oração e a fé como alimento da alma. Tentei orientá-la na doutrina espírita, exigia leituras, conversava suavemente, mas sabia nela o espírito arredio.

D. Ramiro fez uma pausa enquanto pensava e continuou:

---

23 Personagem do conto homônimo, na obra *Sublimação* – FEB.

– Quando partiu, por que teu filho não me avisou? Leila sumiu há meses... bem que pressentia algo errado, pois as cartas que mandava para cá eram respondidas laconicamente por Roberto. Poderia ter conversado com ela, ter ido até onde está...

– Roberto não se sentiu encorajado a contar-te as dores que o assolavam, destarte saber que muito te magoariam também, ele se envergonhava de ter de participar a ti que tua filha o atraiçoara, pois tem-te em grande consideração e estima, queria que ela voltasse antes, a fim de recebê-la com o perdão.

D. Carlos baixou os olhos pensativo e ansioso. Os corações que cercavam Leila eram devotados e sinceros, não havia motivos para que ela assim os tratasse sem a consideração devida. De certo, iria procurá-la e a traria de volta, reconciliando-a com o marido, antes que este sucumbisse. Devia isso a ele, ao menos.

Em suas cogitações íntimas, D. Carlos pensava na razão pela qual Leila teria fugido. Por que não comunicara suas intenções de viajar? Juntos poderiam ter convencido Roberto a deixar que ela seguisse com a orquestra, nem que ele, D. Ramiro, viajasse junto. Agora que Lelita morrera, precisava encontrar Leila a todo custo, mas antes devia uma visita ao genro para consolá-lo.

D. Ramiro adentrou o recinto em que se encontrava meu amado filho em sofrimento, percebeu que o quarto não era o que o casal ocupava, pois o médico, agora doente, sabia que poderia contaminar o local com seu bafio tuberculoso, e não queria agastar Leila com ocupações ou contaminá-la, caso ela regressasse para vê-lo. No quarto de solteiro as cortinas estavam cerradas porque a luz do sol incomodava. Dois criados deram lugar ao doutor conde, enquanto acompanhamos o diálogo entre eles:

– Caro Roberto, sinto tanto a morte de nossa Lelita. Os espíritos de luz a levaram e agora velam por ela no Espaço, tenho certeza.

O pai doente baixou o semblante alquebrado de onde se viam duas lágrimas de pesar rolarem por seu rosto. Depois de alguns momentos de tristes emoções, D. Carlos recomeçou ainda ressentido.

– Então contraíste também o mesmo mal de nossos pacientes... Descuidaste dos procedimentos?

O doente fez esforço de memória para recobrar onde teria contraído o terrível bacilo e concluiu que seus experimentos poderiam conter a doença, quando os trouxe para casa, mas não revelou ao doutor conde suas atitudes displicentes. Não teria forças para encará-lo, nem a piedade que ele demonstraria, talvez alertando polidamente que errara ao trazer as culturas para o contato com a filha pequena.

Tossiu para disfarçar o constrangimento, as lágrimas continuaram rolando enquanto ele, olhando para as próprias mãos sem querer encarar o sogro, falou:

– Doutor Carlos, não vos preocupeis demasiado comigo, meu estado de tristeza assim determinou o meu fim e agora que Lelita se foi, nada mais quero senão segui-la.

– Não penses assim, caro amigo, és honrado e fiel, amas minha filha com todas as forças de teu ser e ela há de retornar, vou mandar buscá-la hoje mesmo. Enquanto esperas, precisas reforçar a alimentação, sabes que é o único recurso para o organismo fraco. Oraremos também juntos esta noite, pois tenho certeza de que Leila voltará e não sairá de tua cabeceira. Logo, com o teu restabelecimento, terás outros filhos... Muitos casos há no hospital de pais tísicos...

O jovem senhor de Canallejas se dignou a elevar os olhos pela primeira vez.

– Oh! Admiro vossa esperança, doutor Carlos, mas quando ela voltar não estarei mais a esperá-la como faço todos os dias. Pensava que viria do hospital qualquer dias desses e ouviria lá de fora os acordes do piano como antes. Sonho com a volta de Leila e já não sei se o perfume dela que sinto nos lençóis são delírios de minha mente febril. Choro abraçado às almofadas de nosso quarto, buscando a cabeleira que ali repousava esperando meus carinhos...

D. Ramiro também se comoveu diante do pobre moribundo, nenhuma palavra o genro fora capaz de levantar contra os procedimentos de Leila, não a acusou, não reclamou, apenas chorava. Como pai e avô, o conde se ressentia deveras. Enquanto enxugava também as lágrimas e se retirava disfarçando a emoção, disse:

– Recupera-te que me encarregarei de buscá-la.

Depois que percebeu que a sopa reconfortante esperava pela fome do doente, no canto da bandeja, D. Carlos mandou entrar as criadas responsáveis pela alimentação de Roberto e se retirou, deixando ordens para que ele tomasse tudo.

Saindo para a biblioteca, demandou pena e tinteiro, buscou o criado mudo e escreveu um bilhete à filha, saindo em seguida para encontrar um mensageiro que a traria de volta.

Roberto ainda sofreu algumas semanas, sob os cuidados atenciosos do sogro e do próprio pai terreno, mas, quando se deu conta de que morreria em breve, sem rever a esposa, escreveu-lhe longa missiva, declarando seu perdão e perguntando apenas a razão pela qual ela o tinha abandonado. Nesta carta, ele abria o coração à esposa, reafirmando, em palavras meigas o amor que sentia e continuaria a sentir além da morte. Depois de recomendar a um serviçal que escondesse a carta em uma das gavetas da escrivaninha do quarto do casal, na Quinta de Vilares, entrou em estado de agonia respiratória e durou poucas horas vivendo entre os homens. De nosso lado, nós o esperávamos, eu e Marie, com saudade, para ampará-lo mais uma vez, assim como tínhamos abraçado nossa pequena Lelita.

A morte é um processo e como tal demanda tempo até que todos os liames entre os corpos espirituais e físico sejam definitivamente rompidos. Mais tempo ainda requer para que o recém-desencarnado venha a inteirar-se de sua condição, dilatar sua consciência e retomar o curso de sua caminhada de espírito imortal. Apesar de muito amar meu querido filho, entendia e respeitava as leis soberanas para acatar as condições em que ele regressava ao nosso plano. Por ser jovem e ter-se deixado contaminar pelas teias da depressão, entregando-se à morte sem reagir, era, pois, considerado suicida inconsciente e, como tal, receberia amparo e proteção do Hospital Maria de Nazaré, quando chegasse a hora oportuna. Eu vibrava por ele e o acompanhava, apesar de os seus perseguidores marcarem presença. Como atenuantes às suas dores havia as inúmeras preces cedidas de boa vontade pelos corações humildes daqueles doentes que o procuraram no hospital onde trabalhava e aos quais ele tinha cuidado com desvelo. Eram orações de todas as religiões, mas não importava, chegavam sob a forma de luz e conforto naquele momento de maior necessidade. Mesmo alguns desencarnados, aos quais ele não conseguira salvar, morrendo da terrível tuberculose, guardavam para ele na Pátria Celeste as mesmas bênçãos de palavras caridosas em agradecimento e reconhecimento. Assisti a esta cascata de luz, comovido e de minha parte também podia contribuir com as mesmas vibrações. Minha esposa Marie não o deixou sequer um minuto sozinho, depois do seu regresso, velando por ele até que despertasse consciente, vencendo as impressões do corpo físico.

Na Terra, em torno das famílias de Guzman e Canallejas, a tristeza era geral, com os preparativos para os funerais, preparação do mausoléu da família, lembretes de missas e flores.

O bilhete de D. Carlos não conseguiu trazer Leila a tempo.

Lições do Evangelho Consolador

*"Grande parte do que hoje sofres é o reverso do que
tu mesma me fizeste sofrer, a mim, teu pai, nos dias do
nosso passado terreno, naquele mesmo lar cuja lembrança te
seguiu de uma existência a outra como sombra de um remorso."*
(*Recordações da mediunidade* – FEB, p. 89)

*"...vós devereis usar rigor e energia na minha educação,
pois trago comigo inclinações bastardas de outros tempos,
as quais terão de ser corrigidas. Preciso de disciplinas
severas, a par do amor e da educação evangélica,
para não sucumbir ao erro novamente..."*
(*Sublimação* – FEB, conto *Nina*, p. 244)

NADA PODE CONSOLAR o coração paterno quando vê as suas maiores esperanças frustradas em relação aos filhos, em relação ao futuro e bem estar dos próprios netos. Inconsolável, triste, abatido, assim estava D. Carlos de Guzman quando o vi após os funerais do genro e da neta. Não tenho palavras para descrever-lhe o íntimo com fidelidade, nem consegui acompanhar as inúmeras articulações mentais que tentavam descobrir as razões que levaram Leila a abandonar a família. Seus olhos refletiam, qual espelho d´alma, as emoções que sua vasta experiência de vida não pensava mais passar. Às vezes, marejados e melancólicos, espelhavam a serenidade, apesar de tudo.

Eu que o admirava pela grandiosidade da alma e pelo socorro que prestava a todos que o procuravam, me vi na posição de doador de energias àquele a quem as pessoas se acostumaram a recorrer e pedir. Mesmo com todo o recolhimento do qual seu espírito necessitava, diante dos inacreditáveis acontecimentos, o conde benemérito não se esquecia de agradecer a Deus e orar pelos espíritos de seus mortos queridos.

Naquela noite, assim que se recolheu, buscou o consolo nas páginas antigas de seu evangelho e constatou, algo constrangido, que o exemplar que dera a Leila em substituição ao que se queimara no convento, estava no mesmo lugar que ela o deixara, ao lado do dele, na velha estante da biblioteca. Passou a pensar nela enquanto orava e reviu mentalmente a bailarina que acolhera nas ruas e passara a cuidar em seu hospital, depois, pensou na reencarnação daquela amiga de seu coração como sua filha e nas recompensas que pensou estar concedendo à menina, como se a suprisse das privações que passou enquanto mendiga. Teria ele errado em sua educação? Teria afrouxado demais os liames entre os limites e as concessões? Teria sido indulgente quando Leila precisava de um pulso firme conforme recomendado antes de seu regresso à carne?

Seu coração paterno se iluminava com a oportunidade de educar e orientar pelos caminhos do bem a sua alma irmã, por quem tinha sublimado o amor, mas que sabia ter esta ligação se originado nos séculos passados. Pensou, lembrando saudoso, nas conversas que tiveram em torno dos temas evangélicos e reviu a jovem recém-chegada de Paris, exibindo o sotaque aos convidados enquanto abria seu coração a ele, seu confidente, seu irmão mais velho, seu pai. Por que ela não o havia procurado antes da aventura a que se entregou? Por que ela não o havia consultado antes da loucura? Mas assim era aquele gênio incontrolável e impulsivo que ele vinha tentando submeter aos preceitos do mestre Jesus havia alguns séculos.

Lembrou-se também do dia em que ela o procurou naquele mesmo gabinete de estudos para abrir seu coração, recordou o apelido carinhoso com o qual Leila passara a chamá-lo em francês – chamara-o carinhosamente Charles. Neste momento, aproximei-me de seus pensamentos profundamente entristecido e vi que ele aquietava a mente para elevar-se e, com heroicos esforços, conseguia a meditação e a prece.

Louise de Guzman nos deu a honra de sua presença, fez-se visível a mim, atraída pelas preces de D. Carlos e naquele momento de dúvidas de seu querido pupilo e amigo, elevou também ela ao alto o olhar e seu pensamento iluminou o recinto com as belas exortações de seu espírito enaltecido, pelo teor de seus sublimes pedidos. D. Carlos passou a escutá-la como ecos de seu próprio pensamento e conseguiu distingui-la como luz fulgurante ao redor de si.

– Pai benevolente e amorável, como são felizes aqueles que sinceramente dulcificam seus corações com o mais puro amor. Como nosso tutelado aqui presente, que elevou seus sentimentos à condição de amor fraterno e o exercita em nome da caridade, não obstante esse amor que cultiva como um jardim florido. Ele que reconhece na pessoa amada uma gama de erros, mas os encobre por sua grandiosidade. Diante dela, da filha do coração, ele não só pregava o evangelho de Jesus, como outrora o fizera para toda a família, relembrando-se artífice da palavra, mas também exemplificava com suas abnegadas ações, chamando-a sempre que possível, a participar do banquete de luz que promovia em seu hospital, mas Leila parecia insensível a seus apelos, parecia paralisada no tédio de uma vida repleta de materialidade. Agora, senhor Jesus, que o drama se instalou nesta família, pedimos a Deus a bênção do perdão a todos os corações envolvidos e muita serenidade aos que regressam ao Plano Espiritual em meio a esses sentimentos conturbados. Oh! Jesus, mestre querido, vem a nós que sofremos, agraciando-nos com tuas bênçãos. Tu que nos ensinaste o perdão e a indulgência exemplificando-nos no momento extremo da cruz, quando perdoaste toda a Humanidade pela incoerência da tua condenação, ensina-nos, senhor, a perdoar os corações levianos e inconsequentes que nos atraiçoam no sentido de se colocarem muito distantes de nosso ideal de fé. Concede, senhor, toda luz a esta família, que não é outra senão a nossa própria, neste momento de dor, enviando aos corações magoados o lenitivo que é o alívio momentâneo, mas que sabemos, somente o tempo poderá definitivamente curar.

Quando ela se calou, uma chuva de pequenos raios de luz colorida invadia o telhado do palácio, caindo fartamente sobre a cabeça de D. Carlos e sendo absorvida por seu coração. Aos desencarnados, que ainda adormeciam no esquecimento de si mesmos para a transição que se operava, aquelas gotas iluminadas funcionavam como calmante e confesso que, de onde me encontrava, também me beneficiava com aquelas benesses celestiais. Um cheiro doce de flores orvalhadas permaneceu no local durante a noite toda.

D. Carlos adormeceu na poltrona, confortado em sua consciência por aquelas palavras que tiveram um efeito pacificador para suas inquietações, tocando-o beneficamente, acalmando-o, tanto que adormeceu para estar junto daqueles que amava, emancipado pelo sono.

***

LEILA SOMENTE CHEGOU ao Palácio de Guzman duas semanas depois que seu amado esposo e sua filha foram sepultados. D. Carlos ia se perguntando pelo caminho até a estação de trem onde pretendia buscá-la, se estaria sua filha desacompanhada de um elemento masculino. Com toda a sua vivência e conhecimento da vida, sabia que por trás daquela impetuosidade e teimosia, poderia haver também a leviandade, a traição e a injúria.

Antes, pensara que ela pudesse estar interessada apenas em tocar piano com a orquestra e se ver aplaudida, mas quando esteve com o genro, às vésperas de sua morte e constatou o estado de abatimento moral, entendeu haver algo mais que apenas a vaidade de Leila.

Quando o comboio chegou e ela, finalmente, desceu, parecia ao pai, um fantasma de si mesma, magra e pálida, de uma palidez envergonhada, que o olhar treinado de D. Carlos não conseguia distinguir se era de dor ou arrependimento. Do rosto corado e alegre, das mãozinhas brancas e ágeis, dos olhos grandes e entusiasmados de profundo azul, restava a circunspecção que o momento requeria, somada ao desgaste visível pelo abatimento moral. As mãos tremiam, os olhos estavam assaz vermelhos e as maçãs do rosto se pronunciavam pela perda visível de peso naqueles meses de ausência, onde se entregara à vida boêmia, na vã ilusão nascida em seu ser, pelas máscaras do orgulho e do egoísmo.

Estava só e o negro que vestia como luto fechado revelava seu estado de alma. Os dois se abraçaram como se aquele reencontro pudesse a tudo explicar e, sem palavras, desabou a frágil menina nos ombros senis do pai. Serviçais acudiram aos dois, enquanto D. Carlos suspendia o suave fardo que representava aquela que era a razão de sua permanência na Terra, já que ele possuía méritos para elevar-se. Acomodou-a na carruagem, com cuidado, afrouxou as luvas para tomar-lhe o pulso, depois, colando o ouvido junto ao coração amado, auscultou-a, constatando o que previra – batimentos leves e descompassados pelo baque da emoção. Chamou por ela e a despertou antes que chegassem ao Palácio de Guzman e ficaram abraçados em silêncio durante o resto do percurso da volta para casa, enquanto pai e filha pensavam na intensidade do amor que sentiam um pelo outro.

Antes de vê-la, D. Carlos pensava interrogá-la, cobrar-lhe atitudes e posições como mãe e esposa que era ou, antes, fora. Pensava ele usar sua energia e seu verbo para fazê-la enxergar o erro que cometera, mas, quando a viu, percebeu pelas condições físicas da jovem filha que tudo mais que ela precisava aprender já estava sendo dado pelas lições da vida. Quem sabe agora caía em si? Quem sabe agora não se devotava à elaboração íntima e extirpação daquelas viciações morais? Quem sabe não calava fundo diante da fé e da devoção ao próximo? Tentando tirar o melhor proveito da desgraça, D. Carlos seguia esperançoso diante da filha amada, enquanto ensaiava palavras de conforto.

Entraram, em silêncio, no quarto que era dela quando criança, decorado com pequenas flores, porque outros havia que lhe serviram ao casamento. Leila não perguntou pela própria mãe, pois temia o olhar de censura que receberia dela, só depois soube que Constância estava também doente e não conseguiria viajar até ali.

Quando os serviçais, finalmente, os deixaram, ocupados na preparação do repasto frugal para a recém-chegada, o diálogo fluiu fácil entre os dois, que eram espíritos afins e se entendiam com o olhar e com as vibrações que partilhavam. D. Carlos falou preocupado e amoroso, com entonação de carinho que sempre usava com ela, atenuando a potencialidade da própria voz.

– Minha querida filha, alivia o coração despedaçado de teu pai e informa o que se sucedeu contigo. Deixaste teu marido e tua filha sem participar a ninguém para onde irias? O que te moveu a estas atitudes inconsequentes, Leila? Acaso viajaste sozinha? Sem uma dama de companhia? – as palavras do pai eram tão doces, tão suaves e retratavam tão bem os desatinos que cometera, que Leila só sabia chorar em resposta. Como ele podia estar sendo tão amoroso naquele momento em que deveria agir com severidade, cobrar e exigir atitudes? Ela era culpada e esperava castigos e punições, voz exasperada, exigências, mas em contrapartida era tratada com imenso amor. Na verdade, a ternura com que D. Carlos lhe falava, aumentava mil vezes o remorso que sentia. Nunca tinha pensado em consultar o pai antes de fugir ou pedir conselhos.

– Marcus, digo, o conde de Sant-Patrice, um dos músicos da orquestra, me acompanhou até Madri, de onde regressou, porque a orquestra não pode passar sem um pianista – a jovem infiel articulou a frase com dificuldade, enquanto se sentava na cama, porque não queria parecer doente assim deitada.

– Este conde, querida, por que estavas com ele? Entregaste tua honra e tua reputação em nome de uma aventura musical, agora me sugeres que havia um homem como motivo principal de tuas atitudes, sê sincera Leila, abre teu coração ao teu pai que te ama e só quer o teu bem.

Ela passou a andar pelo quarto, retorcendo as mãos nervosamente, afastou as cortinas, deixando a luz entrar, e buscou uma cadeira de balanço onde a mãe a amamentava antigamente, depois elevou os claros olhos azuis envolvidos em bolsas negras que denotavam seu sofrimento insone daqueles dias.

– Desde o meu aniversário de vinte e um anos, que me correspondo regularmente, em segredo, com o referido conde, meu amado pai. Convidou-me ele, nessas nossas cartas, a uma vida nova, onde poderia exprimir livremente a minha arte e me tornar alvo dos aplausos e suspiros do público, o que muito me seduzia na época, desgraçada que fui por assim pensar, agora reconheço. Perdi tudo o que tinha: minha filha, meu amado Roberto.

Irrompeu a irresponsável criatura em pranto convulsivo, foi tomada por soluços, sendo difícil a D. Carlos acalmá-la mesmo com seus conhecimentos sobre as vidas pregressas de Leila que justificavam as ações dela por tendências mal resolvidas do passado. Dez minutos se passaram recorrendo ao mesmo tema e aos mesmos argumentos sem sucesso. Com extremado carinho, passou a acariciar a cabeleira cacheada da filha, agora em desalinho pela falta de trato, numa tentativa de compensar suas atitudes pela dedicação desvelada. Correram mais alguns minutos, enquanto D. Carlos orava fervorosamente pedindo a Deus que acalmasse o coração de Leila. Vi, em nosso plano de ação, da corrente de soluços, expelir-se substância negra e viscosa, como se naquele momento o próprio pai, D. Ramiro, carinhosamente lhe concedesse um passe. Mudou, então, a abordagem o aflito pai para entender melhor o que se passava no coração da jovem.

– Ah Leila! O que fizeste?! Quero entender que pelo menos foste feliz em tua aventura. Conseguiste, então, os tão esperados aplausos, já que és exímia pianista e isto te contentou? – ele recomeçou suavemente, inspirando-a a falar do passado de erros.

– Por um curto período de tempo, sim, meu pai. Fui feliz ao olhar do público, sendo alvo de aprovação geral. Muitos músicos vieram me cumprimentar, muitas esposas mais castas, porém, me viravam o rosto – ela disse num suspiro de pesar.

– Então, amas a este Marcus que a arrebatou de tuas responsabilidades anteriormente assumidas? Esqueceste facilmente Roberto e o passado de mãe e esposa, da filha que és, querida de meu coração? Por que não me consultaste antes de partir? – D. Ramiro assumia um tom lamentoso, algo indignado, indo tomar assento em outra poltrona próxima, para melhor encarar os doces olhos azuis.

– Não, mil vezes não, querido pai, não o amei e não amo Marcus. Reconheci meu erro na primeira noite em que passei no hotel tendo de ceder a outro homem os carinhos que pertenciam ao meu marido. Não o amava antes. Durante as cartas que trocávamos, eu me divertia, depois que parti e compreendi o que tinha feito no ímpeto de liberdade, percebi que me aborreciam os arroubos de paixão com que ele me tomava, às vezes, na frente da orquestra, humilhando-me, mas não tinha como voltar. Não saberia pedir perdão a Roberto, não conseguiria encarar-te, Charles, com o peso do erro nos ombros e a aridez das palavras com que todos me classificavam, embora veladamente, nas festas, tavernas e saraus que frequentávamos.

Ela baixou os olhos tristes para o chão, descansou as habilidosas mãos nos braços da poltrona e relaxou o corpo como se pudesse se entregar ao descanso.

– Foi o orgulho, minha filha, de reconhecer teus erros, pedir perdão ao teu marido. Agora não tens de fazer isso, diante de mim que te amo? Não te condeno, Leila, só lamento teu sofrimento e de todos... o passado ficou para trás, agora que voltaste, usa tua desventura como lição e devota teus esforços à extirpação desse orgulho de teu coração. Se erraste, minha filha, errei contigo porque não soube orientar-te nas sendas das virtudes para que este sentimento vil que é o orgulho não te arrebatasse. Sou igualmente culpado por não pressentir tuas infelicidades, levando uma vida vazia de propósito que culminou nesta fuga...

D. Carlos Ramiro falava com a mesma seriedade de sempre, porém sua voz estava investida da piedade com que tratava seus enfermos. Via Leila diante de si e a visão que tinha dela, filtrada pelo amor paterno devotado, disfarçava as mazelas da jovem, que agora caíam por terra e ele encontrava na filha o mesmo espírito leviano de séculos passados, cujo orgulho levara ao suicídio.

– Oh, papai, perdoa! Sem o teu perdão não poderia mais...

– Sabes que te perdoo, mas não foi diretamente a mim que ofendeste. Pensa, minha filha querida, por onde quer que tuas desventuras te levassem, arrastavas contigo um marido devotado e uma filha inocente. Já pensaste no agravante de tua responsabilidade agora que nenhum dos dois está entre nós?

Leila fez-se muda. Duas lágrimas rolaram de suas faces contraídas pelo pranto. D. Carlos era amoroso e bom, mas reconhecia a gravidade da falta a que Leila se entregara e pretendia resgatá-la do momento de dor fazendo com que refletisse no que poderia ainda querer para o futuro, agora solitário. Ela recolheu as lágrimas com um pequeno lenço bordado e falou temerosa, sua voz parecendo um sussurro distante.

– Desgraçada que sou e tanto me arrependo, mas agora não tem mais volta, todos estão mortos, não tem mais jeito, querido pai. Tens razão que foi o orgulho que me impediu de voltar e pedir perdão, mas foram também o desejo de liberdade, o tédio de cumprir apenas responsabilidades domésticas e a necessidade de aventuras e paixões que me levaram a fugir. O que farei agora que perdi de ambos os lados? Não há futuro para mim, senão...

Ela, mais uma vez, abria o coração machucado ao único homem capaz de entendê-la completamente porque a amava de maneira sublimada. D. Carlos previa aqueles argumentos, aquelas reações e era o que esperava para oferecer o consolo do evangelho de Jesus.

– Engana-te de novo, querida, sempre há futuro a quem queira realmente reabilitar-se. És uma alma imortal e, aos sofredores e doentes, nosso mestre Jesus chamou de filhos prediletos quando disse:

"Os débeis, os sofredores e os enfermos são os meus filhos prediletos, e venho salvá-los. Vinde, pois, a mim, todos vós que sofreis e que estais carregados, e sereis aliviados e consolados. Não procureis alhures a força e a consolação, porque o mundo é impotente para dá-las.[24]"

---

24 ESE, cap. VI item 7

O olhar de D. Carlos se iluminou pela mensagem enaltecida que falava e os sentimentos de amor fraterno dominaram o coração grandioso daquele pai que queria, naquele momento de extrema dor, convencer a sua filha amada de uma transformação que se exigia havia muitos séculos, mas se agravara eminentemente naquele dia. Ele era capaz de compreender as necessidades de aprendizado que ali surgiam como sendo as únicas chances de Leila se reabilitar para o bem e o amor.

Leila parou de chorar e levantou os olhos tristonhos e dulcificados que se marejavam a toda hora, para ouvir as mensagens consoladoras do Cristo, que aos lábios de seu próprio pai tomavam a familiaridade de que ela necessitava para enternecer-se. Circunspecta e tocada pela dor, ia compreendendo um pouco daquelas lições emolduradas pelas virtudes do mestre que a todos, indistintamente, acolhia e cuidava e ele, D. Carlos, seguindo este exemplo, também amparava e socorria.

O Evangelho segundo o Espiritismo foi lido e explicado. As passagens mais significativas e elucidativas do capítulo VI, onde os espíritos trouxeram as complementações às bem-aventuranças aos aflitos, foram repetidas com a mesma paciência e dedicação que Leila tanto conhecia no pai. Ele explicava sobre o Espírito de Verdade, sobre as mesmas mensagens deixadas por Jesus, mas Leila não acompanhava seu raciocínio. Sua mente confusa, e agora desacostuma à disciplina do estudo, perdia as lições sublimes e entrava em desespero, cada vez mais, achando-se culpada.

Assim, foram transcorrendo os dias, entre choros e consolações. Leila se aninhava no carinho de D. Carlos, deitava a cabeça em seu ombro reconfortante e acolhedor e lamentava seu destino. Aos poucos o pai zeloso a levava a compreender o futuro dali para adiante. Ela teria muito trabalho e ele estava disposto a ajudar. Precisaria se disciplinar, dedicar as horas ociosas ao estudo e ao discernimento. Poderia criar uma rotina que permitisse a ela cuidar da mediunidade e, quem sabe, após esses incidentes tão tristes, não consagrasse um tempo para a caridade?

Transcorrido algum tempo, a jovem viúva pediu ao pai que a acompanhasse ao cemitério, pois queria levar aos mortos queridos as suas desculpas e as suas singelas homenagens em forma de braçadas de rosas e cravos, algumas cultivadas nos jardins do Palácio de Guzman. Lá, Leila chorou, envolvida em véu de luto, sobre as lápides frias, relendo as mensagens de paz escritas sobre o mausoléu da família de Canallejas e sua própria. Apesar dos esclarecimentos e pedidos de D. Carlos, que ela não se detivesse em demasia naquela estância de paz, que não se demorasse pensando nos mortos com pesar e remorso, que não consagrasse sua vida à dor e, sim, usasse essa dor para construir e edificar a caridade em nome dos mortos queridos, Leila não conseguia. Estava além de suas forças a compreensão da vida e da morte como D. Ramiro queria que ela tivesse. Estava além de suas forças também a transformação moral que ele esperava dela.

Havia semanas em que ela ia duas vezes ao cemitério de Lisboa para reler as mensagens sobre as lápides de seus entes queridos, desfeita em lágrimas, chamando por eles, como se nada pudesse consolá-la. Deixava-se ficar observando o cenário deprimente das lajes com os restos mortais de tantas pessoas que a precederam na jornada do espaço, mas sem se conscientizar de que havia vida além da morte. Lamentava os corpos apodrecidos apenas e questionava-se, como se nunca tivesse tomado uma única lição do evangelho de Jesus, por que Deus fizera isso com ela.

Depois das idas infrutíferas ao cemitério e da constatação irremediável de que seu marido e filha não mais voltariam para casa, a jovem viúva se fechou em seu luto e se tornou ainda mais descrente, pois as sendas da fé, por onde o pai amorosamente tentava guiá-la, eram para Leila caminhos espinhosos e cheios de amargura. A lei de ação e reação a levava a crer que sofreria todo o mal que causara aos próprios familiares, e essas suspeitas a levavam a repudiar aquela lógica evidente, por isso passara a viver temerosa e ainda mais arredia às lições do pai. Em vão ele tentava convencê-la de que ela poderia compensar o mal, promovendo o bem, se ela se dedicasse ao trabalho abnegado e à disciplina de si mesma, mas a consciência culpada não a deixava entender essa compensação.

Assim, vagava pelo próprio Palácio, atormentada pelo passado, confusa e arredia, vendo o único consolo nos braços do pai. Num desses dias de luto, Leila se lembrou da Quinta de Vilares, onde fora tão feliz ao lado do marido. Aquela casa afastada das movimentações sociais era a única que Roberto chamava de lar e ela, agora, não tinha forças morais para lá retornar. Talvez um dia conseguisse reunir esforços suficientes para voltar lá e relembrar os momentos felizes que desfrutara, quando lá vivera na volta das núpcias. Por enquanto, preferia evitar a Quinta de Vilares, assim como evitava o encontro com a própria mãe, pois suas dores pareciam uma chaga aberta que sangraria ao menor contato.

Leila era médium e não conhecia a si mesma, antes se assustava com os fenômenos ocorridos com ela, na maioria das vezes durante o sono, mas algumas em pleno dia. Durante este conturbado período que viveu na casa paterna, consternada e triste, sofrendo a ausência do marido e da filha como consequência de seus desvarios, passou a vivenciar experiências mediúnicas às quais não relatava ao pai por medo de que ele a chamasse ao trabalho. Tratava-se da clarividência e pressentimento do futuro.

Apesar de meus esforços em demovê-la das ideias pessimistas e da falta de um objetivo em sua vida, a filha de Charles insistia em se considerar a pior das mulheres, merecedora de castigos por sua conduta leviana e inconsequente. Os atos irresponsáveis a que se atirara, provocando a morte do marido e da filha, somados ao carinho devotado de seu pai, apesar de suas atitudes, provocavam nela incômoda mancha escura perispiritual gerada pelo remorso. Essa marca atraía outros espíritos que se identificavam com este sentimento, eram os algozes do espaço, que esperam pacientemente o melhor momento para sua aproximação.

A vigilância incansável enviava verdadeiras barreiras fluídicas para a casa de D. Ramiro, desde que ele começou a fazer a oração no próprio lar, mas as teias magnéticas foram rasgadas por Leila quando ela permaneceu com as impressões de arrependimento e mágoa, remorso e dor por muito tempo. Louise de Guzman enviava o beneplácito celeste para a edificação dessa proteção, mas Leila a desprezava com sua postura, seus pensamentos e sua emoção desequilibrada. Se ela aceitasse as sugestões de D. Carlos de sair e usar os próprios recursos em benefício dos necessitados, ainda que o fizesse movida pelo remorso que sentia, teria revertido o quadro íntimo, superando aqueles meses deprimentes, mas como vivia sem perspectivas ou objetivos de sair do abismo em que se lançara, abria as portas psíquicas para que se instalasse a obsessão.

AGRAVANTES

"Já pensaste porventura, minha filha, o que foi a
dor que me pungiu o coração ao constatar que tu, a quem
eu amava acima dos afetos de família, preferiste a
morte a sofrer tuas próprias desventuras, resignada,
ao pé de mim, amparando-se na minha ternura?"
(Charles em *Recordações da mediunidade* – FEB, p. 89)

"Em existências futuras, porém, certamente encontraria
Andrea de Guzman, a quem devia uma reparação.
Que reparação seria essa? Só Deus o sabe. (...)
De qualquer forma, Andrea e Marcus não estavam
separados para sempre. Eles se cruzariam,
necessariamente, em caminhos de etapas vindouras..."
(*O drama da Bretanha* – FEB, p. 196)

COMO SÃO TRISTES os dramas que se desenrolam no íntimo dos
seres humanos ignorantes das leis de Deus, porque não são capazes
de crer, de se deixar tocar pela fé, de se entusiasmar pelo crescimento
moral. As mesmas aberturas psíquicas que as tristezas e decepções
são capazes de engendrar, também o são os arrependimentos e as mágoas. Dotados com a visão espiritual que consegue também distinguir
os complicados elos que compõem os corpos do homem encarnado,
nós, os espíritos, deciframos o teor dos pensamentos de um homem,
só por olhar as formas, os coloridos que se refletem em torno dele, por
suas elaborações psíquicas. Sabemos, se tivermos a visão acostumada,
os matizes que distinguem os pensamentos e sentimentos que estão
no íntimo de cada um como se fossem livros abertos.

Tomados na proporção espiritual, esses mesmos pensamentos
ressentidos do passado criam sombras e formas horríveis, que sina-

lizam por sua vez, as afinidades e atraem qual se fossem ímãs, o que for similar. Assim, espíritos infelizes que vagam pela Terra, somados aos desafetos e cobradores que só esperam que suas energias sejam compatíveis para agir, entram em contato por esse chamamento do campo astral, qual se fora saboroso odor de comida ao faminto.

Miguel Garcia era desafeto da família Guzman, apesar de ter sido irmão colaço da condessa Constância e muito se enternecer por ela, porém, já adultos, Constância o desprezava como homem e isso muito o magoava. Sofreu o desprezo também de D. Carlos depois de ter expulsado sua protegida Nina[25] – que não era outra senão a própria Leila em encarnação expiatória – do Palácio de Montalban, enquanto o amo não estava. Quando D. Ramiro soube do ocorrido, expulsou-o por sua vez gerando no antigo criado muita revolta e ódio. Após a desencarnação, Miguel Garcia vagou às escuras, entre viciações e rebeldias, ignorante da lei de Deus continuou vagando até que se lembrou da família Guzman e buscou vingança. Como D. Carlos era vigilante e orava todos os dias, o espírito mau não achou acesso em seu coração, mas, ultimamente, atraído pelas baixas vibrações de sofrimento que pairavam ao redor de Leila, tinha reconhecido Nina, a bailadeira de outrora, recebendo toda a regalia e atenção do fidalgo. Em sua visão limitada, reconhecia apenas a mendiga tísica, sem saber que Leila renascera naquele lar, amparada pela misericórdia divina.

Eu o via, mas ele não me distinguia, tão longe estava em sua angústia e miséria, querendo vingar-se daquela, que em seu entender limitado, ainda desfrutava das facilidades da vida no palácio sem o merecer, pois em seu ver era Nina, a plebeia e doente, merecendo viver longe dali, nos locais mais pobres da cidade, de onde não deveria ter saído. Tentávamos em vão retirar os véus da ilusão que Miguel criara sobre si mesmo, mas não conseguíamos muito sucesso porque ele sentia muito ódio pela família de Guzman.

---

25 Conto *Nina*, da obra *Sublimação* – FEB.

Por outro lado, Leila não conseguia crer, não tinha fé, não sabia orar, por mais elevadas e amorosas fossem as lições que D. Carlos tentava deixar. Naqueles momentos de dor, sabia apenas lamentar em nome do que se arrependia, chamando pelos mortos queridos. Para o agravo de sua situação, vale lembrar que a mediunidade era conquista de seu espírito havia centenas de anos, pois Ruth-Carolina conversava com a defunta Otília, que a obsidiava; Berthe de Sourmeville sofria o assédio de Henri, que se suicidara por ela e Andrea era dócil a meus conselhos, na vingança empedernida que empreendi.

A jovem viúva chamava pelo marido, nos aposentos onde vivera momentos inesquecíveis de amor, chamava pela filha nos salões e corredores do Palácio de Guzman. Nunca mais tocara o melancólico piano, não saía, não fosse ao cemitério e, apesar dos apelos do pai amoroso, ela enlouquecia lentamente pelas influências que atraía.

A despeito da edificação do evangelho diário, o qual D. Carlos impunha ao ambiente, quer em presença de Leila ou não, os pensamentos confusos e repletos de remorsos da viúva iam se emaranhando nos dois planos, pois Roberto, que despertava nos leitos confortáveis a que tinha direito, se inquietava, querendo atender aos apelos lamentosos da esposa, fazendo-se confuso após a morte. Apesar de ter ficado deprimido, contraindo de suas próprias pesquisas o mal que vitimou seu corpo, ele apresentava carta de serviço no bem, cuidando dos doentes e isso atenuava sua falta.

Em comparação com Miguel Garcia, Roberto estava muito melhor em vibrações e consciência de si mesmo. Somente em relação a Leila, confundia o tempo em que viveram juntos com os sentimentos de abandono e traição que sofrera, querendo a todo custo revê-la, tocá-la, falar-lhe, como se pudesse cobrar suas ações, como se marido ainda fosse.

D. Carlos, que era alma dedicada e estudiosa, há muito tempo sentia em si mesmo as manifestações da mediunidade de clarividência e distinguia em suas reuniões o vulto negro que se apossara de Leila, depois de seu regresso ao Palácio. Orava, então, por ele, sabendo tratar-se de Miguel Garcia, sinceramente pedindo perdão, pois se sabia devedor para com ele e sua mãe Rosária, quando não conseguira ter a piedade que o cristianismo impunha. Miguel Garcia era capaz de perceber as vibrações da prece em seu nome e do perdão que era pedido, mas não seria ainda capaz de perdoar, por isso seguia atrapalhando Leila, como fiz em tempos remotos de obscuridade de sentimentos.

Num dia, em que me dispunha à vigília diária, fazendo volitação de amparo e reportagem sobre o estado da querida filha, eu a vi deitada, onde mandara estender a espreguiçadeira para contemplar por algum tempo o retrato pintado de seu esposo falecido, tanta era a saudade que tomava o seu coração. Penetrei facilmente seus pensamentos, onde a figura do marido relembrado, ainda nas reservas do jovem enamorado, fazia uma de suas primeiras declarações de amor. Dizia a ela com ternura:

– Vossa beleza atordoa-me, vosso cabelo com este suave brilho avermelhado é diferente de tudo que conheço e vossos olhos, ah! vossos olhos, senhorita, o que não daria para tê-los sempre presos aos meus, em casta admiração. Seria tão feliz se vossas habilidosas mãos pudessem constar entre as minhas para que eu as acariciasse.

Ao que ela respondia, acanhada, mas cheia de si, baixando os olhos de lisonja:

– São exageros vossos, senhor visconde, mas ponho meus talentos a vosso serviço, uma vez que somos noivos e em breve seremos esposos. Tende paciência, esperai – ela dizia, em suas lembranças, por mera formalidade, já que sua intenção era a mesma do noivo.

– Como queria adiantar o relógio para tomar-vos em meus braços agora mesmo. Perdoai se vos assusto com minha impetuosidade – enquanto o jovem polido tomava todos os cuidados para com a donzela prometida, ela, que não se assustara, procurava meios de atendê-lo e pensava onde poderia conceder um beijo num momento em que estivessem a sós, sob as escadarias, à saída da porta, dentro da carruagem...

Os pensamentos se cortaram e foram ter sequência em outro dia, onde os dois passeavam pelos parques da imensa propriedade de Guzman, sozinhos, também nos tempos do noivado, porém às vésperas do casamento. As mãos entrelaçadas e o sorriso nos lábios caracterizavam o estado de felicidade que os acompanhava.

– Minha querida Leila, agora que estamos a sós, permitas que nos tratemos pelo nome de batismo, é bom que se quebrem um pouco essas barreiras da deferência entre nós. Estaremos unidos em pouco mais de um mês.

– Como queiras, senhor, digo, Roberto. Lembro-me de outro dia, quando conversávamos e não tinhas paciência para esperar um momento em que estivéssemos sozinhos – ela o olhou com um sorriso nos lábios, mostrando a faceirice característica da juventude, como quem o convidava a beijá-la.

– Na verdade, eu queria a oportunidade para reafirmar o meu amor e saber o que tu sentes em relação a mim, querida – dizendo isso, ele a tomou nos braços, apertando-lhe a cintura, impelido pelo amor que sentia e continuou: – dize que tu me amas...

– Amo-te! Descobri este sentimento dentro do meu peito quando pensava em ti e sei que é verdadeiro pelo muito que me sinto feliz junto a ti.

Ele aproximou o rosto lentamente e os seus lábios se uniram naquele que foi o primeiro beijo apaixonado, sob o frondoso carvalho, enquanto ao longe, pássaros cantavam anunciando o final da manhã. Roberto entregava toda a sua alma naquele primeiro beijo e Leila aprendia a controlar a estranha aversão que sentia, às vezes, pelo namorado.

A imagem mental de Leila era tão perfeita que eu podia ver os dois naquele dia em que foram felizes, desfrutando o amor nascente em seus corações como reflexo dos esposos que foram no passado. Assustado, percebi que o vulto de Roberto se aproximara atraído por essas lembranças e se fazia presente, também enternecido pelo amor que sentia, mas como não se podiam tocar mais, ele se constrangia confuso no que estaria acontecendo a si mesmo, diante da mulher amada, podendo apenas vê-la chorar e ter lembranças de outros tempos em que foram felizes.

Leila passou a cochilar levemente e desprendeu-se em emancipação, vivenciando a companhia do marido. Adentrei os sonhos da bela encarnada para socorrê-la e afastar Roberto em regresso às câmaras de repouso, separando-os para que não se atrapalhassem ainda mais nas teias do passado, sempre confundindo o presente. Ele que era dócil e obediente, aquiescia facilmente, deixando-se reconduzir ao sono reparador, e ela, assustada, criara a ilusão de que um justiceiro não permitia que ela se aproximasse de Roberto, nas impressões vagas de seu sonho.

Roberto não estava bem, por isso não seria bom que os dois se encontrassem, ainda que em uma rápida visita. Os pensamentos de tristeza da senhora de Canallejas acabaram por confundi-lo ainda mais.

As crises de Leila eram compensadas à noite, quando D. Carlos regressava do hospital para confortá-la com suas leituras e orações. A casa ficava iluminada e a jovem viúva se esquecia por algumas horas das horríveis circunstâncias que a envolviam, cedendo ao amor devotado daquele pai que a queria feliz apesar de tudo. Ela se rendia cordata aos cuidados dele, de pai e de médico. D. Ramiro era a única pessoa capaz de vê-la como ela era realmente, com suas dores e mazelas compreendendo e, acima de tudo, perdoando. Leila conhecia o coração bondoso de seu pai, prezava sua atenção para com os necessitados e tinha certeza de que ele a perdoava, por isso se sentia reconfortada ao lado dele, mas quando ele ia ao hospital, ao trabalho inadiável pela manhã, ela se sentia muito só e voltava aos questionamentos íntimos, às cobranças e às mágoas.

Acordava tarde, meio perdida, e vagava pelo Castelo, procurando distrair-se das tristezas em que vivia. Como as leituras recomendadas pelo pai não a atraíam como passatempo, ela buscava, na biblioteca, alguns clássicos. Por essa época releu *Ana Karenina* e se comoveu com o drama a ponto de se deixar influenciar pelas atitudes da personagem principal.

Em sua vida ainda mais tediosa que antes e cheia de sofrimento pela lembrança da felicidade que tivera, a doce e linda artista, primorosa e altiva, quedara moralmente pelo abatimento e depressão. Num ato de revolta íntima, Leila desprezou as lições que recebera sobre o evangelho de Jesus e se tornou, então, materialista, ou antes, sempre fora. Sua mente confusa passou a alimentar o suicídio como solução para seus problemas, inspirada na personagem famosa de Tolstói, que também abandonou a família por uma aventura amorosa e também sentiu muito remorso pelo que fez, arruinando-se psicologicamente até que se entregou ao suicídio.

Leila ouvia os apelos do pai como um eco longínquo, mas muito pouco daquilo tocava seu coração, eram vazias para ela as ilibadas palavras dele, repetindo a mensagem sublime do Cristo. Atendia mais às sugestões da literatura que as suaves exortações evangélicas. Miguel Garcia a inspirava agora e ela era muito dócil a seus conselhos, acatando-os como se fossem ideias próprias, porque não vigiava e rebelde, não orava.

Bastava uma palavra dele, do obsessor, para criar o cenário propício ao desespero da jovem filha de D. Carlos. Miguel se divertia enviando ordens desconexas, sugerindo ações de revolta, soprando outras ideias que aumentassem as mágoas. As suas cenas preferidas, retiradas dos refolhos da memória da própria Leila, eram os bracinhos estendidos de Lelita e o olhar choroso que pedia: – "Mamãe, não vá.", mas Leila seguia resoluta, rumo ao desconhecido que foi capaz de promovê-la à pianista renomada e à mãe negligente.

O olhar treinado de um espírito, conforme expliquei, é capaz de adentrar os pensamentos dos encarnados, sugerindo e moldando cenas, imagens, soluções mirabolantes e, no caso de Leila, essas imagens mentais eram aceitas e acalentadas em seu íntimo, confundindo ainda mais. A ideia do suicídio era formada entre as soluções viáveis, fáceis e rápidas para os problemas, como se esta porta falsa levasse a algum lugar que não fosse o sofrimento.

***

É TEMPO DE relembrarmos o senhor conde de Saint-Patrice, o famoso Marcus de Villiers que roubou de Leila, outrora, o casamento prometido com seu primo amado Alexis de Guzman, e agora tinha roubado sua honra e sua paz. Eu não o conhecia bem nesta encarnação e guardávamos mais as lembranças do século XVII, quando ele a havia desonrado, mas por amor a ela, quis casar-se e remediar o erro. Depois de sua morte, dedicou parte de sua fortuna aos pobres em nome de Andrea e orou por ela porque a amava.

Apesar de Marcus ser espírito considerado como de boa vontade, amava desesperadamente Leila, desde muitos séculos e tentava ser seu esposo ou amante a todo custo, apesar de ser sempre preterido. Ele sentia a forte impressão do passado, quando a tinha seduzido com apenas 16 anos, para forçá-la ao casamento e ela, pressionada, lhe escapara pelo suicídio. Este fato ficara-lhe retido na alma, como erro irremediável e apesar das orações e de sua transformação para o Cristo, aquele sentimento de culpa o atormentava quando estava novamente diante dela. Queria fazer alguma coisa para remediar-se, queria provar a ela que poderia ter dado certo. Classificava o que sentia com o nome de amor, que se tornara doentio pela suspeita de que Leila lhe escaparia novamente. A dúvida e a paixão desequilibrada acabaram por ditar seu comportamento, agora egoísta, em relação a ela.

Eu sabia, porém, que ele lhe devia uma reparação e essa reparação não seria outra senão o devido respeito. Devia vê-la prometida em casamento novamente, agora com Roberto, e conter-se. Marcus deveria ter calado o peito ardente diante da paixão que Leila despertava nele, mas ele era também muito jovem e impetuoso. Apesar da boa intenção, que era se casar com ela e dos reflexos de ter sido preterido, ele nutria um sentimento sincero. Leila não o recusara, apenas dissera não ser o momento propício e ele, apaixonado e imaturo, não percebeu que aquelas palavras poderiam ter sido proferidas por qualquer motivo outro que não fosse o amor. Leila não o amava, só não queria perder o admirador, ou criar outros problemas na família.

Fiquei impossibilitado de seguir Leila quando ela fugiu, mas agora que retornara ao lar, seus pensamentos se voltavam para o passado. Eu podia perceber e distinguia o espírito Marcus, propondo aventuras, mas, desta vez em nome do orgulho de artista, que era sua desculpa para o egoísmo de tê-la junto a si.

Também deixei de perceber o assédio de Marcus a ela, quando me ausentei da Terra por alguns meses a pedido de Olivier de Guzman, em trabalhos do meu próprio adiantamento moral. Talvez ele, Olivier, como espírito elevado que era, tenha percebido que eu sofreria se descobrisse o papel de Marcus na vida de minha nora do coração. Leila e Roberto desfrutavam a felicidade conjugal, Lelita completava cinco anos e tudo corria bem ou assim eu entendia.

Naquele dia, porém, vi certas cenas vividas por Leila junto ao citado cavalheiro, pela tela mental daquela que nele pensava. Ele era bem moço, galante e presunçoso como todo jovem e atirava-se às aventuras em nome do talento que possuía, já que sua fortuna de conde há muito tinha deixado sua família. Cercara Leila nos saraus, nas festas e até mesmo, como narrei, a confrontara certa vez na Igreja, oferecendo seu amparo para a loucura de fugir e melhor expressar a arte musical. Seduzido pela beleza inocente da jovem condessa de Guzman, era um aproveitador, que tivera antipatias por Roberto e desprezava D. Carlos por ele ter permitido que sua musa se casasse tão jovem. Esses sentimentos confusos eram reflexos também de sua encarnação no século XVII, onde tivera desentendimentos com os dois parentes de Andrea.

O talento de Leila, muito superior ao dele próprio, Marcus, somado à sua beleza, fizeram dela alvo de sua cobiça como homem e como artista. Queria tê-la a qualquer custo, e quando a soubera prometida em casamento tão cedo, onde suas chances de se aproximar se viam reduzidas, articulou um plano para seduzi-la, oferecendo a única coisa que ele sabia que ela não possuía: liberdade. Como nos séculos passados, ele a queria e reconhecia-se excluído de sua vida, não poderia permitir que isso acontecesse uma segunda vez, embora não se lembrasse disso.

Aproximou-se naquele dia na Igreja disposto a tudo, até mesmo raptá-la se ela se opusesse ao amor dele, mas como Leila se mostrou vítima da vontade do pai e concordou em ceder aos caprichos dele, quando disse: "Quem sabe nos encontramos no futuro, sob outras condições?". Encheu-se de esperanças que ela pudesse amá-lo e viesse a ele por livre escolha. Sem querer precipitar os acontecimentos, visto que Leila era muito nova ainda, não passava de uma criança, esperou. De tempos em tempos, após Lelita ter completado cinco anos, os dois passaram a trocar cartas sigilosas por meio de um esquema combinado com os criados da casa, ou em esconderijos pelos bosques do Palácio de Guzman, perto do muro, ou mesmo na Quinta de Vilares, se Leila lá estivesse.

Assim, nessas correspondências, mais e mais Marcus ia escondendo seu caráter invejoso e revelando um amor aventureiro que realmente sentia. Ele a queria por amante e combinava mil maneiras de vê-la e tê-la nos braços, mas a jovem esposa, ciente de seu dever de mãe, sempre se esquivava dos assédios, embora não tivesse forças morais para encerrar com a correspondência, porque em seu ver necessitava da aventura de ter um artista apaixonado por ela. As cartas passaram a ser sua distração e sua esperança de aventura que extinguia seus dias de tédio.

Marcus parecia enlouquecer de paixão, queria encontros, mas ela resistia, receosa da filha e do marido. Em pensamento entregava-se a ele, sonhava com ele, queria segui-lo e largar mesmo tudo que tinha, numa busca desenfreada pelo diferente, pela liberdade, pela arte que exercia. Este desatino foi tomando forma em seu íntimo, crescendo e se avolumando como a única esperança de acabar com a prisão em que vivia. Leila estava, por aqueles meses, completamente esquecida do amor e dos conselhos de seu pai, que a via diariamente, mas a jovem filha escondia do progenitor suas aspirações íntimas.

Tristemente, afastava-me dela quando relembrava Marcus, pois aprendemos a respeitar suas escolhas por pior que fossem, mas me ressentia da traição em nome de meu filho do coração e não estava mais em posição de me abater por tal. Outros amigos iluminados pelas benesses celestes também não podiam se aproximar, pois a jovem esposa nunca orava, mantendo seu pensamento confuso. Louise de Guzman aconselhou-me suavemente a esperar oportunidade para auxiliar, porque nada poderíamos fazer e a me afastar sempre que ela relembrasse suas aventuras.

Fraquejei ainda uma vez, penetrando o pensamento de Leila, no intuito de procurar outros indícios que a levaram a fugir da vida que levava e revi a cena de sua partida, curioso que estava de suas razões e já desconfiando que sofrera alguma pressão da parte do conde de Villiers.

Flagrei o momento em que ela adentrava a carruagem de aluguel, às portas de casa, com lencinho delicado aos olhos, fungando baixinho, enquanto remoía intimamente:

– Não posso enlamear o nome tão justo e bom de meu marido, ou a honra de meu pai junto com meus desatinos. Acredito que as chantagens de Marcus se efetivarão se não o seguir desta vez. Agora entendo o preço dessa aventura, deixar minha filha, deixar meu lar! Oh! Irresponsável que fui nestes meses, por assinar aquelas cartas comprometedoras onde declarava meu amor, marcava encontros, sonhava aventuras. Fui mesmo tola por confiar no caráter mesquinho e egoísta deste homem, ao qual me vejo obrigada agora a me submeter. Não tenho opção, senão fugir sem justificativa... Perdoa-me querido Roberto, perdoa-me meu pai querido.

Depois que passou para a carruagem de Marcus, rumo à estação de trem, descobriu que juntamente com a aventura, entregava sua felicidade nas mãos daquele aventureiro.

– Não creio ainda que vieste, senhora condessa! Dize que sonho ou que deliro por ver-te tão linda e, o melhor, decidida a seguir-me, dando expressão ao teu imenso talento?

– Como podes ser tão dissimulado, Marcus? Estou aqui forçada pelas circunstâncias, nunca revelaria aos meus familiares o romance que tivemos, como se precisasse comparecer a um tribunal de família que decidisse sobre meu destino[26]. Agiste mal em coagir-me, não me sinto confortável e se vou contigo é para expressão da arte que amo e não pretendo me aliar ao teu lado só porque viajamos juntos. Eu sei que...

Neste momento, o conde de Saint-Patrice se sentiu ultrajado pelas palavras de sua companheira de viagem e, querendo provar que a amava ou que este amor louco o levara a coagi-la, atirou-se sobre Leila com a falta de jeito com que os imprevidentes agem e a tomou nos braços forçando-a aos seus carinhos.

– Não sabes de nada. Agora, serás minha mulher...

A triste sequência de pensamentos se interrompeu até que ela voltou a pensar em outro diálogo, ressentida do passado cheio de desatinos, chegou a se lembrar de quando descobrira outras revelações do homem que agora tinha direitos sobre ela, e reviu mentalmente quando ele entrava em aposentos muito simples, parecendo de uma pensão barata e a tomava nos braços com certa violência, dizendo:

– Oh! Talentosa Leila, meu amor, quero que todos saibam que és minha agora, que venci a petulância de teu esposo pelo talento de artista e ele, como médico frio e insensível, perdeu a ti que és pura sensibilidade. Vês como somos compatíveis? Ele é um miserável incapaz de fazer a própria esposa feliz. Merece a traição! Não sabe honrar-te em consideração ao teu talento – e, mais contido, completou: – Tocaste muito bem esta noite, colhi elogios entre os músicos para ofertar-te, querida.

---

26 Talvez Leila retivesse alguma lembrança ou forte impressão de sua encarnação como Andrea, onde participara como ré num tribunal de família que decidiu seu destino.

– Não precisas dar mostras disso a toda hora. Quando estamos diante da orquestra, Marcus, sinto-me tolhida, envergonhada. Não somos casados... – foi o que a fidalga respondeu.

Leila o empurrou suavemente, para distanciar-se um pouco do aperto violento de que era vítima. Depois o odiou mais por ele tripudiar sobre seu marido como se fosse o vencedor e ela o troféu. Mas, pouco depois, passando a ouvir o que o maestro e os músicos disseram sobre a apresentação dela, inflou-se de orgulho e aceitou a adulação em nome do interesse daquele homem pelo qual era assediada.

– Diziam eles que tuas mãos de fada roubaram a cena, que és perfeita e que nós todos não fazemos mais que receber os méritos pelos teus talentos.

Ela cedeu aos carinhos daquele que falava, por puro amor-próprio, bajulada e enaltecida em seus talentos e suas virtudes, transformava-se, cedia e se deixava arrebatar pelas palavras, às vezes, sinceras, muitas outras, não.

D. Carlos tinha razão e conhecia muito bem a filha quando dissera que ela tinha a marca do orgulho em seu caráter e por isso sucumbira, constrangida de revelar a verdade ao marido e pedir-lhe perdão. Leila se sentia desgraçada, culpada e terrivelmente triste, mas nunca pediria perdão ou voltaria ao lar, porque seu orgulho a impedia. Em seu ver, pedir perdão a Roberto seria rebaixar-se, admitir que errara, reconhecer que atirara fora a própria felicidade em nome de uma aventura.

Voltando ao momento presente, as lembranças se dissiparam porque D. Carlos Ramiro chegava e a chamava para seu regaço, para o seu carinho. Leila se levantou do canapé, ajeitando os cabelos amassados pelo tempo que ficara deitada, enxugou duas lágrimas que teimavam a escorrer e caminhou até a sala de estudos onde o pai a esperava.

Como era costume, leram *O Evangelho segundo o Espiritismo*, e, quando a oração do lar se findou, D. Carlos tinha dois assuntos a tratar com ela. A viagem que precisava empreender de volta a Madri, para ver Constância que piorara e ele queria ainda conversar com a filha sobre o conde de Saint-Patrice, saber o que ela pretendia ainda com ele.

Os dois conversaram, e seguimos o diálogo sempre repleto de lições grandiosas por parte de D. Ramiro que era espírito adiantado moralmente, havia alguns séculos. Começou o senhor de Guzman, ciente da fragilidade de Leila.

– Gostaria que viesses comigo, minha filha. Precisamos visitar tua mãe que está novamente enferma. Estou organizando nossa partida para a próxima semana. Será bom que saias de Lisboa, que respires outros ares e Madri, como é lugar diferente, há de te fazer bem.

– Não posso ir, papai – exclamou a jovem viúva, fechando sobre si o manto negro de seu luto e continuou: – Não poderia enfrentar o olhar de reprovação que mamãe verterá sobre mim. Não estou pronta a encará-la. Por favor, não me obrigues a segui-lo até Madri, pois meus desgostos me seguirão onde estiver. Não há paz por lá, como não há aqui.

– Mas não posso te deixar só. A paz está dentro de nós, como nos ensinou o mestre que nos guia nas sendas da Terra. Busca a paz em Cristo, Leila – e, depois de uma pausa, como se pensasse nas próprias palavras, continuou: – Quisera que tua mãe não se tivesse retirado do nosso convívio, e sim, permanecesse conosco, mas agora que está enferma não pode voltar, nem sequer contei a ela sobre a morte de Lelita...

Os dois olharam ao mesmo tempo para o canto do gabinete de estudos, como se percebessem a movimentação em nosso plano. A condessa Louise de Guzman se fazia presente, inspirando o querido amigo, D. Carlos, que não deixasse Leila sozinha naquele palácio. Como os dois encarnados tinham certa sensibilidade mediúnica, sentiram ambos que as vibrações se elevavam e se enterneceram à lembrança do nome da menina que fora filha e neta.

– Por que não aproveitas para ir comigo ao hospital? Por que não te consagras à caridade? Esquecerias tuas dores, ainda que por algumas horas, querida. Pensas que eu consigo esquecer o sorriso de Lelita? Não, nunca esquecerei, mas auxilio a outras crianças em nome dela.

– Não estou pronta para isso, papai. Faz apenas seis meses que regressei... – ela tentava expor o turbilhão de emoções que lhe passava pela cabeça, mas não conseguia expressar nem a metade do que sentia e D. Carlos, espírito bom e amoroso, não o podia adivinhar e nem poderia supor que houvesse dentro da filha a sombra do suicídio.

– Se ficas, então, minha filha, mandarei chamar teu novo noivo para te fazer companhia. Aliás, gostaria de saber o que pensas em fazer daqui a alguns meses quando o luto terminar. Casas-te de novo? Quero que tragas o senhor conde de Saint-Patrice para que eu o conheça de maneira devida como teu pretendente.

O semblante de D. Ramiro denunciava o desgosto naquelas palavras, mas não via outra solução para o problema em que Leila se atirara. Se ela decidira deixar a família em nome de uma aventura com um cavalheiro desconhecido, melhor seria conhecê-lo.

– Oh! Mil vezes não, caro Charles, não suportaria ver esse homem outra vez em minha vida. Ele que me influenciou e convenceu a deixar o meu lar, ele que me usou pelo meu talento para expor-me a esse vexame. Que me adulou em nome do orgulho de me ver uma pianista famosa. Não suportaria encará-lo novamente.

A jovem viúva se levantou para passear pelo gabinete do pai. Parecia ainda uma vaga sombra do que fora, enquanto o luto a deixava mais pálida e magra. D. Carlos apiedou-se da filha e as boas vibrações de Louise de Guzman transformaram aquele sentimento em energias dulcificadas em favor da enferma.

– Mas, querida Leila, se o desprezas tanto, por que o seguiste?

O pai se levantou também e foram olhar pelas vidraças os grossos pingos de chuva que começavam a cair, fazendo barulho no telhado e na janela. Lá fora as nuvens escuras revelavam a tempestade, deixando tudo mais lúgubre pela pouca luz. Leila continuou:

– Estava enganada meu pai, somente quando não tinha mais solução percebi que aquele louco não tinha fortuna e, talvez por isso, tenha querido minha companhia.

– Sabes que isso não importa, Leila, mas ele não disse que te amava, não fez juras de amor? Tu acreditaste, por quê? Por que o seguiste neste desatino, minha filha?

– Sim, ele as fez em princípio e eu acreditei nas tolas revelações como se fossem verdadeiras. Deixei-me levar pela mentira até que percebi algumas declarações de que ele entendia meu marido frio e insensível à minha arte – o que não era verdade – falou, depois, que não suportava a ideia de que o senhor me tivesse casado tão jovem, Charles. Ele tripudiava e mentia, enganou-me com aquelas palavras dulcíssimas sobre amor, mas no fundo nutria desafeto por ti, papai, e desprezava Roberto, por minha causa. Fui culpada em dar-lhe atenção, mas, a princípio, eu o fazia em nome da arte, depois num desejo de liberdade, queria ficar longe do amor de Roberto que me sufocava. Lelita exigia o meu tempo, por ela parei de praticar o piano e Marcus achava isso abominável – ela enxugou mais uma vez as lágrimas que teimavam em descer, depois resolveu contar ao pai as razões de suas atitudes, como se tudo estivesse guardado dentro dela havia muito tempo. Tamborilando os dedos nas largas molduras da janela, como se fossem teclas de piano, sussurrou:

– Na verdade, Marcus foi vil quando me forçou a segui-lo ameaçando revelar a Roberto que éramos amantes, o que à época era mentira, mas ele estava de posse de algumas cartas minhas jurando amor. Fui ingênua e as assinei na certeza de que era amada e ele nunca se voltaria contra mim.

D. Ramiro estava estarrecido diante da trama que fizera Leila sucumbir. Silenciou, procurando orar por ela e por toda aquela mal resolvida situação. Pensava em como a filha fora ingênua em se deixar envolver em nome da arte e da liberdade, quando tinha assumido compromissos com o casamento. Se ela tivesse aberto seu coração a ele, seu pai, poderia ter dado conselhos, poderia ter procurado por Marcus e tomado satisfações em seu nome. Quem sabe a presença masculina não o faria desistir daquelas ideias confusas, que incluíam uma senhora casada? Poderia ter cobrado o respeito que ele devia à sua casa e ao seu nome. Depois de muito cismar, voltou a pensar no futuro, porque, infelizmente, sobre o passado, nada mais poderia ser feito.

Ele olhou para a filha, sentada sobre a magnífica poltrona de balanço que mandara fazer para embalá-la quando pequena, e percebeu a amargura que a envolvia. Admirando mais uma vez aquele rosto angélico que tanto amava, agora marcado pelas dores, relembrou o sorriso cativante e espontâneo que ela possuía e indagou a si mesmo se Leila voltaria a sorrir.

Em breve, D. Carlos regressaria a Madri para estar com Constância que piorara, em vão pedia para que a filha o acompanhasse na viagem, ao que sempre recebia negativa, por isso foi protelando a partida. Como poderia deixar Leila, se pressentia uma sombra junto dela? Se Constância chorava por se sentir desamparada, como não ficaria Leila sem ele? O pai, preocupado, concluiu pelas respostas de Leila que Marcus não era uma opção, se ela nunca mais queria vê-lo. Passou a meditar sobre a posição que precisava se resolver e orou com todas as forças de seu coração. Vi que Louise o amparava e sugeria o sono, para depois intuir-lhe que pedisse a Constância para vir a Portugal.

O PASSADO

"(...) jamais me referia a minha mãe de então, isto é,
da existência passada, o que leva à suposição de
que eu teria sido mais afim com o pai..."
(Recordações da mediunidade, – FEB, p. 52)

"D. Ramiro de Montalban teve um gesto brutal
pela primeira vez em sua vida, gesto nada cristão,
mas que revelava a própria época em que ele vivia
e o qual ele, futuramente, expiaria amargamente..."
(Sublimação – FEB –, p. 228)

SOMBRAS SINISTRAS COBRIAM o Castelo de Montalban, como se um manto negro e espesso pudesse ter sido estendido, bloqueando a luz do sol de entrar pelas janelas. As vibrações caíram por influência dos pensamentos da condessa de Guzman, triste e chorosa dos acontecimentos relacionados a Leila e morte do genro. Desde que D. Carlos se fora para Lisboa e a deixara sozinha, na companhia apenas de criados, seus dias eram de lamentos e dores, frustrações e mágoas em nome de sua filha, a quem criara com o maior desvelo, apesar de sua visão de educação divergir do que seu marido pensava. Ela se sentia assim porque julgava a fuga de Leila como a pior das humilhações.

A condessa saía apenas para a missa, depois se recolhia aos seus aposentos onde passava o resto da semana, vez por outra recebia o padre para suas confissões, pois se sentia muito envergonhada socialmente. Esta saída se dava sob os rigores do luto fechado, o qual a época exigia. Nenhuma pessoa conhecida da região era capaz de levar-lhe o conforto de uma palavra amiga, ou de estender-lhe a mão. As poucas amigas se afastaram, quando souberam do escândalo. Constância, que já tinha a saúde frágil e procurara se retirar para o Castelo em Madri, por reconhecer-se incapaz de continuar ao lado de D. Ramiro pela incompatibilidade de pensamentos, assim, contraiu, junto com a solidão a que se impôs a mesma doença do espírito caracterizada como melancolia.

Altiva de sua posição social, ciosa de sua religião e honrada em sua conduta como mãe e esposa, julgava Leila muito abaixo moralmente em seu conceito. Lamentava que ela fosse capaz de abandonar o marido e a filha, fugindo para uma aventura em meio a pessoas de caráter duvidoso como eram os artistas, em sua opinião. Conhecia, porém, as tendências de Leila às quais tentara tolher desde que ela era uma menina. Constância repreendia seu temperamento impulsivo e infiel a Deus, sua rebeldia aos valores sociais que coubessem a uma senhora respeitável e sua propensão a inflar-se de orgulho, fosse por elogios à sua beleza, à fortuna de família, ou aos seus talentos de piano e canto.

Cheia de remorsos por não ter sido mais enérgica com a filha, a senhora condessa remoía o passado dentro de si, lembrando cenas onde poderia ter dito ou feito isso ou aquilo, querendo exemplificar e corrigir as más tendências ainda em gérmen como tinha sido feito com ela própria por seus pais, em princípio, ou por sua dedicada ama Rosária de quem nunca se esquecia apesar de sua morte. Revivia os tempos de infância e a educação severa que recebera de alguns preceptores e da ama, já que seus pais haviam falecido quando ela era ainda adolescente. Misturava posturas recebidas com as cenas em que a ela cabia educar Leila e, vasculhava a consciência, procurando onde negligenciara, onde errara. Sim, porque se sentia culpada pela derrocada da família de Canallejas.

O passado se faz presente em nós, quando mentalmente o revivemos. Atos e cenas em que atuamos repassados na lembrança evocam os mesmos sentimentos e posturas, a par de atrair também os desencarnados que participaram de uma forma ou de outra das mesmas situações. Se, quando encarnado, esquecemos por algum tempo nossas encarnações pregressas, logo que desencarnamos tudo toma forma novamente e nos busca nas cobranças da própria consciência.

Rosária Maria do Espírito Santo, já desencarnada, mas ignorante das leis de Deus, permanecia ainda entre os homens, embora tivesse regressado a nosso plano havia dezessete anos. Apesar de seus defeitos, este espírito era apegado à condessa de Guzman e por isso sentia-se no direito de viver no Palácio de Montalban, para onde a senhora a mandara certa feita, para tomar conta como governanta. Se não tinha por ela ódio e ressentimento, os tinha por seu marido D. Carlos, e ao vê-la sofrer pela filha, aproximou-se interessada em ampar012-la, mas sem condições de ajudar.

Louise de Guzman, em vigilância constante sobre a família, pediu-me para conversar com Rosária e convencê-la a se afastar. A tarefa de vigilante não me dava créditos para que me aventurasse na posição de guardião, mas sob o amparo de outros amigos mais adiantados, podia auxiliar e, então segui, com o grupo de espíritos interessados apenas no bem e tentamos penetrar no íntimo daquela mãe desgostosa para mudar-lhe as vibrações e retirar dali Rosária, que, se não queria mal, não sabia como ajudar e atrapalhava ainda mais.

Assim, nosso grupo encontrou Constância, em seus aposentos, chorosa e triste dos eventos familiares, cercada de luxo e fartura, mas por dentro cheia de miséria moral. As dores que a assaltavam eram as mesmas de toda mãe zelosa, mas em Constância tais dores tomavam caráter irrevogável por que ela não conseguia perdoar. A religião que professava, embora lhe desse o amparo da fé cega e pregasse os conselhos do mesmo Jesus, era impotente para ajudá-la, pois se limitava a explicações desta vida, sem se preocupar em revelar as outras encarnações do espírito. Rosária estava com ela e sofria junto.

Adentramos os vastos salões ricamente ornados com reposteiros, quadros emoldurados a ouro, mobiliário de madeira polida com estofados de veludo e candelabros de bronze. Parte do castelo estava fechado e às escuras, devido ao luto. Outra pequena parte, onde Constância mantinha seus aposentos particulares, estava iluminada e aquecida e fomos encontrar ali os dois corações emaranhados nas mesmas dores nos dois planos da vida.

Rosária não nos percebeu, imantada fluidicamente àquela que tinha sido sua filha do coração, nem a condessa nos distinguiu, quando adentramos o recinto em que se encontravam, espécie de antecâmara do quarto de dormir, ou saleta contígua aos aposentos particulares de uma dama. Diante de um santuário, onde constavam várias imagens veneradas pela dona daquele quarto, as duas choravam, orando com os lábios apenas, as orações que por hábito recitavam, esquecidas da grandiosidade daquelas palavras.

Curioso daquele estado em que se encontravam, indaguei à nossa mentora, mentalmente, quais seriam os problemas da permanência de um espírito amado, mas sem esclarecimento, junto aos encarnados. Ela me esclareceu:

– As teias de amor entre os espíritos, encarnados ou não, são incorruptíveis e desafiam as distâncias entre os dois mundos. O amor, sentimento nobre e elevado, pode vir confundido pelo ciúme e a posse, a condescendência e o zelo, mas sempre irá distinguir dois seres envolvidos por esses elos. Rosária ignora seu estado, ignora que seus sentimentos confusos podem estar atrapalhando Constância, mas quer ajudar e é dessa boa vontade que vamos nos valer para convencê-la a se afastar. A permanência dela, junto à outra, está acentuando os dissabores e mágoas, pois que um espírito ainda confuso de seu estado não traz consigo senão os sentimentos também equivocados. O estado de depressão a que Constância se entrega, atraíra Rosária que passou a repetir como eco os mesmos pensamentos de tristeza, agravando o caso, duplicando as dores. Como se alguém se sentasse ao nosso lado e, ao invés de nos consolar, chorasse junto, achando outras razões para nossas mágoas. A permanência ou não de um espírito amado junto dos encarnados vai depender do estado evolutivo do espírito. Se for esclarecido e adiantado moralmente poderá ficar e até ajudará, mas se não for, será preciso que seja afastado para não causar maiores problemas.

A veneranda Louise de Guzman impôs a destra sobre a fronte das duas, imantadas que estavam uma a outra, para separá-las e orou fervorosamente, pedindo à misericórdia divina que concedesse uma intercessão naquele caso.

Rosária passou a me perceber, como se seu pensamento se distanciasse agora do pensamento da condessa e ela fosse levada a refletir sobre seu próprio estado.

Como Leila era vítima de Miguel Garcia, a mentora Louise queria atrair mãe e filho num só esforço, por isso a conversa com Rosária foi cuidadosa, mas breve. Eu, que me encontrava mais próximo às vibrações que emitia, me fiz visível a ela, enquanto o influxo sugestivo partia da veneranda auxiliando a abordagem.

Comecei a elucidá-la, assim:

– Irmã, não vos compadeceis do estado da senhora condessa Constância? – perguntei com cuidado, querendo inserir-me no contexto sem alarmá-la.

– Claro que sim, ela me foi querida e zelarei por ela agora nos momentos de dor. Mas, quem sois? Acaso sois parente? – quis saber a entidade, cheia de reverências servis.

– Venho da parte da senhorita Nina Vidigal[27], para falar-vos e, em nome dela, pedir-vos perdão.

– Ah, não tenho perdão para aquela que desgraçou minha senhora. Aquela traidora e infame, que além de ser plebeia, se julgava no direito de desfrutar das regalias com o fidalgo doutor que morria de amores por ela. Nada tenho com ela, morreu há muitos anos, se quereis saber, não deixou conosco seus haveres, senhor. Se não tivesse morrido daquela doença eu a teria matado e enterrado nos arredores do Castelo de Montalban.

---

27 A senhorita Vidigal foi Leila, protagonista do conto *Nina*.

Vendo que a entidade se mostrava confusa do presente, acreditando estar ainda nos tempos de Nina encarnada, contemporizei:

– Muito tempo se passou depois desses acontecimentos que narrais. Nina renasceu, não a reconheceis? É Leila, a filha amada da senhora condessa por quem ela chora e junto dela está vosso filho Miguel, que, em nome da justiça, atormenta-a. Queria que viésseis comigo, para conversar com ele, porque sei que vos atenderá.

Apelando para o sentimento dela em relação à condessa que era sincero, pedi que intercedesse junto ao filho, mas sabia que com este argumento poderia atrair mais um espírito desequilibrado para junto de Leila.

– Agora entendo! Aquela Nina ainda é objeto das atenções de D. Carlos e, por isso, minha Constância chora. Miguel é amigo e o que ele faz está bem feito. Não sairei daqui, minha senhora Constância necessita dos meus cuidados.

Tentei mais uma vez, apelando para seus sentimentos maternos.

– Mas, Miguel que é vosso filho, neste momento, precisa muito de vosso auxílio.

– Posso ir vê-lo, se insistis, pois sinto saudades, mas breve voltarei para cá, porque a condessa muito precisa do meu auxílio.

Neste momento Louise de Guzman achou uma abertura psíquica no espírito ignorante que concordava em me seguir. Enquanto orava fervorosamente, consegui que Rosária adormecesse, pois sua ligação com Constância não era obsessiva e sim movida pela vontade de ajudar. A lembrança do filho Miguel foi suficiente para fazer com que ela quisesse vê-lo.

O grupo que estava comigo levou Rosária dali, sem muito esforço. Esperávamos a oportunidade de oração no Castelo de Guzman para cuidarmos dela e, no mesmo ensejo, tentaríamos convencer Miguel a se afastar de Leila.

No dia seguinte, após a noite em que recebera a presença da benfeitora Louise, D. Carlos despertou com o coração enaltecido, repleto de emoções e lembranças dos conselhos e consolos a que se tinha submetido durante a noite. Acordara com a intuição de escrever a Constância, pedindo que ela viesse a Portugal, pois Leila necessitava de amparo e ele não poderia deixá-la sozinha por aqueles meses de luto. De fato, assim que se alimentou, correu ao gabinete, buscou a pena e o papel de carta para efetivar as ideias sugeridas pela mentora. Pedia ele em sua carta que Constância viesse, mesmo que isso constituísse para ela algum esforço, porque ele não poderia se ausentar de Lisboa no momento em que a situação de Leila era difícil, achando-se ainda muito abalada. Depois deu detalhes clínicos do estado da filha, justificando sua postura. Por fim, orou em agradecimento ao que percebia ter sido uma sugestão dos seus amigos diletos.

O dia transcorreu entre os afazeres no hospital e no orfanato, onde atendia às crianças necessitadas, algumas manhãs por semana. Entre as meninas, uma realmente lhe lembrava a neta querida, e ele, enternecido cuidava de todas as crianças em nome daquele espírito que tivera breves anos junto a sua família.

Depois que voltou para casa, recolheu-se ao gabinete de trabalho no final da tarde, em oração por seus mortos. Fervorosamente orou por dois quartos de hora, antes que os estudos do evangelho se iniciassem. Naquele dia, porém, D. Ramiro sabia por intuição de seu espírito sensível que haveria algum atendimento dedicado aos espíritos infelizes que rodeavam as vibrações de tristeza de Leila. Convidou previamente seu amigo, o visconde Carlos de Canallejas, para participar, ao que foi atendido com presteza. O visconde ainda se encontrava em Lisboa, perfazendo os meses de luto que a situação requeria e dando apoio à família.

Da posição de observador, via igualmente o campo magnético do Palácio alterado por várias entidades para o atendimento que se faria e muitos espíritos chegaram para a proteção e auxílio. Fui avisado por Marie de Numiers, responsável pelo grupo que entrava, que Roberto não pudera participar porque ainda estava confuso sobre seu próprio estado e poderia atrapalhar Leila. Entre os que chegavam estava Felício[28], o antigo cocheiro de D. Carlos, a quem não conhecia, mas percebi que ele tinha sido muito amigo da família Guzman naquela encarnação.

Ele me cumprimentou com deferência exagerada, como faria um serviçal a seu senhor, mas compreendi que sua posição no mundo espiritual era superior à minha, pois seu coração bom e fiel lhe concedia certa luz. Identificando facilmente nossas indagações interiores, esclareceu:

– Salve, amigo Arnold. Não poderia deixar de estar presente nesta tentativa de aliviar as dores de nossa amiga Nina, hoje chamada Leila. D. Ramiro foi amo bondoso a quem devo fidelidade, então coloquei a serviço dele os méritos de espírito que possuo. Muitos outros espíritos aos quais ele ajudou também estarão presentes, porém a esses dois obsessores, tanto a Rosária quanto a Miguel, ele deve reparação, pois os expulsou a chicote do Palácio de Montalban, ao saber que foram servos infiéis. Fui testemunha da traição deles a mando da condessa de Vilares e entendo que esta trama de interesses não terminará hoje. Oremos por Leila para que resista ao suicídio, pois Miguel lhe sugere essas impressões.

Ele se aproximou de D. Carlos Ramiro, que pareceu pressenti-lo ou vê-lo, pois a figura do iluminado amigo entrou na tela mental do conde encarnado com nitidez e precisão. O entendimento mental foi instantâneo e a sintonia entre os dois permaneceu durante o resto da noite.

Quando D. Carlos de Canallejas chegou, Leila foi chamada no andar superior e veio participar do que ela pensava ser o estudo do evangelho, como sempre. Diante do visitante, porém, assustou-se e tentou recuar, mas o pai a chamou com a mesma paciência com que lhe ensinava todas as noites e esclareceu que se tratava de outra reunião, mas que ele insistia que ela participasse. Entrou, então, a atormentada viúva, cabisbaixa e envergonhada diante do antigo sogro, e

---

28 Personagem do conto *Nina*.

tomou assento junto ao pai. Miguel Garcia, que entrara com ela, ficara detido pela barreira de trabalhadores de nosso plano, pois era principalmente a ele que queríamos demover da ideia de ali permanecer.

D. Ramiro foi se certificar de que não fossem incomodados, enquanto isso o visconde de Canallejas viu o constrangimento daquela que fora sua nora e, sinceramente sem guardar rancor, falou tranquilamente:

– Minha filha, Leila, procurava oportunidade de falar-vos após o enterro de Roberto e Lelita. Não vos sintais culpada pelo que sucedeu. Apenas Roberto se sensibilizou demais com a falta que sentia de vossa presença, por amar-vos muito. Como sois minha nora, desde que ele deixou o plano material, tenho tido vontade de adotar-vos por filha do coração. Contai comigo sempre, sou vosso amigo, como sou de vosso pai.

Leila tomou aquela demonstração de compreensão e carinho com pudor das amarguras que tinha trazido àquele coração paterno. Duas lágrimas verteram de seus olhos e ela não respondeu de imediato, apenas enxugou o rosto enquanto pensava. Depois que se controlou, respondeu numa voz baixíssima, parecendo um sussurro.

– Perdoai, senhor, o que vos faço passar. Sei que vossa dor é tão grande quanto a minha.

Ela se calou sem conseguir conter o pranto que agora caía abundantemente, embargando-lhe a voz.

– Meu grande consolo é a doutrina dos espíritos, Leila! Devotai-vos a ela e vereis como vosso coração se desanuviará.

– Não consigo, senhor, meu coração está congelado no meu desespero. Nunca tive a fé que meu pai queria para mim e agora, que me vejo desgraçada, não consigo acreditar que haja espíritos capazes de me ajudar. As sombras que vejo ao redor de mim são desvarios da minha mente saudosa e triste.

O senhor de Canallejas ia explicar em detalhes como a tristeza e o desespero poderiam atrair sentimentos semelhantes ao dos espíritos que também assim se sentem, mas D. Ramiro regressou ao recinto. As orações tiveram início e D. Carlos de Canallejas se dispôs mentalmente a receber os espíritos que ali estavam para os devidos esclarecimentos. Médium que era, efetuou-se por seu intermédio a psicofonia, à época chamada incorporação.

Miguel Garcia foi imantado ao médium e mal tolerou a permanência junto àquele que o acolhia. Oferecendo visível resistência, imprimia sofrimento e, em princípio, não proferia nenhuma palavra. Estava tolhido, revoltado, sentindo muita raiva de todos os encarnados presentes a quem reconhecia de anos passados, onde fora o criado expulso pelo senhor.

Em poucos minutos, porém, demonstrando revolta, blasfemou, vociferou e ameaçou agredir, sem aceitar as palavras de consolo ou esclarecimento, tendo Felício de interceder em favor do término da incorporação, para o bem de todos. Miguel não estava em condições de se beneficiar do intercâmbio mediúnico. Ele não entendeu o que se passou, julgando-se ainda encarnado, queria agredir fisicamente Leila – a quem via ainda como Nina.

Com os gritos aflitos de Miguel, Rosária despertou e foi imediatamente amparada pela assistência espiritual para que suas angustiosas vibrações não contaminassem ainda mais o ambiente. Louise de Guzman soprou-lhe bons eflúvios e ela se tornou mais dócil, aceitando por sua vez a proximidade do médium. Miguel Garcia foi retirado e, após orações de reequilíbrio e pequena concentração, Rosária foi colocada em contato com o médium.

Como se despertasse, o espírito Rosária Maria, falou pela boca do visconde:

– O que fizestes com minha ama? Ela anda triste e chorosa. Vós que novamente vos juntais contra ela. Odeio-vos! A vós que sois o fidalgo doutor e preservais junto a vós essa outra que gosta da boêmia e vem sujar vosso lar. Já entendi tudo! Minha ama se envergonha dela e de vós que novamente a encobertastes em suas leviandades. Mulheres como Nina não merecem habitar os mesmos cômodos de pessoas honestas.

– Acalmai-vos, irmã! – D. Carlos Ramiro respondeu com energia na voz, identificando a postura do espírito que ele reconhecia como sendo Rosária Maria. Felício se aproximou dele, inspirando-o para que ele percebesse ali a oportunidade que se apresentava. D. Carlos era alma boa e caridosa, sempre ajudando a todos, mas errara com Rosária e Miguel e, se tinha oportunidade de falar com ela, que pedisse perdão, e foi o que ele fez.

– Peço perdão pelos meus atos nada cristãos quando vos expulsei e a vosso filho do meu Castelo. Perdoai, senhora! Vede que vossa ama também me perdoou e aceitou desposar-me. Não foi por isso que tramastes contra Nina? Em nome de Constância e do nosso casamento? Pois, anos depois, nós, de fato, nos casamos. O que quereis ainda em minha casa? Por que ainda perseguis Leila?

O espírito questionado e chamado à razão voltou a vociferar, como quem estivesse novamente diante de Nina, a cigana bailarina que roubara atenção de D. Ramiro.

– Perdoar? Como, senhor conde? Minha ama chora hoje ainda por vós. Lembro de que depois que nos expulsastes, ela que nos amava, a mim e a Miguel, como a família que não tivera, expulsou-nos também ela, para os arredores de Lisboa, para a Quinta dos Vilares. Vivemos em retiro rural, meu Miguel perdeu a saúde nas lides do campo, tínhamos de acordar muito cedo, respirando o ar úmido, e contraímos a mesma doença ruim dos pulmões daquela Nina que nos desgraçou a todos.

Carlos de Canallejas estava transfigurado, muito vermelho e agitado, batia as mãos sobre a mesa, tentando conter os movimentos bruscos daquele espírito, sem o conseguir.

– Peço-vos perdão em nome de Nina também – completou D. Carlos, tocando com cuidado no nome de sua protegida.

– Não, não, mil vezes não perdoo. Vingar-me-ei dos dois que se uniram mais uma vez contra minha ama. Ela estava cega quando nos expulsou, a ela eu perdoo, pois queria casar-se e não via outra solução senão afastar-se de nós de maneira definitiva, mas por castigo hoje sofre ainda. Quero compensá-la enquanto vos faço sofrer. É minha vingança e de Miguel...

Louise de Guzman entendeu que eu poderia dar ali testemunho em favor de Leila, eu que tinha impingido sobre ela a mesma vingança em nome do coração traído de meu filho. Seria difícil falar em nome do perdão, mas percebi que mesmo tendo meu filho se deixado morrer mais uma vez por ela, tinha de dar testemunho de minha experiência anterior.

Rosária foi retirada, mas continuou a ouvir o que se seguiu. Depois de novas orações, assumi o controle das funções orgânicas da fala do visconde de Canallejas.

– Irmãos, quem vos fala é Arnold de Numiers. Venho esclarecer-vos em nome da veneranda protetora deste lar, Louise de Guzman. Disse-nos Jesus para "reconciliarmo-nos com nossos inimigos enquanto estamos a caminho com eles"[29], aproveitemos a oportunidade. Por isso venho até vós para contar por experiência própria sobre as consequências de quem não respeita o livre-arbítrio alheio, arvorando-se em perseguidor em nome de vinganças e justiça com as próprias mãos. Também eu persegui em nome de amores ultrajados e traídos, também eu fui cruel obsessor e transgredi a lei de amor e perdão que o mestre nos ensinou e afianço-vos – de nada adiantou, a não ser mais sofrimento.

"É tão fácil perdoar e esquecer, quando nosso coração está seguro de que nada acontece sem que Deus esteja ciente. Então entreguemos a Ele nosso sofrimento e nossas dores, e confiemos na Sua Justiça Soberana que não se esquece de nenhum de Seus filhos. Somos irmãos em crescimento e entendemos que os menos adiantados precisam da experiência dos que já passaram pelo mesmo caminho e sabem que não foi bom.

"Caros irmãos, eu quis a vingança com minhas próprias mãos e em nome dela, persegui, insuflei o mal, sugeri ideias terríveis de

---

29 *O Evangelho segundo o Espiritismo*, cap. X item 5.

loucura, suicídio, mas hoje consigo ver no erro o aprendizado que repasso a vós. Vinganças são perda de tempo, quanto mais fazem sofrer, mais agastam o nosso íntimo e mais teremos de trabalhar os sentimentos interiormente para nos reerguermos. Voltai vossos olhos para Jesus e dulcificai vossos corações pelo amor."

Silenciei e senti que sobre nós dois, unidos pelos laços mediúnicos, caíam bênçãos celestes, enquanto nos refazíamos da simbiose e da perda energética éramos recompostos pelas mãos caridosas dos amigos superiores que assistiam ao trabalho.

A sessão se encerrou com sentida prece e, após o tratamento dispensado pelos planos mais altos, os dois obsessores adormeceram. Retomaríamos, mais tarde, as lições de perdão àqueles espíritos ainda obscurecidos pelo ódio e a vingança. Como D. Ramiro tinha dívidas, e eles se achavam no direito de cobrar, teríamos de respeitar as escolhas equivocadas, cabendo apenas tentar levá-los ao perdão ou demovê-los da ideia de ali permanecerem. Por outro lado Leila e Constância davam abertura psíquica pela tristeza e depressão, capaz de atraí-los para junto delas, comungando as mesmas vibrações.

O trabalho de desligamento dessas emanações mentais não é fácil, tampouco é rápido e, se depende do nosso plano de ação, depende igualmente, talvez até mais, de que a mente dos encarnados se modifique pela disciplina, pelo trabalho e pela oração. Podemos esclarecer os espíritos voltados para a vingança e o mal, tentando remediar a situação e se eles veem que os encarnados aceitam também se modificarem pela disciplina no bem, até mesmo se afastam. Lembrei-me, mais uma vez da encarnação de Andrea de Guzman, quando, sendo obsessor, aceitei me afastar, enquanto ela se reeducava por Victor, seu irmão.

No nosso plano, os espíritos que vieram para a reunião recebiam os últimos atendimentos. Pela madrugada, com os encarnados libertos de seus corpos físicos, houve nova tentativa de conciliação nos mesmos termos e sem sucesso. Rosária queria voltar para junto de sua ama, e era chamada por ela, naquele momento em que Constância despertava em Madri. Miguel Garcia estava obscurecido demais, empedernido na raiva que sentia por D. Carlos e por sua filha.

Nada pudemos fazer senão afastá-los por um tempo, mas esse tempo não foi muito longo.

D. CARLOS CHORA

"Vingar-se é ainda de tal maneira contrário a este
preceito do Cristo: 'Perdoai aos vossos inimigos.',
que aquele que se recusa a perdoar, não somente
não é espírita, como também não é cristão."
(*A vingança* – Jules Olivier – ESE cap. XII, item 9)

"Tomara uma carruagem e mandara tocar para
local ermo, afastado da minha residência, uma chácara
ou Quinta em Lisboa. (...) Conquanto eu não houvesse
sido portuguesa, minha morte, na existência passada,
deu-se em Lisboa. (...) Desfiz-me da capa de seda
e gaze que trazia, jogando-a sobre as pedras,
e atirei-me da ribanceira ao rio, sem vacilar."
(*Recordações da mediunidade* –FEB, p. 78)

O TEMPO NOS planos mais efêmeros da vida não passa como na
Terra e temos percepções diferentes do espaço em termos difíceis de
explicar pela linguagem limitada que usais. Nossas impressões de
espíritos a respeito da vida se transmutam para compreendermos
as consequências de atos aos quais, quando encarnados, não temos
como supor, não fossem os avisos daqueles que nos precederam na
grande jornada.

Assim, distanciado pela diferença entre os planos físico e espiritual, via o encaminhar das personagens aqui estudadas, com
grande amor e piedade no coração, querendo suprimi-las do erro,
agora que tinha a visão um pouco mais dilatada – apenas um grau
– dentro da responsabilidade que é a vida. Adentrava os corações
e os pensamentos, entre enternecidos e curiosos, mas tentando ali
semear o evangelho do mestre nazareno, ou em nome dele, infundia

o perdão, a caridade, o amor ou outras virtudes. Raras vezes nossas sugestões faziam eco nos homens comuns que não nos compreendiam ou acatavam. Buscava os momentos de oração e recolhimento, o desprendimento pelo sono, para os mesmos conselhos, porém não achava acesso, barrado que estava pelo orgulho e egoísmo daqueles corações infiéis. Igualmente trabalhava junto aos obsessores daquele grupo distinto muito amado por nosso coração – Rosária e Miguel Garcia – auxiliando no esclarecimento dos dois e na tentativa de encaminhá-los ao trabalho de retificação e abrandamento do ódio que sentiam. O tempo que levei tentando convencê-los a esquecer e perdoar foi muito mais que os dois meses que na Terra se passaram.

Em regresso a Lisboa, quando transcorriam os meses após aquela reunião de esclarecimento dos desafetos das famílias Guzman e de Canallejas, percebi que os familiares desfrutaram certa paz, tanto no Palácio de Guzman, como no Castelo de Montalban, na Espanha, com o afastamento dos dois obsessores. Leila chegara a mostrar melhora e D. Ramiro aproveitava a oportunidade para tentar convencê-la a tratar-se com outro médico seu amigo, em Viena, que propunha nova técnica para doenças psíquicas, usando como base o diálogo, chamado psicanálise[30]. Na época, muitos médicos discutiam a metodologia de Sigmund Freud, mas alguns afirmavam ter resultados.

Leila negava-se a sair e seu pai tentava de tudo para animá-la e interessá-la pela vida novamente. Queria fazer com que ela o respeitasse e acatasse suas sugestões, mas ela, que não se convencia da oportunidade que estava tendo naquela família, ao lado do pai que amava, perdia-se em revoltas contra si mesma, infligindo culpas e remorsos. Perdia o precioso tempo encarnado com o questionamento íntimo da fé e das posturas de D. Carlos em relação aos espíritos, nos quais não acreditava.

Pensava ela, entre suspiros e soluços:

---

30 Estudos de S. Freud sobre psicanálise, ciência por ele criada, foram controversos nos congressos ocorridos em Viena em meados do século XIX.

"Como pode meu pai ter tanta certeza da vida de espírito? Por acaso, não são desvarios do seu coração bondoso que acredita estar amparado, enquanto faz o bem? As sombras que vejo, as quais ele também vê e me alerta, se tivessem estas sombras o poder de me atormentar, eu estaria sendo levada por forças invisíveis e não seria este o meu pensamento e sim de outrem. Não, não pode ser, se eu mesma me desgracei. Escolhi fugir, sou culpada. Não tenho perdão e nenhum espírito bom, se houver, será capaz de me ouvir pedindo pela paz! Oh! Roberto, onde estás? Se vives, dá-me um sinal... Enlouqueço de dor e mágoa, quero me juntar a ti no silêncio que é a morte."

Tentei socorrê-la, elucidando que sempre estive ao lado dela, querendo sempre acessar sua mente confusa para conceder os esclarecimentos de que necessitava e a tão sonhada paz, mas ela, descrente e insegura, dispensava os conselhos trocando-os sempre pela mágoa que carregava, pela dor e pela tristeza. Os argumentos se esvaíam sem encontrar fundamento em seu raciocínio.

Nosso grupo de benfeitores composto pela veneranda Louise de Guzman, por Marie de Numiers e outros da mesma família de afetos, teve de esperar que Leila se elevasse para poder ajudá-la, pois não víamos abertura fluídica para influenciá-la ao bem. Suas faculdades mediúnicas, há muito mal utilizadas, estavam desafinadas, assim como seu piano, pois nem a música elevada, da qual ela era dedicada intérprete, era mais tocada.

Os dias transcorriam para Leila na mesma morosidade e tédio. Acordava sem objetivos prévios traçados, recordava os tempos em que fora feliz, nos locais prediletos da família, lia ou vagava pelo castelo e arredores, sozinha e triste. Ao final do dia, encontrava-se com o pai que a acolhia amoroso e tranquilo, tentava ministrar-lhe ensinamento e encorajamento, mas mesmo ele, que tanta paciência tinha, já estava cansado de repetir os mesmos apelos ao coração gelado da filha.

Leila estava presa ao erro que cometera porque não se libertava pelo perdão, enregelara-se pelo orgulho e pela teimosia de não ter voltado para casa enquanto era tempo. Agora que a desgraça cobria sua família de luto, arrependia-se de não ter voltado. Talvez Roberto, que a amava sinceramente, nem estivesse, de fato, interessado em que ela pedisse perdão, talvez ele a tivesse aceitado sem questionar.

Quando calou os pensamentos controversos e cheios de especulações sobre atitudes que tomara no passado, num ímpeto de seu coração saudoso, chamou o cocheiro do palácio e pediu que tocasse para a Quinta de Vilares, sem saber ao certo por que o fazia. Durante o passeio pela cidade, o que havia muito tempo não se permitia, reviu o cenário onde brilhara por seu talento em casas de amigos, ou remontou cenas vividas com Roberto pelas ruas, praças, teatros. Os dois seguiam por aquelas mesmas ruas em tempos felizes e Leila passou a lembrar a companhia do marido, quando certa vez ele se divertia desfazendo os cachos do cabelo dela, para vê-los sedosos, assumindo novamente a mesma postura. Era ele quem lhe sorria, fazendo-se cavalheiro e ofertando uma flor, depois saía apressado de alguma porta para encontrá-la e juntos caminhavam pela rua. Em seus devaneios, misturados a algumas lembranças, Roberto seguia com ela, sentado no banco ao lado, enquanto pedia que ela tocasse algo ao piano para alegrar a pequena Lelita. Sacudiu a cabeça e afastou as lembranças que a levavam às beiras da loucura, enquanto as lágrimas desciam por seu rosto.

Quando passou por perto do Hospital Beneficente, ela se lembrou mais uma vez do marido e pensou em entrar, chamar pelo pai e pedir que ele a acompanhasse, mas desistiu da ideia por achar que ele poderia estar muito ocupado. Pela primeira vez na vida, pensou na fila de pessoas que precisavam de cuidados médicos e a quem seu pai atenderia e se lembrou de que poderia conversar com ele à noite quando regressasse.

Chegando à Quinta de sua mãe, mais saudade enchia seu peito melancólico e as lágrimas, velhas companheiras, inundaram seu rosto. Os criados de seu pai a receberam e alguns detalhes do cenário em que vivera com o marido se destacavam do conjunto da estância rural: a varanda cujas balaustradas foram recobertas de flores brancas, plantadas a pedido de Roberto; a mesa de jantar trazia lembranças vivas das animadas refeições que faziam juntos e onde Lelita aprendera a pedir pão. Leila parou à porta do quarto, hesitando se conseguiria rever o local que estaria repleto da presença daquele que ali morara.

Desfeita em prantos outra vez, buscou a cama de casal para ali se jogar e chorar entre as almofadas perfumadas, mas antes que assim procedesse, seu olhar perspicaz encontrou sobre o toucador uma carta endereçada a ela, com a letra trêmula de Roberto. Leila correu para lá, emocionada e rompeu o lacre para ler ali mesmo, tão ansiosa se encontrava. Escreveu ele, nas suas últimas horas de vida.

Leila, minha amada,

Muito tenho pensado em ti nesses dias solitários de minha doença, onde desfruto das regalias da casa de teu pai, que o dinheiro dele pode pagar, mas durante todos esses dias em que me vejo cercado pela atenção dos serviçais, me pergunto: Será que minha amada tem quem lhe atenda? Quando me alimento das sopas e especiarias mais caras e melhores para restabelecer minha saúde, pergunto se tu não passas necessidades onde te encontras...

Há três meses não moro mais na nossa quinta, para onde me retirei depois que fugiste de mim. Lá é meu refúgio, uma espécie de santuário de lembranças tuas, por isso mandarei colocar esta carta em nosso quarto, para que, quando quiseres nos visitar, te lembres de mim.

Tenho certeza de que quando lá chegares encontrarás as mesmas flores que foram nossas na varanda, cuidadas pelos criados, mas os pássaros, teus amigos, lá não estarão, porque fugiram de minha tristeza e não voltam porque não encontram o eco dos lindos trinados que faziam todas as manhãs, no teu piano, quando as valsinhas alegres de Chopin os chamavam. Tudo por lá está deserto de ti, sem vida e sem motivos.

Escrevo porque a saudade me esmaga o peito e dói mais ainda que a doença que enfrento. Sinto teu perfume quando sonho em ver-te nas repe-

tidas ações que conheço de memória. Quando te sentavas ao toucador, onde deves estar agora lendo esta carta, e penteavas os longos cabelos. Eu emaranhava minhas mãos neles, para sentir como eram sedosos. De outra feita, vejo-te ao meu lado a sorrir e já não sei se deliro de febre ou de saudade. Quando estendo a mão para te tocar, desapareces.

Vejo-te, amada minha, junto a mim nos dias de nossa felicidade e descubro o quanto nosso amor se eternizou, quando reparo que teus olhos estão refletidos no semblante de Lelita. Se reafirmo meu amor e quero repetir o quanto te amo é porque não mais me encontrarás com vida aqui na Terra, mas, acima de tudo, quero dizer também que te perdoo, porque sei que o que fizeste foi por impulso, foi impensado. Não te culpo se as consequências vierem a culminar na minha morte, assim como na de nossa filha.

Agora sei que não voltaste porque não te sentias à vontade para pedir perdão. Se soubesses que eu a aceitaria de volta sem que precisasses dizer uma palavra sequer. Bastaria que voltasses, ou mandasses um recado, um sinal, uma carta. Como esperei uma carta tua! Eu demoveria todos os meus recursos para ir te buscar onde estivesses. Salvar-te-ia da maledicência e do desprezo que envolvem teu nome agora e me colocaria ao teu lado como sempre, recuperando para ti o honrado nome de meu pai, o nome que te dei quando nos casamos, querida, e te consagrei minha esposa!

Se falasses ao menos com teu pai, tenho certeza de que ele assim também agiria em teu favor, contrataria uma dama de companhia para te levar onde quisesses ir, proveria recursos e eu, pobre de mim, me conformaria com tuas decisões ao longo do tempo, como vinha sempre fazendo. Mas o que está feito, está feito.

Agora que sei que morro em breve, quero ainda dizer que, onde estiver o meu espírito imortal, com ele estará também o meu amor por ti. Aprendi isso com meu pai e assim assevero que velarei por ti, se puder, e estarei esperando com o coração ainda repleto de júbilo, fiel e cheio de amor, quando vieres, finalmente, me encontrar,

Teu esposo espiritual,

Roberto

Leila pousou o papel sobre o colo e olhou os reflexos de seu rosto no espelho. Os olhos vermelhos de chorar realçavam a cor de sua íris, transformados no mais claro azul. Dez anos pareciam ter sido roubados de sua silhueta e ela pensou em como queria ter seguido Roberto na morte, a seu ver, a única solução para os problemas. Os remorsos lhe corroíam os pensamentos e transbordavam em lágrimas quando, emotiva e trêmula, encheu de beijos a carta até molhá-la e amassá-la enquanto dizia:

– Perdão, querido, perdão, mil vezes perdão! – e depois, olhando ao redor de si, como se visse algo, continuou: – Sombras sinistras venham para mim, pois que mereço sofrer...

Orei por ela até o cair da tarde, quando se retirou do local, levando consigo a carta amarrotada e os sonhos de amor frustrados. Consegui apenas sugerir-lhe que voltasse ao Palácio de Guzman para participar da reunião noturna com D. Carlos, ao que ela aquiesceu.

***

OS MELHORES SENTIMENTOS e intenções dos espíritos de meu grupo, tentando afastar e reter Rosária e Miguel, começaram a arrefecer seus laços, pois as duas encarnadas, Leila e Constância, convidavam os dois espíritos ao regresso à Terra, com suas desesperanças e tristezas. Nada pudemos fazer mais, senão deixá-los seguir pelo livre-arbítrio de que também eram possuidores. Certo dia, se cansaram dos conselhos e dos remédios calmantes que precisavam e, unidos mais uma vez, ouviram os chamamentos das obsidiadas fazendo eco com o pensamento deles pela injustiça de que se achavam vítimas, pela revolta, pelo orgulho ferido, vergonha e ódio. O tratamento ao qual foram submetidos arrefeceu no momento em que ouviram o chamado das vozes da Terra, chamando e pedindo que voltassem. Leila cheia de remorsos e Constância cheia de culpa.

No Castelo de Montalban, Constância continuava presa ao passado. Recebera a carta de D. Carlos informando o estado doentio de Leila, mas nem as recomendações do marido, querendo tocar o coração materno, foram capazes de derreter a couraça de orgulho e vergonha com a qual ela se revestia. D. Ramiro, que, até aquele dia, tinha poupado a esposa, para não aborrecê-la ainda mais, sobre a morte da pequena Lelita, sua neta, não tivera como esconder mais aquela informação e apelava para que ela viesse ao menos depositar no túmulo da família as flores de costume.

Constância se deixara abater pela notícia e culpara Leila pelo ocorrido. Se ela estivera abalada e triste em relação à morte do genro e fuga da filha, ficara desconsolada, quando soubera que a pura criança, sua neta e alegria de viver se encontrava no mundo dos mortos. Naquele mês, ensaiara várias vezes uma resposta ao esposo, mas sempre achava apelativa demais, exagerada ou fria, então rasgava tudo e jogava no fogo. Se ele não se dignava a vir vê-la que ficasse também sem saber o que era feito dela, seus sentimentos de ódio contra a própria filha começaram a criar raízes em seu íntimo. Este sentimento se identificava com o de Rosária Maria.

Fui encontrá-la por esses dias, após o recebimento da carta de D. Carlos, debruçada sobre a escrivaninha no esforço de colocar no papel seus sentimentos, sem sucesso. Rasgava sempre que terminava de reler o que escrevera. Notei que Rosária tinha regressado para junto da ama e trazia o semblante carregado e sério. Agora que encontrara a razão da tristeza de Constância, tendo ela mesma lido a missiva de D. Ramiro, queria a todo custo, de alguma forma, ferir Leila. Estudava em silêncio a melhor maneira de influenciá-la contra a filha, em seu ver ainda Nina, ainda ligada a D. Carlos, ainda ofendendo com sua presença o castelo dos fidalgos do qual sua ama estava afastada. Neste impulso momentâneo, tornando-se obsessora efetiva, começou a soprar à Constância o conteúdo da mensagem, as palavras pareceram agradáveis à encarnada e ela se entusiasmou com a fluência com que escrevia, acreditando-se fiel aos próprios sentimentos, mas apenas refletindo o que ouvia, numa simbiose clara entre encarnada e desencarnada, quando os centros vitais se acham ligados e vibram uníssonos.

Aproximei-me sem ser notado, mais uma vez. A carta era endereçada à Leila e li o que dizia ainda na mente conturbada de Rosária Maria. Era um tratado ao orgulho, insuflando o desdém que Constância sentia pela própria filha, reflexo do que Rosária sentia pela infeliz Nina. Uma carta que nenhuma mãe endereçaria à própria filha, antes pessoa nenhuma pudesse ler a crueldade daquelas palavras. Imaginamos o que sucederia a um coração sensível como o de Leila. Rapidamente, um bilhete se fez acompanhar da carta, endereçado a D. Carlos, igualmente queixoso e insensível.

Intercedi, como era esperado que fizesse, sugerindo que aquela epístola cheia de felonia e veneno fosse também virar cinza junto às outras no fundo da lareira, mas não consegui penetrar os pensamentos da senhora condessa com a mesma facilidade que Rosária o fazia. Orei, pedindo ajuda, mas antes que a ajuda viesse, o envelope já estava selado e endereçado ao Palácio de Guzman. Com certeza, aquelas palavras, proferidas pelo coração materno envergonhado e desequilibrado teriam força suficiente para abalar Leila em suas mais íntimas convicções, tocando em seus medos, insuflando a culpa, resgatando a dor.

A veneranda Louise de Guzman se fez presente, e juntos oramos mais uma vez, intercedendo por todo aquele drama que começara havia mais de trinta anos com a inveja e ciúme de Constância, então condessa de Vilares, querendo a todo custo desposar D. Carlos.

Louise de Guzman esclareceu, mais uma vez, que Constância trazia no íntimo a dor de ter perdido o noivo às vésperas do casamento, aquele mesmo D. Carlos que agora a desposara, tinha morrido em nome do mestre Jesus na noite do massacre de São Bartolomeu. Os ecos daquela dor e perda se refletiam em seu ser e ela se imaginava preterida e apartada dele outra vez, por qualquer tolo motivo.

Deixei os aposentos luxuosos do castelo, a condessa com suas escolhas e parti para Lisboa querendo preparar Leila para o inevitável encontro com as duras palavras de sua mãe, mas ao chegar lá, me deparei com Miguel Garcia, insuflando-lhe mais uma vez as ideias do suicídio. O endurecido espírito redobrara seu ódio contra Leila e seu pai, mas impossibilitado de atingi-lo, já que o nobre conde não deixava o leito sem a oração matinal, passava o dia em atitudes de caridade e antes de ir deitar confiava a Deus o coração, o lar e o amparo a todos de sua família encarnados ou não. Em Leila, o obsessor enxergava Nina e via também, com suas experiências dilatadas de espírito, os laços fluídicos que iam e vinham entre pai e filha pelas colorações intraduzíveis que permeiam o mundo espiritual quando duas pessoas encarnadas se encontram nutrindo amor sincero uma pela outra. Este particular mais o irritava, por saber que entre os dois, o sentimento sublime era puro e sincero.

Miguel Garcia odiava pai e filha com todas as forças de seu ser. Enquanto montava guarda em um canto, esperando a oportunidade de assediar sua vítima, tentei abordá-lo. Lembrei que eu mesmo tinha cumprido aquele triste papel obsidiando de outra feita a menina Andrea em nome de vingança e tentei mais uma vez demovê-lo da ideia sinistra. Sem que fosse pressentido, incutia nele as telas mentais referentes ao suicídio de Andrea, onde fui algoz incansável e depois mostrei o estado de arrependimento que me assaltou, culminando na encarnação à qual expiei aquela maldade, animando um corpo débil e incapaz intelectualmente.

Durante essas semanas de trabalho junto a Miguel, deixei o Palácio de Guzman induzindo-o até as Costas da Bretanha para que ele percebesse, nas emanações fluídicas do local, as impressões daquelas cenas que eu narrava. As imagens do suicídio de Andrea se repetiram e, para que ele entendesse, revelei meu estado moral após o acontecimento terrível. Mostrei a dor e a culpa, o remorso e a reparação refletidos no corpo débil que assumi. Tudo o que causei a Andrea e a mim mesmo foi mostrado a ele. Depois do difícil trabalho de reparação do erro, veio, então, o perdão que tive de pedir a Deus e à minha vítima. Miguel volitou comigo, deixando-se levar, mas depois que percebeu minha estratégia de convencimento, esclareceu que não desistiria de sua vingança e fugiu em regresso ao Palácio de Guzman. Voltei também, na rapidez do pensamento.

Continuei a sugerir a ele imagens a respeito da dor que o remorso é capaz de refletir desfigurando o campo mental, maculando irremediavelmente o perispírito pelo remorso, a ponto de, ao reencarnar, trazer essa marca na deficiência mental, pelo mau uso que fiz dessa capacidade. Por fim, apelei às palavras do divino amigo quando nos recomendou "perdoar setenta vezes sete[31]". Continuei a tentar convencê-lo por meio da sugestão mental por algumas semanas, enquanto nossa estratégia parecia fazer efeito, mas depois acabou por me visualizar junto a ele e exclamou indignado:

– Então essas imagens, em nome de outra vingança contra essa Andrea, eram artifícios dos emissários da luz para demover-me da ideia de levá-la ao suicídio? Vê-se que há muito ela não é boa nem para os seus. Perdei vosso precioso tempo comigo, pois prometi à minha mãe que me vingaria desta Nina que hoje é Leila, pois ela foi a causa da ira de nosso patrão a quem até hoje odiamos.

Lamentei o ocorrido e passei a tentar influenciar Leila. Procurando por ela adentrei a luxuosa sala de estar, ornada ainda com os mesmos valiosos quadros e o magnífico piano de cauda. Lá ela estava sonhando mais uma vez com a ventura que tivera sendo esposa e mãe naquele mesmo palácio. Diante dela, porém Roberto se deixava entrever, esse espírito que a ela estava imantado, pelos laços de amor imortal. Revi meu filho do coração, e, pela primeira vez, depois que regressou a nosso plano, pude falar-lhe, pois agora ele se encontrava menos embaraçado nas próprias confusões mentais. Ele estava ainda aflito e inconsolável. Apesar de saber-se desencarnado, queria aliviar as dores da esposa sem o poder. Quando me reconheceu, sabendo de minha função ali de guardião, foi pedindo permis-

---

31 Mateus, XVIII: 15, 21e 22

são para ficar junto à mulher, sem se dar conta da imensa saudade que eu sentia dele e da vontade de abraçá-lo, naquele momento:

– Com vossa licença, pai Arnold, fui chamado até aqui e, se não vos atrapalho ficarei, pois gostaria de ajudar.

– Meu filho, que bom que o discernimento voltou à tua mente – disse ainda emocionado com a presença dele. – É recente a tua transição, não convém que fiques por muito tempo neste castelo. Nossos superiores têm conhecimento de tua resolução de vir?

Roberto elevou o olhar para mim e vi seu semblante cansado e triste. A encarnação malograda da qual regressava, não lhe dava subsídios para decidir por si próprio sobre sua permanência junto à Leila, bem o sabia. À lembrança da conveniência de acatar as ordens para não deixar os leitos e as proteções que lhe eram conferidos, fizeram-no voltar a si, pois ainda se confundia um pouco no estágio de recuperação em que se encontrava. Ele elevou a testa exibindo a basta cabeleira e, olhando de longe para a esposa, cujos pensamentos o rememoravam e chamavam, ficou indeciso entre acatar meu chamado ou o dela.

Acompanhei também os pensamentos de Leila, para dar-lhe tempo em sua decisão de seguir de boa vontade em retorno às câmaras de cuidados, de onde ele se ausentara sem permissão. Ela pensava na felicidade que perdera e, em suas lembranças consternadas afirmava intimamente:

– Joguei a minha felicidade fora! Como fui desgraçada por trair minha família e o que não daria para ter desistido dessa aventura que empreendi. Tudo começou quando eu tinha apenas quinze anos e dei ouvido aos sonhos de tocar em público por sugestão do conde de Saint-Patrice. Se não estivesse acuada, chantageada e perseguida, ou se soubesse o desprezo que ele sentia por meu pai e por meu marido, nunca teria dado a ele a honra de escrever-me. Perdão, Roberto! Se estás vivo como acredita meu pai, me perdoa!

Ela entrou em pranto convulsivo. Roberto queria dizer que a amava e perdoava, mas não conseguia se aproximar sem sobressaltá-la mais ainda, por que ela podia pressenti-lo pelos laços de amor que os dois desfrutavam e pela visão mediúnica, faculdade que possuía, porém era pouco acurada pelo desuso.

Neste ínterim, em que Leila se assustava com a visão do marido morto, suas tristes vibrações atraíram Miguel Garcia que, por sua vez, entrou em litígio mental com Roberto pela soberania do pensamento de Leila.

A jovem viúva passou a ver também o algoz do passado em sua tela mental e recuou, assombrada que estava, pelas impressões de nosso plano de ação, uma vez que era médium e nunca cuidara deste potencial interior. Apesar dos conselhos do pai, ela se esquivava sempre que o fenômeno se manifestava. Aos seus olhos confusos e descrentes, aquele inimigo parecia tratar-se de algum ser maligno que a assaltava. Na tentativa de fugir de si mesma, levantou da sala onde jazia o piano e correu pelos corredores do enorme castelo, à maneira de louca.

Intercedi junto a Roberto, retirando-o de perto de Leila e evoquei ajuda tão logo foi possível. Quando nos acorreram os socorristas de plantão, entre eles estava Felício, percebi que se tratava de uma questão de escolha de Leila, repetindo os padrões vibratórios que atraíam o obsessor e onde os Planos Mais Altos não podiam mais atuar efetivamente. Louise de Guzman acolheu Roberto em seus braços amorosos, cuidando dele com desvelos de mãe e se retirou com ele, enquanto falava palavras doces de consolo e ânimo.

Eu fiquei, auxiliando os socorristas no trato com o obsessor, tentando atenuar-lhe as influências, retirando, dentro do possível, as malhas nefastas que confundiam os pensamentos da obsidiada. Tentei dar a ela algum direcionamento e luz, mas ela não dava ouvidos, não aceitava as sugestões e antes se comprazia com o que Miguel sugeria, por se achar realmente desgraçada e merecedora de castigo.

Dizia como um sussurro amigo, aos seus ouvidos de médium:

– Desiste, Leila, dessas ideias sinistras. O corpo físico é bênção de Deus e necessitamos dele para cumprir o que nos compete. Se hoje sofres é devido às tuas más escolhas do passado. Cuidado para não te lamentares por mais um século de dores. Submete o pensamento aos agradecimentos em nome de Jesus, pela bênção de ter um pai amoroso, que muito te preza, pensa nele, minha filha.

Nossa mente é muito poderosa quando nos fixamos em alguma ideia, e, ainda que esta ideia seja desequilibrada, cheia de culpa ou remorso, às vezes, a ela nos apegamos como única solução para nossos erros. Leila estava ciente que negligenciara a família, que tripudiara do amor sincero do marido, que esquecera e abandonara a filha. As sugestões de Miguel Garcia a convenciam dessas condições como se ela tivesse enlouquecido de dor. Como ela o pressentia, achava-se perseguida por demônios ou cobradores da conduta reta.

Como se não bastassem as próprias dores somadas às aflições que o obsessor lhe ditava, Leila ainda precisava enfrentar os preconceitos da época, em uma sociedade machista, onde cabia à mulher permanecer no lar e ser fiel ao casamento durante a vida toda, do contrário, seria rebaixada em sua honra de senhora e mãe. Esses conceitos foram-lhe passados, pois recebera primorosa educação nesse sentido, desde criança, e ela sabia que sua mãe, a condessa Constância, era preconceituosa e rígida em relação a esses costumes e crenças, por isso estava evitando o quanto podia procurar pela mãe.

Naquele dia, porém, enquanto corria às carreiras pelo castelo, a filha de Constância nem se lembrava da mãe, preocupada que estava com o perdão que queria conseguir do marido, mas pensando que quando lograra vê-lo, tivera de se afastar dele, porque entre eles se interpunha um justiceiro em nome da vergonha que ela fizera passar os de Canallejas. Miguel Garcia se afigurava para ela como um juiz a cobrar suas posturas de traidora. Ainda correndo, chegou às salas mais íntimas do palácio, onde avistou sobre a mesinha decorada com rendas e flores, a bandeja de prata ali depositada por conter a correspondência do dia. Leila se deparou com a carta, endereçada a ela, vinda de Madri, assinada por sua mãe.

Só então, outra dor se apossou dela. A dor de uma filha amada que, gozando do prestígio e nome de família honrada, tinha jogado tudo fora por uma aventura com um homem desconhecido. Ela parou indecisa, antes de abrir a mensagem, pois sabia o teor das palavras de fel que encontraria vindas de sua própria mãe. Pensou em Constância, em sua frieza e distância, em suas exigências sobre religião e conduta. Relembrou cobranças que ela lhe fizera sobre o que ficaria bem ou não a uma moça de família, e, julgando-se suficientemente preparada intimamente para o que viria, tomou o envelope. Ela estava trêmula, pressentindo o que leria ali, mas, tomada pelas garras torturantes do obsessor, não esperou que o pai chegasse para dar-lhe forças, como lhe sugeri e tomou o cortador de papel, cujo cabo era entalhado com o brasão da família Guzman, para abrir a correspondência.

Às primeiras linhas, descobriu que a carta era mais um desabafo, pois a mãe se referia às antigas mágoas, ao orgulho ferido e à culpa, que claramente Constância lhe imputava. D. Ramiro tinha intermediado o confronto entre as duas, enviando cartas a uma e sossegando o coração aflito de outra, mas diante daquela reclamação, Leila não tinha como ser consolada. As duras palavras chegavam como uma avalanche de emoções, que invadia seu coração inseguro e desesperado.

Queria jogar fora, queimar aquela carta que tanto a machucava, mas impelida por força extraordinária, permaneceu lendo a torturante mensagem que, vinda de quem veio, era para consolá-la e dar-lhe ânimo, mas ao contrário arrasava com ela.

Constância assim começara, sem nem ao menos um cumprimento: "Como pudeste fazer isso conosco, Leila? Estou doente há meses, sofrendo a vergonha pelo golpe desferido ao orgulho de nossa família. Teus atos, criatura desgraçada, não condizem com a educação que recebeste, nem com o nome que carregas. Retira de tua assinatura o meu nome de família, não a quero pertencente ao sangue dos Vilares. Digo isto pensando no que mais vieres a fazer por conta própria com teu amante. Assassinaste o teu bondoso marido ausentando-te do lar e com ele, levaste também à morte tua pobre filha, minha neta e um anjo ainda. Depois desta loucura, não sei como ainda consegues levantar da cama sabendo que és culpada. A sarjeta te caberia melhor do que os gostosos cetins da casa de teu pai, porque não o mereces por pai, nem a mim por mãe. Tenho certeza de que ele assim também pensa, mas não o dirá por medo de magoar--te. Ele que sempre pensou primeiro nos infelizes..."

Os soluços de desespero afloraram no peito de minha filha de outrora. Fui impotente para socorrê-la do obsessor, pois aquelas palavras de Constância, a mando de Rosária, agravaram o estado dela. Saiu dali ainda em disparada, deixando caída ao chão a impiedosa epístola. Premeditou em sua mente o terrível ato, mediante aquele pensamento de filha ingrata que lhe era cobrado pela mãe, além das lembranças que Miguel lhe passava sobre a imagem da esposa infiel e mãe negligente. Assim, perdida em equivocadas elucubrações, juntou, no gabinete do pai, algumas moedas que lhe serviriam ao intento, correu à escrivaninha e traçou bilhete desesperado ao pai.

Depois, seguiu para o Rio Tejo em carruagem de aluguel disfarçando com uma capa sua identidade. O local era por ela conhecido, uma ribanceira que caía para o grande rio, próximo à Quinta onde morara com Roberto, que pertencia à sua mãe. Enquanto a carruagem corria, afastando-se mais e mais do centro urbano, os pensamentos de Leila se tornavam uníssonos com os de Miguel Garcia. Ele cravara no coração despedaçado da filha de Charles, pesado aguilhão, triplicando as dores morais que geravam culpa.

Acompanhei o assédio das trevas, enquanto repetia aos dois as primorosas lições que aprendi por própria experiência:

– A dor de um desafeto não nos faz felizes. A vingança é inútil, só acarreta mais dor. Perdoa, Miguel, rompe, em nome de Deus, com o teu assédio nefasto sobre a nossa pobre filha!

Depois me voltava à vítima como último recurso:

– Desperta, Leila! – dizia eu emocionado: – suicídio é engodo, é caminho espinhoso e triste por onde arrastas contigo todos que te amam... Pensa no teu pai, minha filha, pensa naqueles que te que-rem bem – mas ela estava desesperada e não ouvia nem mesmo a mim que tinha penetração em seu pensamento.

Afastei-me entristecido, quando senti que o coração da filha de Charles teria, mais uma vez, coragem suficiente para concretizar o terrível final para aquele lindo corpo e chorei de dor, impotente para ajudá-la.

Em oração constante, pedindo discernimento para aquele ato terrível, presenciei quando Miguel soprou a sugestão e ela, sem va-cilar, se jogou.

O desfecho dessa trágica atitude de Leila, todos nós já sabemos, pois foi relatado por ela mesma[32], como exemplo que ela precisava deixar, dos reflexos de sua morte como comprometimento ainda, depois que se tornara ciente de seus erros passados e reencarnara como Yvonne.

Difícil também narrar sobre a dor que trespassou o coração do pai querido quando descobriu a infeliz escolha da filha poucos dias depois. D. Carlos chorou sua morte durante o que restou de sua vida, orando por sua filha amada a cada dia, com a mesma devoção com que lhe falava do evangelho de Jesus. Mentalmente, ele escla-recia e falava sobre a realidade do espírito desencarnado, enquan-to esperava que o eco de suas palavras fosse encaminhado a ela. Abateu-se como era de se esperar de um pai que muito queria bem ao espírito caro de seu coração, mas como a fé o sustentava, orou fer-vorosamente e achei acesso em sua mente para ajudá-lo a atravessar o lamaçal em que Leila o atirara.

---

32 *Recordações da mediunidade* – FEB.

ORAÇÕES

"Após a morte, antes que o espírito se oriente, gravitando
para o verdadeiro 'lar espiritual' que lhe cabe, será sempre
necessário o estágio numa 'antecâmara', numa região
cuja densidade e aflitivas configurações locais corresponderão
aos estados vibratórios e mentais do recém-desencarnado.
(...) Em se tratando de suicidas o caso assume
proporções especiais, por dolorosas e complexas.
Estes aí se demorarão, geralmente, o tempo que lhes
restava para conclusão do compromisso da existência
que prematuramente cortaram. (...) é fácil entrever qual
será a situação desses infelizes para quem um só
bálsamo existe: – *a prece das almas caritativas!*"
(*Memórias de um suicida* – FEB – nota de rodapé, p. 26).

COMO SÃO TERRÍVEIS os sofrimentos daqueles que se entregam
à morte pelo suicídio! Daqueles infelizes que estagiam no corpo em
putrefação por meses, depois seguem com corjas de espíritos loucos
e cobradores das atitudes escritas em suas consciências confusas e
cheias de remorsos. O que são os meses e os anos para os que sofrem
centenas, milhares de vezes o repetido ato de pular no rio e afogar-se
nas águas lamacentas para depois sentir os peixes comendo as próprias carnes? Como num turbilhão são arrastados misturando-se a
outros tantos macerados, sujos, enlouquecidos, para chegarem a local
cinzento e fétido, onde serão metidos em furnas, fugindo de si mesmos porque não podem confrontar a própria consciência culpada.
Tais lugares, emanações das mentes corrompidas, são criações dos espíritos que habitam as regiões umbralinas mais difíceis e longínquas,
no interior da Terra, mas também lá, as orações podem penetrar como
bálsamo de luz para que esses desgraçados consigam socorro.

Os compromissos do grupo de espíritos que eu acompanhava se agravaram, repercutindo segundo as escolhas de cada um. O ato desvairado de um único membro do grupo se refletia no ânimo e no planejamento de todos os outros, que se viam comprometidos com a recuperação e o reerguimento daquele que errara. Só restava o recomeço e a certeza, como nos previnem os emissários celestes de ontem e de sempre, alertando-nos sobre nosso aprimoramento íntimo, para que amemos e respeitemos o próximo e a nós mesmos.

Algum tempo se passou após a tragédia que se abateu sobre a família de Guzman e de Canallejas. A situação de todos os personagens envolvidos no ato desesperado de Leila se agravou seriamente, comprometidos que estavam com a responsabilidade do que fizeram influenciando a suicida. Somente nossa assistência espiritual presidida por Louise de Guzman, em especial o espírito Roberto e, na Terra, D. Carlos e o visconde de Canallejas oravam por Leila, visto que os outros espíritos estavam ainda mais comprometidos com a lei de Deus que antes, por isso, necessitavam também de ajuda.

Dos que tinham regressado ao nosso plano, Leila e Miguel Garcia estavam em piores condições. Ela, ainda presa ao que fizera e ele, o terrível algoz, fugindo e vagando sem destino certo, longe de tudo que lembrasse Leila ou D. Carlos, em sua consciência culpada. Após o dia terrível, Miguel Garcia iniciara sua peregrinação sem destino, vangloriando-se de que conseguira acabar com a bailarina e sua mãe Rosária poderia voltar ao Palácio de Guzman quando quisesse, junto da ama, a condessa Constância. Ele ainda não tinha a consciência do que praticara, mas começava a entender o que fizera de grave, porque fugia de nossa assistência, como se tivesse sendo perseguido por policiais ou juízes para julgá-lo pela morte de Nina. Não consegui acesso em seu coração, embora o nome dele constasse em minhas orações diárias, agora com implicações no nosso grupo de espíritos afins. Deixei que as leis soberanas da justiça divina se encarregassem dele, porque mais cedo ou mais tarde, ele expiaria a insensatez que inspirara, assim como eu tinha expiado. Os chamamentos de sua consciência, o arrependimento e o remorso o levariam a buscar algo em nome dos suicidas ou por Leila, assim como faço hoje.

Quanto à Leila, muito pouco eu poderia ajudar, porque não tinha como me aproximar dela, inacessível que estava, vagando entre os padrões mentais mais baixos e difíceis do nosso plano de ação. Nem mesmo os socorristas podiam penetrar o Vale dos Suicidas, para onde fora levada algum tempo depois que se desvencilhara dos despojos físicos. Seu corpo jazia enterrado em vala simples, pois o Campo Santo lhe fora negado pelas autoridades religiosas da época, que não aceitavam orar por suicidas, em seu ver sem perdão ou salvação. Os restos de Leila, então, não estavam no mausoléu da família de Guzman, ao lado de seus mortos queridos.

D. Carlos estava desesperado. Sofrendo o opróbrio de ver fracassado o seu esforço em reeducar Leila moralmente, sentindo que seu amor foi rejeitado e seu nome ultrajado pelo espírito mais querido de seu coração. Em pensamento, perguntava a Leila numa oração lamentosa: "– Por que fizeste isso, minha filha, por quê? Eu aconselhei-te tanto, supliquei-te que te voltasses para Deus e pensasses também um pouco em mim! Mas amaste a todos, em todos pensaste, só não pensaste em teu pai!"[33]

Ele estava tão abatido e transtornado com o destino da filha, que só enviara notícias a Constância, quando se lembrou, uma semana depois de ter encontrado o corpo de Leila boiando semidesfeito, numas das enseadas do grande rio Tejo. A dor era tanta que ele, chorando junto ao cadáver da filha, só conseguia perguntar por que ela fizera aquilo. Era o ato mais revoltoso contra as leis de Deus, a pior solução para as dores morais que a acometiam. Constância ficou sem notícias pelo tempo em que a carta de seu marido demorou para cruzar os dois países.

---

33 Frase dita pelo espírito Charles, a respeito do suicídio de Leila, transcrita do livro *Recordações da mediunidade* – FEB, p. 80.

No Palácio de Guzman, onde não conseguiria mais ficar, foi que D. Ramiro encontrou a resposta para o que acontecera. Junto ao escritório, desfeitos os selos e rasgados os envelopes, estavam as cartas vindas de Madri. D. Carlos as lera e descobrira o que tinha levado Leila a precipitar-se dentro do rio. Na primeira carta que abriu, endereçada a ele próprio, Constância se desmanchava em lágrimas, de forma dramática, dizendo que se ele não queria vê-la, também ela não iria a Lisboa. Alegava que ele não queria tratá-la e curá-la, que ela iria morrer sozinha. Dizia ainda que tão cedo ela não regressaria a Lisboa, depois da fuga de Leila, pois se sentia arrasada pelo vexame e pela dor de rever pessoas que cobrariam dela o apoio de mãe, que já não podia dar, porque estava doente. Na segunda carta, que precipitara o desfecho da morte da filha, parecia ter sido escrita por outra pessoa, mais amarga e fria, nunca poderia ter sido escrita por uma mãe zelosa.

A cobrança que Constância fez em seu nome, era injusta e infundada, pois ele, por mais que tivesse ficado consternado com os atos da filha, nunca diria aquelas palavras, nunca pensara renegar Leila ou atirá-la ao desamparo como sugeriu sua mãe. D. Carlos orou pedindo ajuda e meditou até concluir que ali poderia ter uma influência espiritual e por isso, passou a orar também por Rosária Maria, entendendo a suposta ligação entre a esposa e a antiga governanta.

As orações de D. Ramiro agora eram constantes, porque se via impossibilitado de fazer outra coisa por Leila. Em sua devoção, ele amanhecia e adormecia com o nome de Jesus nos lábios. Talvez por isso, não tenha se agastado contra Constância e soubera perdoá-la tão logo percebeu as influências espirituais. Eu me aproximei dele para sugerir que viajasse, fosse a Madri pessoalmente, ao invés de mandar a carta, mas ele, mesmo tendo perdoado, não poderia vê-la e por isso não pudera atender ao pedido da esposa ou o nosso de ir ao seu encontro. A melhor solução que encontrara para comunicar o acontecimento foi enviar mais uma vez uma carta resumida, explicando o que se sucedera.

A condessa de Guzman ficou muito abatida depois que enviara a carta a Leila, pois sentia que aquelas palavras escritas à filha foram precipitadas. Sim, tinha a intenção de cobrar dela a postura de mãe e esposa, mas não precisaria ter sido tão dura, causando sofrimento ao espírito sensível que era Leila, talvez provocando uma comoção muito maior do que o que ela esperava. Andou adoentada, com dores nas articulações, como vinha relatando ao marido, queixosa e enfraquecida, mas no fundo se sentia arrependida. Com esses pensamentos, aceitava a presença de Rosária Maria e suas vibrações de ódio e indignação. Miguel Garcia em busca desesperada por aquela que tinha sido sua mãe, acabou por se fixar no Castelo de Montalban, também ele atraído pelas vibrações de Constância. A presença de um obsessor numa casa ou recinto faz com que todos se sintam aborrecidos ou irrequietos, ainda mais os corações que já acolhem outras ligações espirituais menos felizes.

Quando recebeu o recado de D. Ramiro, algumas semanas depois, o impacto das resumidas palavras do marido repercutiu no abalado corpo físico da condessa. O remorso pelo que dissera a Leila, naquela triste carta, voltou ao pensamento de Constância, imediatamente, e ela, que já andava adoentada, não resistiu à dura realidade concluindo que provocara a morte da filha.

Em momento de tontura, em que sua vista se escurecia, levou a mão ao peito sentindo intensa dor e caiu desacordada, após receber a notícia de que a filha se suicidara. As palavras de D. Carlos resumiam a verdade, sem acusações ou cobranças, mesmo assim, ocasionaram a morte dela, porque esperava que o marido viesse vê-la, que quisesse pessoalmente comunicar-lhe a dor que sentia. A ausência dele, significava para ela, desinteresse ou censura, e este fato piorou sua situação, vindo a falecer na mesma hora em que recebera a notícia.

Rosária Maria que não perdia Constância de vista, estava vagando pelo castelo, quando sentiu o influxo vibratório que a requestava ao lado de sua senhora, era o brado da morte, quando o espírito se desliga parcialmente por falência do corpo. Os socorristas, somados aos abnegados amigos de nosso plano, demandaram para Madri, a fim de recebê-la. Lá chegando, nós nos deparamos com a vigilante Rosária e tivemos de conduzir as duas à reparação, imantadas que estavam uma à outra. Aproveitamos para atrair ao grupo também Miguel Garcia, que, preocupado com a própria mãe, aceitou ajuda.

Este atendimento não foi fácil de ser feito e demorou muito tempo até que as duas pudessem ser desligadas uma da outra. Para que o tratamento espiritual se efetivasse, a condessa teve de ser induzida ao sono, por vários meses. Rosária, que estava, havia muito tempo, vagando pela Terra, foi reconduzida às hostes de programa reencarnatório.

Tanto Rosária, quanto seu filho Miguel, foram respeitados por sua livre escolha de permanecerem vagando da primeira vez em que foram atendidos, mas fugiram dos conselhos dos amigos espirituais que os acolhiam. Como sempre, os chamamentos à responsabilidade se fazem urgentes e os dois tiveram de voltar aos mesmos postos de esclarecimento e evangelização daqueles que não conseguem decidir por si mesmos os novos rumos da vida.

Enquanto este planejamento se efetivava e os dois aguardavam a recuperação de Constância, que deveria reencarnar com eles, ficaram sob tutela, em posto de socorro no qual estagiava e pude cuidar deles e encaminhá-los às reuniões de esclarecimento na Terra, promovidas por D. Ramiro, que por sua vez, estava empenhado em elucidá-los e pedir perdão.

✳✳✳

OS MESES ESCOAVAM e D. Carlos nunca arrefecia em seu intento de orar pelos mortos de sua família, entre eles e, principalmente, por Leila. Ele fazia isso agora sozinho, uma vez que seu amigo D. Carlos de Canallejas não demorou a desencarnar também, abalado que estava com os acontecimentos. O velho visconde, meu amigo, cansado

LEILA – A FILHA DE CHARLES | 203

das lides terrenas, às quais consumiram suas forças nas lutas diárias em que se empenhava em nome da caridade e do bem do próximo, consagrou sua vida para cuidar de órfãos, como soubemos. Na falta do filho adotivo, tentara conquistar o coração de Leila, mas vendo que a filha de Ramiro, estava completamente perdida, pôde apenas orar por ela. Após o ato do suicídio, ele se preocupou demais com o problema e empreendeu seus derradeiros esforços doando sua propriedade em Lisboa, o Solar dos Canallejas, para edificar programa em favor de jovens deprimidos e tediosos, candidatos ao suicídio. A fundação deste programa consumiu suas forças e ele desencarnou ciente de que o amigo Ramiro o sucederia com eficiência. A fundação foi entregue a alguns administradores de confiança.

D. Carlos Ramiro tinha outros planos em mente e não queria mais ficar em Lisboa, porque a solidão de seus dias o impelia a viajar pela Europa, mesmo já estando idoso. Não aguentava permanecer no Palácio de Guzman nem na Quinta de Vilares, muito menos pretendia regressar a Madri, onde a condessa estava agora enterrada.

Uma vez em viagem, procurou outros médicos em estudos da ciência psicológica que surgia e frequentou a Sociedade Parisiense de Estudos espíritas outra vez[34], conseguindo com isso atrair e tratar Constância, Rosária Maria e Miguel Garcia, encaminhando-os para a reencarnação, conforme expliquei. D. Carlos estava ciente de seus erros do passado, quando expulsara[35] a governanta do Castelo de Montalban, tratando-os, a ela e seu filho, com atitudes nada cristãs. Os dois espíritos não estavam ainda em condições de perdoar, nem de entender o que fizeram, mas foram orientados e seguiram para a encarnação. Por outro lado, Constância, que compreendia ter prejudicado Leila, lembrou também do mal que fizera a Nina, comandando as ações de Miguel Garcia e Rosária contra a protegida

---

34 D. Ramiro de Montalban, no conto *Nina*, havia frequentado a sociedade espírita quando mais jovem.

35 Referência ao conto *Nina*, do livro *Sublimação* – FEB.

de D. Ramiro, na época seu noivo. As orações de todos nós por ela conseguiram acalmar seu coração aflito, até que se rendeu também ao chamamento da reencarnação.

Durante sua permanência em Paris, D. Carlos aproveitou a ocasião para procurar a orquestra em que Leila costumava tocar e ofereceu seu cartão ao conde de Saint-Patrice, pedindo uma entrevista particular. No cartão, estava o endereço de sua residência em Paris, data e hora de quando deveria comparecer.

Na hora combinada, Marcus de Villiers se apresentou à porta e foi convidado a entrar. Após os cumprimentos, iniciaram os dois cavalheiros amistosa conversação. Marcus estava apreensivo quanto ao conteúdo da entrevista, temeroso de que D. Carlos lhe pedisse satisfações em nome de Roberto, pois como não regressara a Portugal, não estava sabendo da morte de Leila.

As mãos do músico suavam e a gola da camisa passou a incomodar muito, devido ao estado tenso em que se via, mas D. Ramiro, após os tristes eventos envolvendo Miguel Garcia e Rosária Maria, sabia não valer a pena se agastar por tão pouco. Foi muito dura a lição que aprendera, pois fora afetado no seu maior tesouro – a própria filha Leila.

– Senhor conde de Saint-Patrice, venho em nome de minha filha Leila, como deveis supor. Quero participar-vos de que ela morreu em novembro último.

– Oh! Senhor conde de Guzman, que dizeis? Por acaso estava doente? Não o sabia – o jovem pianista, se mostrou sinceramente interessado, por isso se levantou da cadeira entre surpreso e aturdido. D. Ramiro reparou que ele era muito jovem, talvez tivesse os mesmos vinte e poucos anos de sua filha.

– Sim, estava doente do espírito, foi consumida pelas tristezas que se seguiram à morte do marido e da filha, contaminados pela tuberculose, às quais não conseguiu superar. Desesperada, jogou-se no Tejo...

As palavras de D. Carlos eram duras e fizeram Marcus parar

e empalidecer. Se houvera algum sentimento no coração dele em relação a Leila, ele o revelou naquele momento, mas por se tratar de uma mulher casada, conteve o pranto e disse apenas com a voz embargada:

– Meus sentimentos, senhor conde – ele fez uma pausa e voltou a se sentar, até que completou: – Escrevi algumas cartas solicitando que retornasse à orquestra, mas não me respondeu. Sei como deve ter sido difícil para ela, que era senhora casada, deixar a filha e o marido por nossa excursão, mas pensei que se divertia, pois tinha uma vida entediante.

D. Carlos se ressentiu com o tom displicente que Marcus impunha à condição de Leila, mas não queria se indispor, por isso acrescentou:

– Não estou aqui para discutir as razões que levaram minha filha a abandonar a família nesta aventura, também não vim para cobrar responsabilidades pelo que fizestes. Deixo-o para a vossa consciência, ressaltando apenas que Leila merecia respeito porque era uma dama, e mais, era esposa e mãe. Se a queríeis por pianista deveríeis ter conversado com o senhor de Canallejas.

D. Ramiro foi direto em suas palavras, mas estava longe de ser rude, apenas não conseguia se esquecer do que Leila havia revelado sobre as chantagens que sofrera daquele mesmo rapaz. Foi o aventureiro quem tomou a palavra, adivinhando o que Leila confessara ao pai.

– Perdoai se a emoção embarga minha voz, senhor doutor, mas amava vossa filha sinceramente. Vi-me arrebatado por este sentimento muito antes que ela se casasse, mas à época, pensei ser algo passageiro e fui desencorajado a tentar cancelar o casamento dela – ele enxugou de fato uma lágrima e D. Carlos interveio:

– Se a queríeis por esposa, deveríeis ter falado comigo muito antes...

O jovem desconversou:

– Quando a vi, no aniversário dela de vinte um anos, perdoai senhor se vos confesso, mas ela se tornara uma mulher lindíssima e eu, também jovem e querendo ajudá-la, ofereci a vaga na orquestra. Confesso que usei o talento que ela já possuía como incentivo à viagem que empreenderíamos, onde ela poderia se distrair do que eu pensava ser uma vida medíocre e muito me arrependo dos meus elogios e adulações que a fizeram se corresponder comigo. Depois, oh! Depois... vi-me irremediavelmente apaixonado, senhor, perdoai. Também já fostes jovem e sabeis que a emoção nos trai.

– Sim, senhor conde de Saint-Patrice estou ciente do sentimento que devotáveis à minha filha, ela mesma mo explicou em confidências, mas quando indaguei a ela se queria se casar com o senhor, depois que se tornara viúva, respondeu que não poderia porque não o amava.

D. Carlos parou de falar por alguns momentos estudando a fisionomia do pianista. O jovem ficou comovido e chorava arrependido de seus atos, ao ouvir que não era amado, depois assumiu novamente a postura séria de que estava imbuído. D. Ramiro esperou que ele se recompusesse, depois continuou:

– Não foi para isso que o procurei, poupai-me de vossas confissões agora que ela se foi e que está tudo perdido. Não quero julgar ninguém, compreendei.

Ao receber a notícia, o interlocutor ficou mudo de espanto, sempre pensou que Leila o amasse, que se livrava do marido como um fardo a quem tivera de se unir como imposição do pai. Naquele momento, regado pelo pranto do arrependimento, dava mostras a D. Ramiro de que nem sabia que não era correspondido em seu amor.

– Quereis dizer senhor, que ela ficou tomada pelo remorso em respeito ao marido quando voltou... – ainda quis se certificar o conde desesperado.

D. Ramiro se rendeu às explicações que se faziam necessárias e, por se lembrar da filha, coloriu, com um tom entristecido, suas palavras.

– Não, quero dizer que ela amava sinceramente Roberto de Ca-

LEILA – A FILHA DE CHARLES | 207

nallejas, seu marido e se consentiu em seguir o senhor, foi porque estava pressionada. Depois, não pôde voltar, porque era demasiado orgulhosa para pedir perdão.

Os dois ficaram em silêncio, amargamente envolvidos pelo drama de Leila. O jovem conde cismava sobre as próprias ações, triste e preocupado, enquanto D. Ramiro queria encerrar a entrevista, porque pressentira que aquela situação de Leila com ele, só poderia ser algum caso mal resolvido do passado, já que o jovem sinceramente amava sua filha.

– Não foi para revolver o passado que vos chamei até aqui. Sei que sois pianista, que viajais com uma orquestra que cobra por apresentações, não é mesmo? – recomeçou o pai de Leila, mais amistoso.

– Sim, é isto mesmo e se não me procurastes para revelar sobre o sentimento de vossa filha, então, em que posso ser útil, senhor conde de Guzman?

– Quero ajudar vossa orquestra, que era o sonho de minha filha. Em nome dela, se precisardes de alguma coisa, falai comigo.

– Sois boníssimo, senhor conde de Guzman. Vossa filha era tão talentosa, atraía público para nós. Agora sem o concerto que apresentava, estamos perdendo os admiradores... Falarei com o nosso maestro e idealizador Von Stainer, se quiserdes posso apresentá-lo ao senhor.

Assim ficou acertado, e D. Carlos passou a auxiliar a orquestra em nome de Leila. Mais tarde fundou também uma escola de música, em nome da filha. Marcus, talvez começando a tomar consciência do que fizera, passou a lecionar ali aulas de piano sem cobrar.

***

QUANDO D. RAMIRO, finalmente, regressou a Lisboa, já estava bem idoso, pois ficara fora por nove anos. A emoção de rever os locais onde constituíra e perdera sua amada família foi comovente para o seu espírito cansado das lides terrestres, mas ele estava longe de se entregar ao desânimo como fizera sua filha. Regressara ao Hospital de Beneficência, agora cedido a uma instituição pública e inscrevera-se como médico voluntário, tratando crianças e adolescentes em nome de Leila e Lelita. Fundara, em Lisboa, uma nova instituição de amparo a meninas e adolescentes buscando reeducá-las moralmente, porque entendia ser este agora o seu compromisso.

Todos os dias, porém, reunia-se com alguns doentes que aceitavam os conselhos dele e eram simpáticos às ideias cristãs, onde aproveitava para contar as passagens mais sublimes dos evangelhos, lembrando em sua solidão, das encarnações em que fora pastor e padre.

Certa vez, reunira grupo de antigos doentes, que obtiveram alta do hospital e continuaram a comungar com ele a crença nos espíritos, tivera a sala do Palácio de Guzman tomada por cerca de vinte pessoas, quando iniciou os esclarecimentos sobre *O Evangelho segundo o Espiritismo*. Depois das preleções e preces, que exortavam o perdão aos inimigos, o senhor conde foi indagado sobre a situação de sua filha suicida e esclareceu gentilmente:

– Sim, eu perdoo Leila por sua ação impensada, por seu âmago descrente, lamento apenas não ter exercido com mais energia a minha autoridade de pai, para levá-la numa viagem em busca de tratamento. Entendo que estivesse doente, dessas doenças do espírito, que hoje começam a ser desvendadas. Esta mazela psíquica de minha filha, uma mistura entre melancolia e desgosto, minava suas forças e dava abertura a obsessores de outras épocas, os quais tive oportunidade de atender e vê-los encaminhados durante as reuniões que frequentei na Sociedade Parisiense de Estudos Espíritas. Junto aos médicos daquela cidade, estudei as características e entendi que há muito mais para se preocupar a respeito das chamadas doenças psíquicas do que eu poderia supor. O estado melancólico propicia a obsessão e, consequentemente, pode levar ao suicídio. Leila tinha tudo que o dinheiro podia comprar, não bastasse isso, possuía ainda marido devotado e filha perfeita, mas foi o talento que enalteceu seu orgulho e ela faliu. Mulher que era, não poderia se aventurar pela carreira de artista. Outros tempos virão, onde homens e mulheres terão direitos iguais e responsabilidades divididas para com a família.

O conde se calou em seu longo desabafo e as pessoas que constituíam a assembleia se dispersaram, ficando apenas alguns mais chegados, que pediram a D. Carlos que tocasse algo ao piano. Ele não praticava desde que sua filha falecera, pois não achava forças íntimas para ouvir os acordes tão amados por Leila. Quem havia pedido para que ele tocasse era uma jovem que se restabelecia parcialmente da tuberculose e tinha poucos recursos. D. Ramiro se apiedou dela, lembrando a netinha morta.

Como se o tempo não tivesse passado, relembrou, naquele momento, Leila ao piano, tão altiva junto aos amigos, enfeitando os salões com sua beleza quase infantil. Levado pelas doces lembranças daquela que era a razão de sua existência, rememorou outras passagens de sua vida, quando ela, cheia de ternura filial, o chamara Charles, à moda francesa, sentada muito séria no escritório, tomando o evangelho de Jesus como lição. Assim inspirado, ele se sentou ao piano e tocou, mesmo sem ler as partituras, a música que mais o sensibilizava e também era a preferida de Leila – *Fantasie Impromptu*, opus 66, de Chopin, que ensinara à filha quando ela era apenas uma menina.

Os acordes ecoaram pelo palácio como outrora. A rapidez com que suas mãos percorriam as teclas foi, cada vez mais, dando segurança e a habilidade, instantaneamente, voltou-lhe. A música ia invadindo sua alma e, sem se importar com as pessoas que o assistiam, deixou que as lágrimas banhassem seu rosto e, enquanto tocava magnificamente os trechos em sequência da composição do maestro polonês, orava por Leila. Aquele tributo à filha morta soava como um apelo lamentoso, em alguns momentos a música seguia lenta, e na sequência havia uma alternância em altos e baixos, seguindo as notas suaves e rápidas para acordes mais majestosos e cheios de força. D. Carlos sentia a música comparando-a à reparação de que Leila necessitava. Ela precisaria de muita coragem, em encarnação futura de expiação, talvez precisasse que ele a lembrasse das dores que causou.

A execução da peça e o estado exaltado do pai de Leila elevaram os pensamentos dele em uma oração poderosíssima, sincera, cheia de emoção. Ele estava concentrado no que fazia, mas em pensamento rendia homenagens àquela que enchera sua vida de felicidade, enquanto estivera ao seu lado. Lembrava-se enternecido de seu amor imortal por Leila, um sentimento muito antigo, quando a tivera por irmã adorada no século XVII. Do nosso plano, víamos as benesses celestes caindo em resposta às suas súplicas por Leila. Flocos de luz pairavam sobre todos os que o ouviam tocar, sendo o pensamento uníssono também lembrando a pobre suicida.

Assim, orou D. Carlos:

– Mãe Santíssima intercedei junto a minha filha amada que padece há dez anos nas regiões trevosas, reservadas aos réprobos das leis soberanas de Deus. Oh! Divina senhora, tende piedade dos suicidas que se entregam a este ato de desespero. Concedei, mãe amantíssima, o vosso olhar bondoso e consenti que Leila desperte da escuridão em que sua consciência mergulhou. Nobilíssima mãe, enviai o alívio, o bálsamo para suas dores morais, libertando os grilhões que, por ela mesma, foram fechados, para que seja salva e transportada às regiões de paz reservadas aos vossos tutelados – D. Carlos pensava assim, banhado em lágrimas, enquanto também eu me emocionava com sua prece.

As vibrações da música, as orações de D. Carlos, as emoções que sentia por lembrá-la, mas, principalmente o amor que à filha devotava, fizeram com que aquele pedido fosse escutado nos Círculos Abobadados Celestes, onde estagiam os espíritos mais elevados e piedosos que zelam pelos encarnados. D. Ramiro usava seu prestígio de mártir, que morrera pelo evangelho do Cristo, naquele apelo.

Naquele momento, como se uma tela se abrisse na sala do palácio, vimos que Leila era resgatada das furnas umbralinas, onde sofria torturas, ainda no Vale dos Suicidas. Alçada por cordas, nesta especial operação em que despertava das alucinações a que estivera ligada. Ouvindo os acordes tocados por seu amado pai, ela dizia então, entre soluços de comoção:

– Ouço Chopin, é meu pai que veio buscar-me. Perdoai-me, em nome de Deus! Papai sei que é tarde, mas agora acredito nos espíritos. Salvai-me, não aguento mais.

Dizendo isso, desfaleceu nos braços amorosos nos quais fora depositada. Tratava-se de meu filho Roberto de Canallejas. Ele e outros amigos pediram permissão especial para auxiliar como voluntários, junto aos enfermeiros que patrulhavam o Vale Sinistro, em busca daqueles espíritos que estivessem em condições de despertar de seus erros. Roberto, que trabalhara na própria edificação íntima, estava refeito, tendo condições de amparar Leila naquele momento extremo.

No salão do Palácio de Guzman, D. Carlos encerrava a peça de Chopin banhado em lágrimas, pois diante de sua visão mediúnica também se descortinavam as mesmas cenas. Leila era salva, acreditava em Deus, pedia perdão, Roberto a recebia...

HOSPITAL MARIA DE NAZARÉ

"...E não é somente após a morte que o espírito recobra
a lembrança do passado. Pode dizer-se que jamais a perde,
pois que, como a experiência o demonstra, mesmo encarnado, adormecido o
corpo, ocasião em que goza de certa liberdade,
o espírito tem consciência de seus atos anteriores;
sabe porque sofre e que sofre com justiça."
(*O Evangelho segundo o Espiritismo*, cap. V – item 11)

MEU TRABALHO DE guardião junto às famílias de Guzman e Canallejas chegaria ao fim com a morte de Leila, porém continuei a dar assistência a D. Ramiro. Ele teria seu regresso previsto em pouco mais de doze anos decorridos após o suicídio de sua filha. Como era espírito adiantado moralmente e estava sempre vigilante, pouco precisava de meu apoio, por isso lá voltei apenas algumas vezes para acompanhar seu trabalho de oração. Não precisava mais manter os informes sobre meu filho Roberto, nem Leila, então retornei ao posto de socorro, junto à crosta terrestre para trabalho de auxílio aos sofredores. Pedi permissão, porém, para acompanhar a recuperação de minha amada filha do coração, em seu despertar e tratamento, após seu resgate.

Regressarei um pouco para relatar como fora a libertação das regiões trevosas. Preciso explicar que as furnas inferiores, local dominado por espíritos embrutecidos pelo ódio e situado em esconderijo subterrâneo dentro do Vale dos Suicidas, é lugar de dificílimo acesso, até mesmo para os Lanceiros da Legião dos Servos de Maria. Como Leila era reincidente no suicídio, situação que agravava o seu estado, a filha de Charles se vira raptada do Vale Sinistro para ser vítima de tormentos cruciantes, cujas técnicas eram aplicadas por seres especialistas em torturas psíquicas que dominavam as consciências culpadas dos espíritos em verdadeiras prisões, nada deixando a dever às câmaras de torturas comuns à época da Inquisição na Terra.

Enquanto D. Carlos tocava piano comovido, orando por ela, Leila sofria, amarrada ao pelourinho, onde seus algozes a torturavam. Seu resgate não se deu pacificamente, como aquele descrito por Camilo Botelho no livro *Memórias de um suicida*, e, sim, mediante confrontos. Os emissários da luz tiveram de requisitar auxiliares entre os encarnados, em trabalho noturno de assistência, e outros espíritos acostumados ao trato nas esferas mais densas, para constituírem um grupo de busca. Esses agentes do bem, treinados para esse mister, tiveram de invadir o território cercado e raptar a filha de Charles das furnas, regressando com ela, até que os Lanceiros de Maria pudessem protegê-la.

Nenhum dos espíritos, com quem tinha convivência, poderia acompanhar os Lanceiros de Maria nas excursões de resgate pelo Vale, pois esta prática requeria muito treinamento mental, muita vigilância e muita disciplina, e mesmo eles tinham os campos de ação limitados, respeitando o tempo de reequilíbrio mental de cada espírito. Devemos considerar, também, que ninguém poderia ser resgatado antes do tempo previsto, somente quando amadurecia, compreendia e pedia ajuda.

D. Carlos, que tinha estudado entre os mestres orientais, tinha alguma noção do sofrimento ao qual sua filha querida poderia estar passando, apesar de decorridos dez anos após sua morte, por isso ele não arrefecia na oração e pedidos por ela. Suas preces, sentidas, sinceras e constantes, criaram um canal contínuo de vibrações benéficas e reconfortantes, que atingiam aquela que era prisioneira das câmaras de tortura. Foi este túnel de acesso que modelou uma espécie de 'corda' fluídica capaz de alçar Leila de seus agressores. Ela desmaiou no momento em que se viu livre das algemas que a prendiam e passou dos braços dos amigos que a resgataram aos braços amorosos de Roberto de Canallejas, uma vez que era acolhida pelas preces de D. Carlos e pelos apelos dela mesma, agora ciente da realidade espiritual.

Só tive a notícia detalhada de seu resgate quando Leila já dormia, havia duas semanas, num leito do departamento feminino do Hospital Maria de Nazaré, finalmente repousando após dez anos de dores alucinantes e desesperos, reflexos de seu passado, de seu ato inconsequente, do remorso e da culpa que a consumia. Fui visitá-la, quando despertou, dias depois, mas não pude adentrar os aposentos em que se encontrava. Por aqueles dias, receberia tratamento rigoroso, que exigia sessões delicadas de recomposição magnética e estava, como era de se esperar, muito sensibilizada de toda a situação.

Cheguei aos jardins que cercavam o hospital com o coração renovado pela serenidade da paisagem, cercada por frondosas árvores e tomada por canteiros de rosas e açucenas. Roberto veio receber-me, pois sabia que viria. Estava bem agora, equilibrado e, podia se dizer que crescera em sua evolução. Trajava-se à maneira dos hindus, conforme víamos se destacarem os estudantes daquela crença, comumente circulando entre tarefas e outros afazeres nas alas do hospital. Roberto me esclareceu que assim se trajava em virtude do curso que fazia de filosofia oriental. Confabulei com ele, que agora dava mostras de ter recuperado completamente a lucidez. Fiquei feliz por vê-lo sorrir ao me cumprimentar, como não via desde que Leila fugira.

– Pai Arnold, esperava por ti, embora soubesse que Leila não poderá receber-te – ele tocou o meu ombro com suas mãos aristocráticas e guiou-me a um banco do magnífico jardim e, enquanto conversávamos, podíamos ouvir os inúmeros pássaros que alegravam o hospital. Recomecei a falar, sinceramente interessado no caso de Leila.

– És o médico dela? Como será o tratamento? Poderias esclarecer-me, visto que ainda me sinto responsável por ela?

Roberto se sentou junto a mim e, tomado pela boa vontade que lhe era característica, passada a emoção de rever-me, explicou:

– Não sou o responsável direto pelo tratamento, não poderia ser. Meu pai tem cuidado dela a pedido de D. Carlos desde quando fora a bailarina tísica, então continuou a tratá-la aqui, mas o que acontece nas câmaras magnéticas é uma tecnologia à qual desconhecíamos como médicos da Terra. Aqui somos apenas aprendizes desses métodos.

– Compreendo.

Os trabalhos de recuperação do perispírito de um suicida demandam muito tempo nas Câmaras Magnéticas que recompõe os delicados fios fluídicos rompidos pelo terrível ato. Não seria diferente no caso de Leila e ela se rendia ao tratamento com uma docilidade muito diferente de seu temperamento voluntarioso de quando encarnada, conforme nos assegurava o marido. Entendia-se comprometida e convalescente, devedora da lei de Deus.

– Ela hoje passa por uma reconstrução das delicadas fibras do coração, porque seu suicídio se deveu à infidelidade conjugal, embora me amasse sinceramente. Danificou, juntamente com os delicados alvéolos pulmonares invadidos pela água impetuosa, o coração, repleto de remorso, onde abrigava o merecimento da punição a que se impunha. Como sabes, Pai Arnold, o mesmo que acontece ao corpo físico neste ato violento, acontece com o corpo etéreo, que se ressente, maculando-se, irremediavelmente. As impressões do afogamento ainda acometem Leila e se manifestam à maneira de epilepsia. Por orações de D. Carlos, que nunca se esqueceu dela e edificou em seu nome uma associação de acolhimento à juventude feminina, foi resgatada com sucesso e, depois que despertou, está consciente do erro que praticou. Também pelas orações de nós todos, Leila aceita o tratamento, numa passividade pouco característica dela.

Ele fez uma pausa, pensando nas sérias implicações com que a esposa se comprometera, depois continuou elucidando, como se retirasse dos refolhos da alma, das próprias experiências, como suicida que também fora, as explicações.

– Os aparelhos magnéticos recompõem por meio das compensações fluídicas, reconstruindo lentamente o que foi danificado. Em Leila, os centros vitais[36] se tornaram muito elásticos, distorcidos, e não conseguem reter os intrincados ligamentos que harmonizam e equilibram os corpos perispirituais, por isso ela precisará de muitas sessões de recomposição, onde serão utilizadas as matérias etéreas colhidas da natureza terrena ou doadas pelas orações, à maneira dos passes magnéticos. Os centros de força cardíaco e frontal se encontram muito longe de se harmonizarem e talvez, quando ela reencarnar, leve consigo a marca da catalepsia, da mediunidade descontrolada e dos problemas cardíacos. O suicídio reincidente, por afogamento, na fuga dos compromissos amorosos assumidos, ruiu a imantação emocional que, em novo corpo, fará com que ela se torne extremamente sensível.

Fugindo da aridez do assunto ao qual não estava familiarizado por não ser médico como ele era, nem nunca ter trabalhado nos programas reencarnatórios, não fosse o meu próprio, perguntei pelo que mais tinha interesse em descobrir. O reencontro dos dois depois de tanto tempo.

– E, como foi, caro filho, que Leila o recebeu quando despertou aqui no Hospital da divina senhora? Acaso pediu perdão? Retomou contigo os compromissos da Terra, os quais traiu, para próxima encarnação?

Duas lágrimas rolaram de seus olhos de indizível azul, quando se lembrou daquele particular, para relatar. Depois de breves minutos, prosseguiu:

– Trouxe-a nos braços quando chegou das regiões inferiores, mas estava desacordada e assim permaneceu por mais de uma semana. Depois que despertou, não me recebeu ainda, pai Arnold. Outros espíritos amigos que com ela estiveram, como Louise e Olivier de Guzman, trouxeram um recado para que eu não a procurasse, pois se sente tão envergonhada que não tem coragem de enfrentar-me

---

36 Fulcros de harmonização energética localizados no perispírito.

ainda. Entra em crises, grita e se desespera se alguém diz que tenciono vê-la. Meu pai, Carlos de Canallejas, tenta apaziguar, sugere que me receba e peça perdão, mas ela, como se a loucura a tivesse tomado outra vez, nada responde, apenas chora. Aguardo oportunidade em que se refaça melhor para poder receber-me. Há muito queria dizer a ela que a perdoei!

– Não faltará oportunidade, meu filho. Tenho certeza de que o tratamento a recuperará, ainda que demande tempo e ela virá procurar-te, quanto estiver mais segura, pois sinceramente te ama. Eu lia nas lembranças dela as cenas românticas que desfrutaram e às quais, quando se viu arrependida, sempre recorria. Tenho certeza de que o amor que te devota é grande e sincero – relatei a ele, então, o estado de Leila, saudosa da felicidade que desfrutara quando ainda casada com ele.

Prestando atenção ao que dizia percebi como é complexo o drama no interior do coração de Leila. Precisava realmente muito ainda aprender sobre a alma humana, que dizer, então, da alma feminina? Tão sensível e instável, tão delicada, porém capaz das mais atrozes traições. Se meu filho do coração não seria recebido pela esposa, muito menos eu o seria tão cedo. Conformei-me com a visita ao grandioso hospital e, com certeza me alegrei ao ver e falar livremente com meu filho Roberto.

– Conta-me o que andas fazendo por aqui. Estás estudando filosofia oriental? – perguntei, interessado em seguir também o aprendizado a que ele se dispunha.

– Atendo aos necessitados e continuo meus estudos no departamento de filosofia hindu, agora atraído pelas ciências da alma humana e de como os afetos repercutem nas fibras espirituais de nossos corpos. Interesso-me pelo apego e a insensibilidade, a compaixão e a transmutação pela fé. Preciso estar preparado para entender e tratar as mazelas psíquicas de Leila, quando ela aceitar conversar comigo – ele disse, concentrado na teoria do que estudara, mas profundamente tocado pelo bem que queria àquela que era seu amor imortal.

– Não te detiveste, ainda, meu filho, na vergonha de ti a que ela se apega? Talvez em nome deste sentimento não te receba – indaguei interessado no assunto, que de fato era novidade para mim.

– A vergonha é fruto do orgulho exacerbado e o orgulhoso, na verdade tem medo de se expor, e, quando se vê em erro, tendo de ceder e pedir perdão, fica constrangido, envergonhado, paralisado. É inevitável que Leila receba alguma lição de humildade como prova para sua nova existência física. Na certa, será recebida em família muito pobre onde não terá oportunidade de instruir-se, nem a beleza lhe será atributo, para não despertar a vaidade. Continuemos orando, pai Arnold. Não perco a esperança de que me receba muito antes desses programas reencarnatórios terem início, mas, provavelmente, também não poderá renascer junto a nenhum de nós. Quanto aos seus algozes, tens alguma notícia? Tenho orado por eles, principalmente, por minha sogra, a condessa Constância.

Voltara-me à memória os trabalhos de conscientização iniciados na Terra, nas reuniões experimentais que D. Carlos promovia ou participava e onde aqueles espíritos receberam as primeiras lições de amor e as relatei a Roberto. Depois, comuniquei a ele que, aqueles três espíritos – tanto Miguel Garcia, quanto Rosária e Constância – não se comoveram com o tratamento, então, os responsáveis pela reabilitação de tais delitos tinham deliberado que reencarnassem o mais breve possível e foram inseridos nas fileiras de regresso à Terra. Miguel Garcia, em pior estado, receberia as mais duras reparações. Rosária Maria e Constância estariam na mesma família, respeitando o afeto que nutriam sinceramente.

Pode-se dizer que Constância não entendia o que se passava com ela porque enlouquecera de remorsos. Quanto mais era chamada à consciência de seus atos, mais a responsabilidade de suas palavras pesavam e o fardo demasiado a confundia. D. Carlos lhe falou, certa vez em reunião mediúnica, tentando conceder-lhe o perdão pela carta que escrevera a Leila, mas suas palavras foram inúteis. A condessa de Guzman, depois que desencarnara, também fixara seu pensamento no tempo de solteira, como Rosária e Miguel, acreditando estar em vigília ao Castelo de Montalban, preocupada com a jovem Nina.

***

QUANDO FOI PARTICIPADA pela veneranda Louise de Guzman de meu apoio como espírito familiar a sua casa terrena, no seu breve estágio como filha de D. Carlos, Leila se comoveu, como vinha acontecendo com ela ultimamente e aceitou me receber. Após ter completado um ano de seu tratamento nas Câmaras Magnéticas, fui chamado, então, por ela, para acompanhar seu progresso como espírito e seu programa reencarnatório.

Certa tarde de esplendoroso azul, adentrei novamente o jardim ladeado por árvores frondosas, açucenas e rosas e segui os caminhos de pedra que levavam à entrada principal da ala reservada aos convalescentes do sexo feminino. Marie de Numiers vinha comigo, pois que intermediava meu entendimento com Leila. Roberto não nos veio receber, porque se sentia por demais preterido por aquela que lhe devia explicações. Quando constatou que Leila não o receberia, porque não conseguia vê-lo sem se desequilibrar, viajou à Terra, indo amparar D. Carlos na preparação do regresso às orbes celestes, daquele trabalhador do bem em nome Jesus.

Assim que entramos, chamou-me a atenção uma imagem excelsa e sublime, qual escultura de luz refletindo a porcelana da tez alvíssima da mãe santíssima, como se do alto ela nos abençoasse, muito semelhante à famosa pintura de Bartolomé Esteban Murillo. Era o original e na Terra víamos uma cópia da verdadeira expressão da arte.

Como aguardava a veneranda Louise de Guzman, que iria me conduzir pelas intrincadas alas do hospital, aproveitei que adentrava uma das casas de Maria de Nazaré, para orar por ela, agradecendo por estar ali. Eu me coloquei à disposição para ajudar. Minha companheira Marie elevou o pensamento e segui sua oração.

– Mãe de bondade e de misericórdia, agora que adentramos os pórticos desta enorme instituição de assistência, agradecemos as bênçãos aos desvalidos, aos loucos e desesperados que cometem o terrível ato do suicídio. Somente o vosso coração puríssimo, senhora, e o vosso olhar caridoso poderia vasculhar as furnas inferiores, em nome da bandeira de vossa legião de servos, na busca caridosa por aqueles que mais necessitam da piedade divina. Em vosso nome, tantos trabalhadores acolhem, na sagrada ocasião de servir a Deus, os doentes do espírito sob vossa tutela. Ensinai-nos, divina mãe, a exercermos a vontade de Deus nosso Pai, que não é outra senão que nos amemos uns aos outros.

Marie estava em lágrimas quando terminou de orar. Eu também me emocionei diante das benesses derramadas sobre nós, vindas das magnânimas virtudes como as encontradas ali. Quando nos recompusemos da emoção, encontramos Louise de Guzman que veio nos receber, saída de um dos aposentos internos.

– Caros Arnold e Marie, fico feliz em saber que viestes atender ao chamado de vossa filha do coração. Leila está em clara recuperação. Os tratamentos, a que se submete, revertem lentamente seu quadro, e, embora ressinta ainda os graves impactos de suas escolhas, está resignada e é alvo de nossa consideração por isso. Irão encontrá-la no departamento de convalescência feminina, mas, por favor, não toquem no nome de Roberto, pois é seu ponto de maior sensibilidade.

O cuidado com que a senhora de Guzman nos dirigia a palavra evidenciava seu estado de preocupação com a convalescente. Não era novidade para nós que Roberto ainda não fora recebido por sua amada esposa e pelo que entendíamos nem seria, antes que ela se reparasse, em sua consciência, com o passado. Marie respondeu por nós dois.

– Estamos sabendo, caríssima irmã, que nosso filho do coração não pode ser rememorado, pois agrava o estado da doente. Ela se recorda com muito pesar do tanto que o magoou, embora ele tenha lhe dado o perdão há muito tempo.

– Como sabem, Roberto está em viagem à Terra para acompanhar D. Carlos em seus últimos anos e só estamos esperando que este programa se cumpra para dar seguimento à reencarnação de Leila, pois que ele, D. Carlos, pelo muito que a ama também e pelo que tem orado, merece ajudar a decidir sobre seu futuro. Cremos que ele, que retorna sem outros débitos, terá rápida recuperação no regresso ao nosso plano. Vou acompanhá-los na visita, pois Leila tem-se emocionado muito, está muito sensível. Devem estar sabendo também sobre o tratamento. Leila teve as tênues fibras dos centros do sentimento reconstituídas há pouco tempo, mas ainda se ressente.

Caminhamos, eu e Marie, por corredores e adentramos outros pórticos em companhia do venerando espírito que nos conduzia e outros médicos de Leila. Na ala feminina, nós nos deparamos com outra pintura da mãe santíssima, retratada com um livro nas mãos mostrando-o ao menino Jesus. Mais uma vez vi que o quadro parecia saltar aos olhos e se transformar numa estátua viva. A imagem lembrava o quadro terreno que era obra de Raffaello Sanzio, o pintor renascentista italiano do séc. XIV, uma das encarnações de Frédéric Chopin.

Leila estava deitada com a mesma displicência com que se jogava ao canapé, durante as tardes em que lia nos salões do Palácio de Guzman. Cumprimentou-nos sem sorrir e levantou as costas para aprumar a postura, puxando os lençóis que cobriam suas pernas. Era visivelmente, até mesmo a meus olhos pouco treinados para ler os intrincados matizes do caráter humano, um espírito condoído e triste, que se resignara ao tratamento sem outra alternativa. Não ousei falar-lhe além dos cumprimentos e deixei que Louise de Guzman iniciasse a conversa. Marie, no entanto, tomada pela emoção de revê-la, relembrava a menina de dez anos que tinha sido deixada sob sua tutela, quando se chamou Berthe de Sourmeville.

– Querida filha do coração. Como estás? Sei que és obediente ao tratamento rigoroso que recebes e só agora nos foi permitido vir ver-te, por isso aqui estamos, como teus pais adotivos, oferecendo o nosso amor.

Os lindos olhos azuis daquela criança, que fora nossa filha adotiva e depois nora, quando cuidávamos da Quinta de Numiers, marejaram e duas gotas do líquido translúcido escorreram pelas faces, agora pálidas e constrangidas, dela.

– Não queremos agastar tuas emoções, querida Berthe – eu disse, por fim.

Ela respondeu-nos, lembrando imediatamente de nosso filho Henri.

– A vossa bênção, pai Arnold e mãe Marie, agora que fizésseis a caridade de vir ver-me, desculpo-me por não ter podido receber-vos antes, como ainda não posso receber Roberto. Por favor, entendei.

As lágrimas continuaram a cair de seus olhos, embora não esboçasse nenhum soluço. Marie tomou-lhe as mãos, cheia de piedade, e as osculou com o carinho materno que lhe era característico, depois afirmou espontânea:

– D. Carlos regressará em breve, precisas melhorar para recebê-lo. Ele virá e seu espírito mais uma vez triunfa na matéria, chegará resplandecente de luz. Então, anima-te, querida, bem sabes que ele te ama! Ele, que tanto tem orado pela tua recuperação, precisa encontrar-te em bom estado.

Ao nome pronunciado de seu pai, Charles de Guzman, a jovem sofredora ergueu os olhos, com indizível expressão de ternura e alento. As lágrimas cessaram por completo e ela, então, esboçou o que se poderia traduzir pelo primeiro ensaio de um sorriso, depois de muitos anos de sofrimento, mas mesmo o sorriso era triste. Os olhos dela brilharam, como se refletissem sua lembrança do passado, quando tivera amor e felicidade no aconchego do lar paterno. Tivera educação primorosa, orientação religiosa em nome do Cristo, desfrutara a bênção da família, da beleza e da riqueza... tudo isso foi levado junto com seu corpo físico pela correnteza do rio: o nome que D. Carlos lhe dera, a jovem beleza desabrochando para a maturidade e a riqueza que garantiria seu futuro, mesmo que ela se tornasse tão beneficente como o pai.

O turbilhão das águas entrando por suas narinas a sufocou novamente e ela tossiu para espantar as terríveis lembranças. Depois de breve socorro prestado pelo irmão Teócrito, que estava na ala feminina naquela manhã, ela retomou a palavra, com certa dificuldade na voz.

– Sim, agora entendo, pai Arnold, as lições que Charles me passava. Mandou que eu lesse no evangelho, o texto intitulado *A verdadeira desgraça* do espírito Delphine de Girardin e eu o li, como quem lê por obrigação, desatenta e descrente de que houvesse tamanha prevenção contra a riqueza que mantinha o luxo e o conforto. Pouco entendi da grandiosidade da lição, no auge do orgulho de meus talentos, no máximo do egoísmo de minha felicidade. Tinha tudo e perdi. Fui talentosa e rebelde, fiquei entediada com as vantagens de ser rica e pensava erroneamente "de que me adianta ser linda e rica, se estou presa em meu próprio lar?"

– Acompanhei de perto teus passos, querida filha do coração, como espírito familiar, reparando meu antigo erro. Pedi perdão por ter falhado, não achando acesso na tua mente para os conselhos que te demoveriam da ideia sinistra – eu entendia perfeitamente o que ela descrevia porque tinha presenciado o desenrolar daquela trama, mas mesmo assim, sabendo que pouco poderia ter mudado a influência negativa a que ela estava apegada, insisti em pedir perdão, ciente de que poderia ter feito mais e melhor.

Leila limpou os olhos com lencinho bordado. Segurando minhas mãos entre as dela, falou comovida:

– Eu é que peço perdão a todos vós que depositastes em mim as esperanças de harmonia da nossa grande família espiritual, agora, novamente me atraso e tenho de voltar à Terra para mais uma vida de resgates... – as palavras lhe faltaram e ela, novamente pareceu tossir e engasgar, depois, a veneranda Louise deu por encerrada a visita, intercedendo boníssima.

– Não penses assim, minha querida, teu destino não está selado para o mal. Deus quer que nos recuperemos de nossos erros, não quer punir ninguém. O trabalho em nome da caridade existe em todas as searas e serias útil em qualquer delas. O nome de teu pai Charles deve ser lembrado e ele retorna em breves meses, também teu outro pai espiritual retornará, vindo de encarnação no Brasil, onde semeia amor e luz por onde passa. Após os passos dele, neste vasto campo de lutas, poderias operar em nome do Cristo e da caridade seguindo a trilha que ele deixou. Trata-se de Carlos Filipe I, que hoje trabalha em nome de Jesus, pelo espiritismo.

A jovem se lembrava, num esforço de memória, do benemérito espírito que a protegia havia muitos séculos. Depois que se recordou dele, teve a curiosidade de perguntar sob qual personalidade ele estaria encarnado, ao que foi prontamente respondida.

– Trata-se do médico dos pobres, o incansável doutor Bezerra de Menezes, que atende no Rio de Janeiro a todos que o procuram, sem cobrar. É espiritista atuante e levou ao Brasil o exemplo de sua conduta.

– Quem sabe não poderia seguir para este país, onde não tenho nem mágoas nem memórias de desvarios. Só queria pedir para renascer longe do furor das águas.

A entrevista foi encerrada e passei a orar por aquele nome – Bezerra de Menezes, espírito que me era também conhecido de outras lides reencarnatórias.

Os programas de reeducação moral e de lembranças das lições evangélicas passadas a Leila por D. Carlos, seguiram-se à entrevista e acompanhei a sequência do seu despertar espiritual, que era feito por professores especialíssimos como: Epaminondas de Vigo, Aníbal de Silas e Souria-Omar.

Ela se tornou aluna interessada e dedicada aos estudos e, quanto a mim, pude assistir às lições primorosas do evangelho, ciente de que ali se passavam cenas do passado inesquecível para aqueles espíritos que conviveram com o mestre. A cada menção à vida do

Cristo, Leila experimentava nova onda de emoção quando buscava nos recônditos de sua alma a voz cansada de seu querido Charles, explicando:

– "É amor como este que sentes por mim, que nosso mestre Jesus tem por toda a Humanidade..."

– "Jesus compreende que estas atitudes e posturas que tomamos, às vezes, são frutos da ignorância das leis de Deus muito justas..."

Mais uma vez, as lágrimas banharam seu rosto perfeito, lavando seu espírito, porque agora, compreendia o valor dos ensinos de seu pai. Se algo das lições tinha se fixado na sua memória era porque ela não tinha desperdiçado de todo o tempo. A aluna desatenta que fora, agora compensava relembrando o carinho com que as lições que lhe foram passadas, as mesmas que revia agora nos lábios dos instrutores.

A vida de Jesus e as lições do evangelho surgiam diante de sua visão dilatada de espírito e Leila as compreendia, enquanto a voz de D. Carlos ecoava em sua mente, como um conselho brando e amigo, fazendo eco em suas emoções: -"...se estivesses entre os caídos e doentes que amparo em meu hospital, eu cuidaria de ti."

PROGRAMA REENCARNATÓRIO

"Preza aos céus que, doravante, tu te voltes definitivamente para Deus (...) para que, finalmente, consigas a paz do coração. (...) Segue, pois, tua jornada de reparações, visto que, se erraste ontem, é justo que hoje te reabilites através da dor e do trabalho.
Não sofrerás sozinha: teu pai de ontem, teu pai de sempre guiará teus passos, suavizando o quanto possível os espinhos que te ferirem o coração."
***(Recordações da mediunidade* – FEB, p. 92)**

"Como de há muito deveis ter percebido, não sois condenados irremissíveis aos quais a lei Universal aplicaria medidas extremas (...). Ao contrário, estamos a participar-vos que tendes o direito
de muito esperar da bondade paternal do Onipotente Criador, porquanto, a mesma lei, por Ele estabelecida, que infringiste com ato desrespeitoso da revolta contraproducente, a todos vós facultará a possibilidade de recomeçar a experiência interrompida pelo suicídio, fornecendo-vos, honrosamente, ensejo de reabilitação certa."
***(Memórias de um suicida* – FEB, p. 513)**

APRENDI COM OS renomados mestres de Leila que todo crime contra as leis de Deus merece reparação e, quando se trata do aniquilamento do próprio corpo físico em nome da solução ou fuga dos problemas da vida, este momento de fraqueza, por parte do espírito, precisa ser revertido em coragem, na medida em que enfrenta o arrependimento. O próprio suicida compreende que malbaratou a chance de enfrentar e vencer os problemas, quando destruiu ou maculou o próprio perispírito. Não há punição, não há cobrança, não há castigo, apenas as consequências da soberana lei de Deus. Se danificou, incontinenti, o corpo físico e impregnou o corpo sutil de remorsos, terá de conviver com ele danificado até que se emende.

Apesar de sabermos da responsabilidade de nossos atos e do esforço por seguir reparando nossos erros, descobrimos que o orbe planetário não demoraria por aqueles anos a entrar numa outra forma de pensar e de entender a vida terrena. A proposta tinha como intenção transformar as criaturas conscientes em artífices de seus próprios renovados caminhos, não mais resgatando erros com dor e sofrimento, mas promovendo o bem em nome do mesmo Cristo, que do alto de sua misericórdia estende sempre a mão a cada um de nós. É o trabalho e o amor ao próximo colocados em ação para mover as molas propulsoras do progresso moral. Deus se serve dos homens para ajudar os homens e se nos disponibilizamos em nome d´Ele, tudo que fizermos estará a favor da regeneração.

Aproximava-se o ano 1900, e a esperada transição planetária começava a ser planejada nas esferas mais luminosas e elevadas e dava mostras de se iniciar, semeando no coração de cada ser humano que renasceria na Terra, a oportunidade de construir um mundo regenerado. Leila estava inscrita na lista dos primeiros voluntários, embora soubesse de sua condição, muito queria ajudar e contribuir com os pilares da transição, agora que tinha urgência de reparação para alcançar seus amores dos quais se distanciara pelo suicídio. Seu coração se tornara dócil pelo muito que errou, enquanto as lembranças da tortura de que fora vítima nas regiões trevosas, às quais suportou com paciência e coragem, deram-lhe incrível boa vontade para com o programa traçado pelos orientadores maiores. Nunca mais suas ações estariam em desacordo com a evolução planetária, nunca mais queria estacionar na trilha evolutiva ou viver separada de seu amado Charles.

A notícia que tanto se aguardava na ala feminina do Hospital Maria de Nazaré era o retorno de D. Carlos da crosta terrestre, pois sabia-se que ele não se demoraria na inconsciência de si mesmo. Conforme previsto por seus superiores, foi abrigado por alguns dias de restabelecimento no Posto de Socorro onde eu ainda estava em estágio de auxílio. Este tempo não se fazia necessário para ele e aconteceu mais por insistência de seus amigos, do que por própria necessidade. Roberto e Carlos de Canallejas estavam com ele e vieram assisti-lo, aplicando-lhe passes regenerativos e induzindo-o ao sono reparador, mas, rapidamente, ele se livrou das impressões da matéria densa, há tanto tempo já reconhecida por ele como veículo e expressão do espírito apenas. Assim que pôde conversar, eu me aproximei:

– Caro amigo, que bom que retornaste lúcido do plano mais efêmero da vida. Leila aguarda tua lucidez para preparar o regresso à Terra. Como espírito amigo e interessado no futuro dela, acompanhar-te-ei durante a reunião que estabelecerá o plano de ação de Leila, se não te importas – disse querendo reanimá-lo para o futuro onde o aguardava sua filha amada.

– Agradeço o amparo e a vigilância em minha casa, caro Arnold, soube que cuidaste de Leila nos momentos mais difíceis, respeitando, porém, as escolhas dela com imparcialidade, mesmo quando ela deixou a família.

D. Ramiro respondeu enquanto me emocionava pelo reconhecimento de ter cumprido com fidelidade aquela difícil tarefa. Agradeci a oportunidade ao que ele respondeu limitando-se ao meneio de cabeça já característico de sua postura séria e agora serena. Muito trabalho me aguardava e como colaborador, não podia deixar de pedir permissão para o desfecho da nova oportunidade de Leila, curioso que estava pelo seu regresso terreno e pelo muito que pedia pelo seu sucesso.

Roberto continuava inconformado, sentindo-se duplamente traído, quando encarnado e depois, porque Leila ainda se recusava a recebê-lo. Fizera planos e estudos para cuidar dela em sua convalescência, tratá-la com o carinho que cabia a um espírito amado. Fizera esforço mental por esquecer as mágoas que ela lhe causara e perdoar, mas ela, desequilibrada face ao passado de felicidade que destruíra, sentia a mesma mistura de amor e ódio, desejo de rever seu marido e vergonha por tê-lo traído. Sentimentos tão controversos, que seu delicado momento não permitia que se sobrepusesse em seu coração.

D. Carlos logo percebeu o estado íntimo de seu genro e prometeu interceder por ele, assim como todos nós tínhamos tentado. Quem sabe ao pai, a quem também traíra e menosprezara com aquele ato de loucura, ela não seria capaz de acatar?

Chegou ao posto de socorro, em visita, o irmão Felício, que não poderia deixar de cumprimentar seu benfeitor, em sua última encarnação e o encontro dos dois amigos, destituídos agora de títulos e diferenças sociais foi interessante de ser descrito, porque ambos se encontravam em situação confortável junto às leis divinas, tendo conquistado méritos naquela vida que partilharam, um como servo e outro como senhor.

– Senhor conde de Guzman, que felicidade em rever-vos – disse Felício com sua simplicidade, dando mostras de ter muito respeito pelo antigo senhor e esquecido de que agora os títulos terrenos não tinham nenhuma importância.

– Caro Felício, soube que estivesses entre os protetores de nossa casa, agradeço em nome de Leila e Roberto, no momento em que mais precisavam, estavas presente.

Os dois se abraçaram emocionados e vimos que se entendiam muito bem, visto que se conheciam desde os tempos em que o conde fora o padre Antoine Thomas[37], que restabelecera Felício, dando-lhe nova oportunidade ao abrigá-lo na doença.

Passados mais alguns dias, enquanto Carlos de Guzman era liberado para seguir ao Hospital Maria de Nazaré em busca da filha amada, percebi a movimentação de espíritos beneficiados por aquele que tinha sido médico e filósofo, filantropo e espírita. Amigos espirituais iam e vinham das enfermarias onde se hospedava o nobre doutor, alguns em agradecimento, outros em oração, mas todos querendo retribuir de alguma maneira o atendimento humanitário que receberam, quando passaram por enfermidades na Terra.

---

37 Personagem da obra *O cavaleiro de Numiers* – FEB.

LEILA – A FILHA DE CHARLES | 231

Depois que os superiores permitiram, partimos em um comboio rumo ao hospital da mãe santíssima. Havia uma reunião marcada com o médico responsável pelo regresso de Leila, irmão Teócrito e com o irmão Clemente, que deliberaria sobre o novo corpo físico que a filha de Charles tomaria. Mesmo com pouco estudo sobre o assunto, pedi para seguir D. Carlos e o grupo de espíritos para aprendizado sobre o programa reencarnatório. Estavam comigo então, Carlos, Louise e Olivier de Guzman, Roberto e Carlos de Canallejas e minha esposa, Marie de Numiers.

Chegamos juntos e novamente as lindas paisagens da entrada do hospital atraíram meu olhar de admiração, pois estava fazendo novo dia ensolarado e belo, embora suave brisa balançasse a folha das árvores.

Adentramos a grande sala de reuniões momentos depois. Teócrito, como diretor do hospital, assim deliberou que agíssemos e que Leila se avistasse com seu pai e seu marido apenas depois que ficasse decidido o que seria sua próxima encarnação. Como profundo conhecedor da alma humana, ele entendia que a vergonha que a afastava do marido seria a mesma que a manteria longe do próprio pai. Tendo ela um plano de reparação traçado, poderia, então, receber os dois, sem maiores constrangimentos.

Ela entrou cabisbaixa e triste, evitando olhar para todos e, somente ao pai e ao marido cumprimentou, dizendo os nomes deles e, depois, dirigiu-se a todos, em geral, num breve aceno de cabeça. A reunião teve início após uma prece, com a leitura dos apontamentos gerais sobre o caso Leila de Guzman, feita por um assistente.

Leila de Vilares Montalban Guzman e Canallejas (condessa)

Nascimento: 15/10/1864

Suicídio: 22/11/1887

Meio: afogou-se no rio Tejo

Tempo desperdiçado: regresso previsto para 5/5/1929 (restando-lhe ainda 42 anos).

Condições: Danificou no corpo físico, os pulmões; no perispírito, o centro cardíaco.

Motivos: orgulho (beleza, riqueza, talento, cultura, educação primorosa, falta de fé); egoísmo (não pensou no pai, marido ou filha); paixões (aventuras amorosas, fama e aplausos).

Atenuantes: estava em depressão e era vítima de obsessor (Miguel Garcia) e foi vítima também da sedução de Marcus de Villiers. Recebeu carta impiedosa da própria mãe, Constância de Vilares Montalban e Guzman, cobrando-lhe as ações no dia do sinistro, embora Constância sofresse também obsessão do espírito Rosária Maria. Leu *Amor de perdição* e *Ana Karenina*.

Agravantes: Suas ações anteriores levaram à morte o marido e filha. É reincidente no suicídio (ver arquivos de Andrea de Guzman). Despertava paixões levianas que levou outros ao suicídio (ver arquivos de Berthe de Sourmeville).

Amparo e proteção: D. Carlos de Guzman mantinha evangelho diário. A família contava com os protetores Olivier e Louise de Guzman e com os familiares Arnold e Marie de Numiers.

Plano de ação: deverá reencarnar em família pobre e humilde, onde não tenha oportunidade de exacerbar seu orgulho pelas razões descritas em sua queda anterior. Com os danos no perispírito, sofrerá problemas circulatórios e desencarnará pelos mesmos motivos aos 42 anos. Terá mediunidade ostensiva como consequência da flexibilidade excessiva na associação entre o espírito e a matéria, que atraiu para si mesma com a reincidência na morte suicida.

Terminada a leitura, Leila nada contestou apresentando resignação e humildade diante do relato de seus superiores. As lágrimas escorriam de seus olhos, de reflexos acinzentados, como prova de seu arrependimento. Ela os enxugava, repetidas vezes, com um lencinho. D. Carlos, porém, pediu a palavra e argumentou em favor da filha, mais uma vez, dando mostras de sua lucidez e caráter bom e amoroso.

– Irmão Teócrito, peço permissão para incluir-me no programa de Leila, pois, como sabem devia-lhe educação rígida e se ela falhou, também falhei como pai e instrutor de seu espírito para o bem e para Jesus. Não consegui inspirar-lhe a fé, embora venha tentando há algumas encarnações. Pensei que nesta, vindo como seu pai, poderia melhor orientá-la, mas ainda não foi desta vez que ela acatou meus conselhos.

Leila baixou os olhos naquele momento, deixando escapar um soluço de dor, tomada pelo remorso do que fizera ao próprio pai e pela consciência da oportunidade perdida.

– Irmão Carlos, para que ela não se perca nas paixões às quais tem mostrado propensão, não poderá reencarnar junto a nenhum de seus afetos, também porque desrespeitou a família, não poderá se casar. Não poderá contar com vosso apoio encarnado, nem de Roberto, ou ainda, Alexis de Guzman, Franz Schmidt, Marcus de Villiers, Jaques Blondet poderão constar como família ou nascer nos meios em que conviverá.

D. Ramiro estava sereno, queria ajudar e conseguiria incluir-se então como protetor, orientando-a a cada passo para que não esquecesse a dor que lhe causara e não reincidisse.

– Não reencarnarei, caro mentor, velarei por ela como um protetor, mas como terá mediunidade, quero a permissão de ser visto constantemente, de ditar-lhe mensagens, de vigiar seus passos, pois, sensível como está, se não tiver o nosso concurso perante as agruras que a esperam, poderá novamente sucumbir. Disponho-me desta vez à rigidez que se fizer necessária a par do amor evangélico e sublimado que devoto a ela.

Os nobres instrutores se reuniram brevemente e deliberaram a favor do amparo de D. Carlos como espírito protetor da médium reencarnante. Teócrito resumiu o que ficou decidido:

– D. Carlos, podereis encaminhá-la como guardião e protetor, responsabilizando-vos pela orientação para a fé espírita, que garantirá que Leila não se torne psiquicamente instável. Se ela, desta vez, seguir vossas orientações e concordar com a disciplina, poderá recuperar o erro e fazer muito mais. Cogitamos ainda em assembleia se seria melhor esperar o retorno de Carlos Filipe I, também protetor do grupo, agora reencarnado no Brasil, distribuindo bênçãos e servindo em nome do Cristo, no espiritismo florescente naquele país, para onde Leila também irá. O que pensais sobre isso, nobre Carlos, já que Leila pediu urgência em seu retorno.

D. Ramiro estava mais entusiasmado do que a própria filha e respondeu:

– Leila poderá seguir os passos do já famoso no Brasil – doutor Bezerra de Menezes e não deixarei que ela se esqueça do mal que praticou a si mesma. Carlos Filipe I dará apoio aos nossos planos, assim que puder, tenho certeza.

Após os acertos finais naquela proposta que era puro amor paternal, os novos rumos de Leila foram encaminhados ao irmão Clemente, para que se operacionalizasse a organização e preparação do modelo do novo corpo de Leila.

Ela estava ainda em lágrimas, quando se atirou nos braços do pai, ao final da reunião. Tiveram, então, algumas horas de conversa particular, onde D. Carlos reafirmava o seu amor por ela e o cuidado que teria velando-lhe os passos, na nova oportunidade que empreenderia na Terra. Ternamente, dava-lhe ânimo perante o que viria, intercedendo também para que ela recebesse Roberto e com ele se entendesse antes do regresso à Terra. Nesta questão, Leila estava irredutível, ao que repetia em prantos que não tinha coragem para falar com ele, antes preferia a encarnação de duras provas, a ter de pedir-lhe perdão. Vejamos como foi o diálogo amoroso entre pai e filha:

– Duas perguntas tenho para ti. Por que não recebes Roberto, Leila? Está muito triste, acabrunhado com a tua recusa. Seria melhor que pedisses perdão enquanto tua memória não se embace pelo preparo da reencarnação. Fala com ele, ainda hoje, aproveitando o plano de retorno, tua boa vontade em reparar-te deve incluí-lo. Tenho certeza de que ele também, dentro do que puder, velará por ti.

– Não posso, Charles, não consigo nem olhar para ele. Tenho certeza de que me perguntará por que fugi dele e de nossa família, se foi por lembrança do passado... mas a verdade é que não sei ao certo o que me moveu naqueles dias obscuros... Ele me perguntará por que me deixei envolver com outra pessoa, por que busquei os aplausos... Não sei, não sei. Meu pai, me ajude.

Ela voltou às lágrimas e ao lenço, enquanto D. Carlos redobrava o carinho para acalmá-la com palavras esperançosas, em relação ao futuro. Quando parou de chorar, Leila se lembrou de que ele tinha uma segunda pergunta e ele, vendo que a filha se tinha acalmado realmente, perguntou:

– Sabes que te perdoo com todas as forças de meu ser, mas queria saber, quando te jogaste da ribanceira ao rio, por que não pensaste em mim? Eu que só queria o teu bem, que só vivia para ti, minha filha amada!

Novo acesso de choro sacudiu os ombros e inundou os olhos da filha de Charles, sem que ela pudesse articular palavra alguma. Não acusou seus algozes, não disse uma palavra contra a própria mãe terrena, como também não explicou por que não confiou em Charles como das outras vezes em que tivera problemas. No fundo, não sabia quais mecanismos mentais a levaram ao rio Tejo, nem por que tinha esquecido de que tinha um pai amoroso e compreensivo apesar das palavras de Constância.

– Não sei, meu pai, por que não pensei em ti, por que não orei pedindo ajuda, tendo tantos espíritos dispostos velando por mim. Tudo me parece nublado por aqueles dias em minha lembrança. Meus olhos estavam embaçados pelo orgulho. Quero esquecer! Perdoa, papai!

Quando os momentos de carinho e recomposição ao lado do pai tiveram fim, os outros espíritos que vieram conosco foram recebidos por pai e filha e eu, não querendo que meu filho do coração se sentisse ainda mais triste e preterido, sabendo que Leila ainda não o receberia, preferi convidá-lo ao passeio instrutivo junto aos responsáveis pelo departamento de planejamento.

Saímos, então, dali, eu e Roberto e fomos conversar com o coordenador do Planejamento Reencarnatório, o irmão Clemente. Cabisbaixo e triste, Roberto me acompanhou sem dizer nada a respeito do comportamento de Leila. Sabia que ele não se conformava por não poder conversar com ela, como D. Carlos houvera feito. Alguns momentos apenas que ela concedesse, seriam suficientes para ele dizer que a perdoava, apertá-la nos braços e dizer que a acompanharia e velaria por ela, mas não pôde fazê-lo. Caminhamos em silêncio, enquanto eu lia a dor no semblante de meu filho.

Uma vez diante das salas de trabalho, fiquei impressionado com as maquetes em tamanho real do corpo humano, qual se fossem imagens translúcidas e tridimensionais, onde se podia ver e estudar cada aparelho, cada órgão, cada detalhe. Via o modelo do antigo corpo físico de suicidas, primeiro em plena saúde, depois danificado pelo sinistro. O trabalho dos engenheiros, que ali estudavam aquele intrincado mapa em forma de holograma, era descobrir a maneira de diminuir no novo corpo as consequências dos danos. Nada daquilo era novidade para Roberto e ele se entreteve conversando com irmão Clemente, enquanto eu me encaminhei para diferentes mesas, onde trabalhadores projetavam, analisavam e estudavam o material recolhido junto aos doentes daquela casa.

O novo corpo fluídico, que seria o modelo para o novo corpo físico, estava sendo planejado, com base nas consequências físicas, psíquicas e emocionais do reencarnante. Indaguei à irmã Celestina, que me guiava entre os protótipos, curioso com a tecnologia ali apresentada.

– Cara irmã, como se dá o processo de planejamento do novo corpo? Vejo que o critério são as implicações que o suicídio acarretou e o modelo é o próprio corpo físico danificado.

Ela, prontamente, me elucidou, mostrando as projeções que se mexiam e se encaixavam:

– Os modelos do corpo físico íntegro e danificado passam um pelo outro como se fizéssemos uma conta de diminuir, o que sobra desta operação, é exatamente o que resta ao espírito como débito. São contados, então, méritos e orações, se houver, ainda incluímos ao novo corpo fluídico o tratamento que o suicida recebeu em nossas câmaras de magnetização. Daí muitos suicidas ficarem com medo da nova existência, pois o que resulta quase sempre é um corpo deficiente ou que venha a sofrer deficiência ao longo da vida. Não por castigo, mas por justiça, muitos pedem as provas em que se comprometeram, outros aceitam resignados, mas alguns se revoltam e regressam, mesmo adormecidos, ao que lhes resta cumprir.

Olhei mais uma vez para as maquetes vivas que se perpassavam, deixando como resultado os débitos contraídos, e indaguei ainda interessado:

– Não há os que não se recompõem como os que se atiram diante de trens de ferro?

– Sim, a estes o tempo de magnetização deve ser muito maior, pois a massa fluídica de seus corpos espirituais está indistinta. Conseguimos, após alguns anos, restituir-lhes a forma humana, mas, fatalmente, retornarão num corpo deficiente.

Voltei a indagar, agora preocupado com o novo percurso que Leila faria, dentro de um país também relativamente novo, e dentro de modelo limitado de ação.

– Quanto a Leila? Estará em um país com menos recursos, em uma situação pobre e precária, como isso pode atenuar-lhe as faltas?

– Vamos ver os mapas de Leila.

Adentrei, então, uma antessala de preparo do material holográfico com base nos arquivos extraídos da mente de Leila, quando nas câmaras de magnetização. Assistentes operosos reuniam informações para desenharem as chamadas estátuas-mapas,[38] que não passavam de holografias dando a ideia tridimensional.

Irmã Celestina indagou à Rosália, a auxiliar responsável pela montagem do novo corpo holográfico.

– Então, Rosália, nosso amigo Arnold está interessado no trabalho de planejamento reencarnatório de Leila e deseja saber como os débitos dela serão atenuados?

---

38 *Memórias de um suicida* – FEB, p. 432.

Rosália se levantou da mesa de trabalho e me saudou, depois passou aos apontamentos e me encaminhou ao aparelho que definiria a maquete de Leila.

Vi minha afilhada, no dia de sua morte, abatida e triste, mas ainda viva na Terra. Nas imagens tridimensionais de seu perispírito, poderíamos visualizar as camadas emocionais e intelectuais e as influências obsessivas que agravavam o estado de depressão.

– Estão vendo estas manchas escuras, essas linhas tênues que trespassam seu coração físico e seus pensamentos tristes e melancólicos? Se fizermos este mesmo mapa de Miguel Garcia, encontraremos os tentáculos escuros partindo dele, sobre o centro de força cardíaco, esta enorme esponja, parecendo aderir e aceitar as manchas sugeridas mentalmente, pois aí está a doença chamada depressão. Quanto às ideias de suicídio surgiram e se fixaram no perispírito como reflexos de seu outro mesmo ato. Essas sugestões mentais vieram duas vezes pela falta de fé, tanto em Andrea quanto em Leila.

Com efeito, eu me lembrei de ter visto aquelas feias impressões que eram dissipadas com as orações de D. Carlos, depois voltavam a povoar-lhe a mente, por vontade própria e falta de vigilância.

– Ah! – exclamei, como se as leituras que Rosália fazia me fossem também claras como eram a ela. Irmã Celestina continuou:

– Vamos passar pela máquina da subtração, o Equalizador Fluídico, como o chamamos, porque trabalha como um filtro.

Novamente, observei o trabalho do processador de abrir o campo emocional onde estava o maior dano. Esperei que os dois protótipos de Leila interagissem subtraindo-se seu corpo repleto de fluido vital, do outro danificado precocemente pelo suicídio. O resultado foi surpreendente até mesmo para a minha visão de leigo. Rosália explicou:

– Restavam ainda 42 anos de fluido vital, que retornou ao Fluido Universal, por isso terá a nova Leila que permanecer pelo menos este tempo reencarnada, onde sofrerá reavaliação, pois poderá regressar ao nosso plano com essa idade. Seus centros de força, em especial o cardíaco, foram completamente desequilibrados, parecendo em linguagem comum, como elástico distendido, como se perdessem a flexibilidade para fechar-se, por isso, Leila terá de aprender a caridade – a doação de si mesma, ou sofrerá muitas influências negativas, nunca poderá se entregar às paixões. O orgulho de algumas qualidades que ela possuía será domado opondo-se suas características: se se orgulhava da riqueza, virá com a marca da pobreza; se era altiva pela beleza, será pessoa sem atrativos; como gostava de aplausos aos seus talentos e recebeu educação para aprimorá-los, virá com total falta de recurso e oportunidade para despertá-los. Para remediar sua falta de fé, receberá a mediunidade ostensiva, também como prova por danificar o corpo físico, por duas vezes afogado. Ao egoísmo de deixar a família por uma aventura amorosa, não receberá a bênção de constituir uma. Poderá perder-se na loucura e na confusão que suas vidas passadas imporão a ela, pois se lembrará de algumas cenas mais marcantes, que ficaram registradas no seu perispírito.

– Mas seu corpo será perfeito? – indaguei surpreso de que não se referisse a imperfeições. Irmã Celestina respondeu:

– Leila não fixou a ideia de sua culpa em seu corpo físico, fixou-a no corpo emocional, como vimos os danos no centro cardíaco, por isso, será propensa a ter problemas psicológicos, ou emocionais, se não se dedicar a uma fé consoladora que explique suas dores morais como causa pretérita. Terá corpo físico perfeito, apesar dos traumas que advirão.

A uma pausa da minha interlocutora, ensaiei outra pergunta, que sempre me preocupou. Tentava entender as intrincadas relações entre as influências espirituais no campo da erudição, conforme via Leila entregar-se a leituras e música de sua época.

– Quanto a outros agravantes? Sempre ouvi dizer que livros, que incluem como tema o suicídio, influenciam os leitores e podem acarretar responsabilidades aos autores. Leila leu *Ana Karenina*, como leu outros clássicos que incentivavam amores fúteis e, no caso da personagem de Tolstói, que chegou ao suicídio por desilusão amorosa, pode ter tido alguma influência? Leila também era fã e intérprete de Frédéric Chopin, cuja música é melancólica e triste. Como ficam esses autores, esses compositores que influenciam as pessoas encarnadas?

Rosália estava novamente ocupada reprogramando os detalhes fluídicos do novo corpo de Leila e nos afastamos um pouco, deixando que terminasse sua tarefa, mas irmã Celestina foi atenciosa, quando me elucidou:

– A cada um segundo suas responsabilidades, como sabes, caro Arnold, tenho certeza de que esses autores e compositores, sensíveis como são, assim que se derem conta do erro e da imprudência, acorrerão pedindo nova chance de fazer o contrário e levar ao público conteúdo mais elucidativo. Vejo aqui no hospital mesmo, alguns que chegam sem nenhuma noção da vida espiritual ou dos compromissos assumidos, mas como são sensíveis e propensos ao bem, geralmente se recuperam e pedem chance de ditar obras mais enriquecedoras ou reencarnar com esta responsabilidade. Estamos às vésperas de resgatar Camilo Castelo Branco do Vale Sinistro e é mesmo uma pena que Leila não o possa esperar.

– Perdoai, irmã Celestina, mas Leila, tendo o cabedal de conhecimentos que D. Ramiro financiou, tendo talentos adquiridos e agora, mediunidade ostensiva, não poderia servir a esses escritores para deixar algum recado mais compensador?

– De certo, irmão, poderá e terá discernimento para tal, se conseguir o equilíbrio indispensável a todo médium. Vou orar para que consiga reverter suas provas em algo produtivo, assim auxiliando outros que também tiveram o mesmo dissabor.

Muito tinha a aprender com a reencarnação de Leila, como naquele planejamento tão minucioso, reservado a compensar uma falta, mas também tentando reverter a expiação em algo produtivo.

Passei à Sala de Modelagem dos novos corpos, mas as maquetes de Leila ainda não estavam naquele estágio, nem poderiam sair apressadamente das mãos operosas de Rosália. Caminhei, desta vez ao lado de meu filho Roberto, que via minhas dúvidas e queria ajudar como médico que era. Os modelos daquela sessão eram um pouco diversos dos que acabara de observar, pois tratava-se dos Suicidas dos Excessos, como eram conhecidos, ali, aqueles que não cometiam deliberadamente o ato de se matarem, mas se descuidavam do corpo ou se perdiam em viciações deixando-se morrer.

– Por aqui, pai Arnold, encontram-se os novos modelos daqueles suicidas que abusaram da saúde, que foram inconsequentes com as viciações, que descuidaram do corpo, como infelizmente descuidamos em nossa última passagem pela Terra.

Comecei a entender porque Roberto se dedicava ali ao trabalho, ele que também tinha poucos méritos e se comprometera com a morte precipitada por contágio imprudente do bacilo de Koch.

– Por que estão divididos em dois tipos esses modelos? Acaso são distintos?

– Sim, são distintos – respondeu-me meu filho. – As viciações que abalam o corpo físico ou o consomem, como a glutonaria, a sexolatria, o tabagismo, o alcoolismo e a toxicodependência ou qualquer dependência física – constituem um grupo desses suicidas que desperdiçaram a saúde em nome de prazeres efêmeros. O outro grupo é constituído pelas mazelas psíquicas: são os deprimidos, acometidos por fobias, neuroses e psicoses que negligenciam tratamentos ou assumem comportamentos que podem pôr em risco a saúde ou a vida. Estes receberão outro tipo de critério na sua nova modelagem, sendo, no entanto, todos suicidas.

– Então Leila estaria também entre estes últimos? – perguntei como se Roberto também fosse instrutor ali. Ele voltou o rosto como se refletisse e esclareceu:

– Estaria, como depressiva sem aceitar tratamento, se não houvesse se jogado no Tejo. Observe que os comprometimentos desse último grupo são sempre uma possibilidade futura para o novo corpo, se o comportamento do reencarnante não se modificar. Como uma predisposição que poderá surgir em determinada altura da vida. Sei que, quando retornar, terei problemas cardíacos precoces, porque meu comprometimento foi emocional como o de Leila. Minha negligência ao corpo foi por amor.

Roberto puxou para si, com as mãos fidalgas, os aparelhos de detecção para demonstrar a própria fissura no campo emocional, enquanto analisava o que não entendíamos, falava tristemente:

– O amor que devotamos um ao outro adoeceu, tornou-se egoísta de minha parte e esquivo da parte de Leila. Minhas impressões das outras duas encarnações, quando estivemos juntos e ela me fugiu à convivência amorosa, marcaram meu comportamento, que se tornou para ela um amor sufocante. Eu a queria acima de tudo. Não mais a amava como marido, mas queria que ela fosse exclusividade minha. Acabei por odiar o talento que ela tinha e, enganado, retirei nossa família do convívio social, quando a confinei ao matrimônio apenas. Se eu tivesse um pouco de abertura em minha visão equivocada, poderia ter percebido que ela não era feliz.

Em breve pausa, ele passou a me encarar com expressão tristonha, deixando de lado as aparelhagens, para melhor desabafar. Assim, prosseguiu:

– Leila é espírito voluntarioso e devotado em sua arte, intrépido e indisciplinado, não conseguiria se submeter aos meus ditames de marido ciumento e possessivo. Assim, nossa relação começou a ruir, apesar do tempo que nossos espíritos esperaram para renascer com chances de matrimônio, apesar dos compromissos pré--encarnatórios. Sou igualmente culpado por sua fuga e consequente suicídio, pelo comportamento que tive. Em minha derradeira carta, disse que a esperaria aqui no Além, até que pudéssemos nos reencontrar. Por isso precisava conversar com ela... mas não me recebe...

Ele terminou de falar com os olhos marejados e ofereci apoio e ombro amigo. Os dramas íntimos de meu filho do coração continuavam os mesmos das outras encarnações, apenas agora ele tinha outras experiências complementares com relação a Leila...

SUBLIMAÇÃO

"– E... perdoai-me, boníssimo doutor... Vossa esposa...
a formosa Leila... onde se encontra presentemente? (...)
– Ai está! Reencarnada na Terra de Santa Cruz...
onde palmilhará seu doloroso calvário de expiações..."
(*Memórias de um suicida* – FEB, p. 225)

"Em verdade não encontrei jamais, desde a infância,
satisfação e alegria em parte alguma. Fui, portanto, criança
esquiva, sombria, excessivamente séria, criança sem risos
nem peraltices, atormentada de saudades e angústias,
imagem, na Terra, daqueles réprobos do suicídio
descritos nos livros especificados."
(*Recordações da mediunidade* – FEB, p. 53)

CARO LEITOR, A vida e a morte se complementam até que o espírito se liberte e compreenda a grandiosidade dos planos divinos. É assim conosco desde que fomos atraídos à Terra, vivemos e amamos, crescemos e aprendemos animando diversas personalidades. Quanto aos réprobos que macularam suas consciências com as promessas do nada materialista, o Sempiterno dá oportunidade nova em Sua misericórdia e é essa existência que irá tranquilizar o íntimo diante da própria consciência e diante do próximo.

O capítulo que inauguro não pretende repetir a vida e as experiências narradas em *Recordações da mediunidade*, mas apenas dar-lhes complemento sob a ótica do espírito, em alguns pontos em que não ficaram claras, porque não falavam do programa reencarnatório de Leila, embora tal programa seja adivinhado pelo leitor como sendo desígnio de Deus. Posso aqui preencher algumas lacunas e elucidar os motivos pelos quais aconteciam tais fatos a Yvonne, mas eu o farei apenas citando o que convém ao estudo, aqueles que ainda precisam ser explicados.

Minha afilhada reencarnou a 24 de dezembro de 1900, no Brasil, mais precisamente num dos distritos da cidade fluminense de Valença, hoje emancipada como a cidade de Rio das Flores, como sabem todos os leitores que estudaram sua vida e obra. O seu plano reencarnatório estabelecia que viesse mais uma vez ao mundo, naquelas condições de isolamento rural, sem condições de estudo ou cultura, em família modesta e distinta, destarte com orientação espírita.

Os planos para o novo corpo e novas condições começaram muito antes desta data, conforme estudado no capítulo anterior. Como vimos também, o distinto espírito Carlos Filipe I não poderia acompanhá-la no planejamento, porque estava encarnado também no Brasil, na cidade do Rio de Janeiro, tendo regressado ao Espaço quando a aproximação entre Leila e sua nova mãe já havia sido feita. Ele retornou a 11 de abril de 1900 e, conforme previsto por D. Carlos Ramiro, apoiou o plano reencarnatório de Leila, posteriormente, em sua nova jornada, amparando-a sob sua égide, orientando sua mediunidade e aconselhando.

A Charles, coube o acompanhamento mais detalhado, como esperado de um orientador, por isso ele sempre elaborava relatórios sobre os problemas e os progressos de sua querida pupila. Cumprindo o que prometera aos superiores, não deixaria que ela se esquecesse do mal que causou a si mesma, amparando-a sempre que possível na difícil e delicada posição de médium ostensiva desde criança.

Yvonne crescia, entre crises mediúnicas incompreendidas por ela mesma e assistência espiritual que rendia lembranças e visões do passado de tranquilidade e segurança ao lado de Charles, ou de desespero, incluindo a figura de Roberto de Canallejas. Em sua mediunidade se caracterizava o fenômeno da dupla vista, por isso ela distinguia o pai que tivera outrora. O reconhecimento deste espírito sempre resultava para ela uma grande frustração, por não poder voltar à antiga vida, lembrando as facilidades de ser rica e possuir coisas materiais de que hoje carecia, como no caso dos vestidos, luvas e capas que pedia e se lembrava de tê-los.

As paisagens de suas telas mentais do passado de felicidade também eram frustrantes, quando revia as cidades de Lisboa e Madri, onde ocupara mansões, viajara em carruagens, recorria a criados. Essas imagens dos detalhes não eram conhecidas nesta vida, por isso ela não sabia onde ficavam suas casas do passado, apenas as via e tinha boas lembranças. Os Palácios que habitara possuíam pratos trabalhados em porcelana, candelabros de prata e quadros emoldurados a ouro, além, é claro, do magnífico piano. Aquela suntuosidade e luxo de que se lembrava, roubavam seu ânimo e sua alegria de viver, pelo saudosismo que despertavam nela, em comparação com a paisagem atual, o lugarejo modesto onde habitava, rodeado de elementos bucólicos, cheio de mato e precariedade, característica do interior do Brasil, em um lar muito humilde.

Para uma criança que não era capaz de entender o alcance da expiação, a situação em que vivia era como um sonho ruim, do qual Yvonne queria acordar. Onde estaria aquele pai a quem amava além da explicação humana? Que provia tantos recursos, contratava preceptores, mantinha as festas, atendia aos seus menores desejos e cuidava dela como se fosse uma princesa? E os amigos que a aplaudiam ao piano? Todos pareciam tê-la abandonado, apenas Charles lhe aparecia, mas mesmo ele, era sempre tão distante em suas vestes translúcidas e seu vocabulário ainda incompreendido.

Quanto a Roberto, ainda inconformado por não ter conversado com ela, não a perdia de vista desde o nascimento, arrebatando-a do corpo pelo desdobramento hipnótico, para convencê-la a aceitar sua presença junto dela. Em criança, Yvonne o temia, constrangida, com suspeitas de que devia a ele muito mais que uma explicação, depois, quando mocinha, passou a enamorar-se dele, esquecida das trações do passado que o fizeram sofrer. Repetia em seu íntimo as mesmas impressões contraditórias entre amor e ódio, vergonha e perdão, enquanto a pouco e pouco ia lembrando alguns detalhes, que a levavam a consentir que ele se aproximasse.

Quando estava quase adulta, era comum, todas as noites, Roberto vir vê-la e levá-la a passeios por Portugal e Espanha, ou outras paragens, onde foram felizes e desfrutaram da convivência de esposos. Restavam-lhes as lembranças compartilhadas, onde a felicidade tivera lugar, mas as escolhas equivocadas fizeram com que os dois vivessem apartados deste amor.

Perguntei a meu filho se, alguma dessas vezes, Leila se lembrara do casamento, da traição ou do suicídio, como seria comum a um espírito consciente de si mesmo, liberto pelo sono. Roberto me contou que ela se lembraria, malgrado o sofrimento que poderia experimentar ao revê-lo, mas como ele a buscava com intuito de se entender com ela pelo perdão, usava de certas técnicas de seus conhecimentos como iniciado hindu, para que ela de nada se lembrasse. Roberto aprendera estas técnicas de hipnose, que usava ao buscá-la, para que ela não tivesse lembrança do passado de erros[39], nem se lembrasse do teor de seus encontros ao regressar ao corpo físico. Ele me contou que desde os quatorze anos, Yvonne consentira a conversa noturna, que muito o gratificava, porque podia atenuar as saudades que sentia e a frustração de não ter sido recebido por Leila antes da reencarnação. Entusiasmado como havia muito não o via, passou a narrar como eram esses encontros.

Numa dessas noites, Yvonne quase uma criança no corpo físico, mas o mesmo espírito amado por ele, já o esperava emancipada pelo sono e o seguiu para o tão esperado passeio noturno. Ele teve oportunidade de falar-lhe em entendimento carinhoso:

– Vamos viajar, querida, deixa-te levar pelo pensamento.

Volitaram juntos, rumando à Europa, onde viveram como es-

---

39 Não fosse por esta técnica, Yvonne emancipada, na presença de Roberto poderia se lembrar de seu passado e isso contribuiria para abalar seu estado emocional quando despertasse.

posos e, de outra feita, foram primos. Novamente, diante das paisagens queridas de seu espírito, agora em exílio expiatório, faziam com que Leila renovasse as esperanças de que triunfaria na nova oportunidade, para se tornar digna dele. Quando chegaram a Lisboa, adentraram o Palácio de Guzman, que tantas impressões magnéticas retinha, por ter sido cenário de fundo dos dias felizes e do amor dos dois.

Roberto recomeçou a falar, com voz doce e suave, sabendo que ali estava sua amada esposa, mesmo que ela não se lembrasse completamente de quando foram felizes e casados.

– Leila, trouxe-te aqui para relembrarmos os locais onde fomos felizes como esposos e dizer mais uma vez que te perdoo.

Ela, que já esperava pelo chamamento por aquele nome com que era conhecida em outras épocas, aquiesceu. Agora que estava ali naquele local, que tanto sonhara reconhecer, repleto de impressões de felicidade, sentia-se amargamente triste e quanto mais aceitava os carinhos e a dedicação daquele espírito amado, mais constrangida ficava. Ainda intrigada com os mistérios que envolviam tão querido amigo de seu coração, retornou às perguntas costumeiras.

– Por que queres me dizer tão veementemente que me perdoas? O que te fiz nesta outra existência em que fomos esposos?

– Não te posso revelar, bem o sabes. Basta-me que entendas que te perdoo, que aceites a minha companhia.

– Aceito tua companhia e teu afeto e gostaria que soubesses que te peço perdão! Não sei o motivo que me levou a consternar-te em outra vida, mas no íntimo de meu ser adivinho-o e olhando minha triste vida de menina pobre e sem condições, entendo-me devedora das leis de Deus. Este palácio para onde me trazes hoje, este lar que também foi de Charles, resguarda em suas paredes muitas lágrimas que verti, muita dor e amargura. Não consigo entender por que chorei aqui, por que fui infeliz se me trazes justamente para lembrar a felicidade...

– É que fomos muito felizes antes da infelicidade... – ele pareceu pensar por alguns minutos, enquanto depositava os olhos de andaluz sobre o rosto da amada de seu coração e continuou a falar querendo conseguir oportunidade de se manter junto a ela por mais tempo: – Pois então, lembrar-te-ei das nossas vidas juntos, não desta última, pois que não tenho permissão, mas das outras três, pelo menos. Achas que podes psicografar sob meu influxo magnético? Dar-te-ei as nossas histórias, para que vejas como estamos ligados pelos séculos.

Ela sorriu em resposta, ansiosa como qualquer adolescente diante do amor de sua vida. Depois que voltaram, nos meses subsequentes, Roberto a procurou com este fim, servindo-se da psicografia mecânica, ditou-lhe as histórias dos dois, conhecidas como trilogia, de trás para adiante, ou seja, desrespeitando a cronologia[40].

Naquele dia, porém, caminharam pelos jardins floridos do palácio, adentraram as estufas de flores e facilmente, porque volitavam, alcançaram as varandas também repletas de vegetação bem-cuidada. Sob cascatas de pequenas açucenas brancas, que estavam dispostas sobre os umbrais da balaustrada, Roberto reafirmou seu amor:

– Sabes, Leila, que o amor que nos une é imortal, estaremos sempre ligados por estes tênues laços incorruptíveis e, quando tivermos oportunidade, nós nos reuniremos.

– Falas de amor, Roberto, e não nego sentir o mesmo por ti, mas sinto ao mesmo tempo que ainda não será por agora que poderemos nos unir. Tu estás liberto e eu sou ainda cativa do fardo carnal que me aguarda tão logo rompa a manhã. Outra família, outros compromissos me esperam e penso mesmo que deveria esquecer-te se não podes estar lá comigo...

---

40 As obras que hoje conhecemos como *Nas voragens do pecado*, *O cavaleiro de Numiers* e *O drama da Bretanha* (FEB) foram originalmente ditadas pelo espírito Roberto, ou escritas por ele mesmo, já que se valia da forma mecânica, onde o médium só se dá conta do que escreveu após a leitura. Posteriormente, essas mesmas obras passaram por uma reavaliação e Charles as transformou em conselhos úteis aos espíritas, só então, foram dadas à publicação.

Ela reclamava docemente, por ver seus sonhos femininos frustrados diante da perspectiva que toda moça da época se apegava, que seria um casamento. Como ela não poderia se unir a um espírito, frustrava-se mais uma vez.

– Não podemos estar juntos desta vez, querida Leila, contudo continuamos nossa amizade sincera, enquanto estiveres no Brasil, assim arrefecemos a saudade, que no meu peito é muita, e podemos planejar nosso futuro juntos.

Ele explicava com cuidado o que se passava em seu coração, porém alguns detalhes não poderiam ser ditos. Leila, por sua vez, queria promessas imediatas e não conseguia entender por que ele sempre se esquivava.

– Por que não vens, então, à Terra, para que possamos nos casar? Por que não vens para o mundo dos ditos vivos?

– Não posso no momento, nosso passado me impede.

Esta certeza de um amor impossível no plano invisível levava Yvonne a reflexões diárias, sobre as graves impressões que estes encontros noturnos proporcionavam a ela, apesar de não ter lembranças nítidas do ocorrido. Se não se lembrava do teor do que conversavam tinha consciência de que se encontrava com Roberto. Yvonne passava os dias assustada pelo que poderia ter sido o seu próprio passado, sentindo novamente a mesma melancolia que a vitimara outrora. Sem saber ao certo a razão desses sentimentos de desespero por amor, ela passava os dias frequentando cemitérios em busca dos túmulos de seus amados imortais, pois sabia que Roberto a visitava em espírito e era, portanto, desencarnado. Esta confusão mental não passava despercebida a sua família encarnada, que via a saúde da filha se desequilibrando.

Os passeios e entendimentos noturnos tornaram-se constantes, até que Yvonne completou vinte anos, foi por esta época que sua mãe encarnada orou para que Roberto se afastasse e foi o que aconteceu, após a família ter pedido auxílio à Manuel Ferreira Horta, da Assistência Espírita Bittencourt Sampaio.

Roberto não lhe queria fazer mal, mas não tinha uma função útil junto dela, por isso teve de se afastar. Quando o espírito familiar não possui adiantamento moral ou méritos para acompanhar a trajetória evolutiva de alguém na Terra, não é bom que fique por perto, pois suas vibrações, por melhores que sejam suas intenções, podem comprometer o livre-arbítrio, ou mesmo a saúde daqueles que visitam. Nem é preciso ter uma mediunidade ostensiva como tinha Yvonne para sentir a aproximação daqueles que nos foram caros, pois, invariavelmente, podem ser pressentidos pelos encarnados.

Roberto se tornou mais triste depois que esses encontros foram vetados a ele. Encontrei-o, quando recebera a proibição de ver Yvonne, e a ele sugeri a ideia do estudo e do preparo.

– Caro filho do coração, Roberto, soube, eu e Marie, que tivesses de deixar Leila por enquanto. Ela o estava recebendo liberta pelo sono do corpo físico por esses anos, esquecida pelo véu da materialidade de que o tinha preterido para reerguer-se moralmente durante a nova encarnação, antes de procurá-lo. Queres um conselho, meu filho, prepara teus méritos, auxilia e serve em nome do Cristo, para que possas ficar junto dela.

Roberto aceitava as minhas ideias como filho bom e consciente que era, mas sabia que em algum momento deveria retornar à Terra para cumprir o que lhe era destinado. Marie continuou falando palavras de incentivo a ele, carinhosamente, enquanto ele aquiescia brandamente, aceitando os conselhos e as atenções que concedíamos. Os seus olhos emocionados, sempre nos pareciam marejados pela emoção, pois queria retornar para junto de Yvonne, aproveitando aquela encarnação dela, mas este pedido lhe foi também vetado.

D. Ramiro, que se aproximava de nós, querendo também ele saber como estava seu genro diante da separação entre os esposos espirituais, elucidou, após os cumprimentos.

– Concordo contigo, Arnold, se Roberto quer auxiliá-la, quer ficar junto de Leila, encontraremos os meios para que trabalhem juntos, conversaremos com os membros do Conselho – depois de uma pausa em que parecia se lembrar de algo importante, completou, referindo-se especificamente a Roberto: – Soube que o doutor Bezerra está tendo dificuldades na persuasão de alguns judeus empedernidos em obsessão contumaz, por que não o auxilias? Tu que foste também judeu, outrora?

A ideia de afastar-se de Leila era deliberadamente difícil para quem ia vê-la todas as noites havia alguns anos... porém, conquistar méritos por meio do trabalho junto a obsessores era alternativa que preencheria o vazio em que se encontrava. Poderia, sim, auxiliar em nome da caridade, usando seu discernimento e suas conquistas para, futuramente, pedir permissão de estar junto de Yvonne novamente.

Durante este tempo que ficou afastado de Yvonne, Roberto trabalhou com o doutor Bezerra no resgate de alguns judeus em trama obsessiva que se complicava havia muitos séculos. Ele partiu para o trabalho dedicando-se como esperado de um espírito que quer aprimorar-se e servir, assim, teve sucesso. O desenrolar dessa história podemos entrever por meio da psicografia de Yvonne, enquanto ela exercia a mediunidade junto ao espírito Bezerra de Menezes, a obra se chama *Dramas da obsessão*.

Roberto conquistou méritos para auxiliar Yvonne no receituário homeopático e voltou a fazer-lhe companhia nos trabalhos a que ela se dedicava. Aos vinte e quatro anos de idade, enquanto ela estagiava na cidade de Lavras, em Minas Gerais, ocorreu o fenômeno de materialização, descrito por ela[41], onde recebe não só o abraço transcendental, como também tem a felicidade de saber que trabalharia mediunicamente com aquele que amava.

Foi assim até 1929 quando Roberto se despede, pois em 1931, ele, finalmente, reencarnaria na Varsóvia. Sem poder revelar para onde iria, deixou a ela, neste ínterim, uma pista de seu paradeiro e uma prova de seu amor – Frédéric Chopin e Lelita.

No livro *Devassando o Invisível*, Yvonne conta alguns encontros

---

41 *Recordações da mediunidade* – FEB.

que teve com o compositor e que já conhecia Chopin antes que ele se tornasse o gênio da música que o consagrou. A ligação entre os dois era particular, de cunho sentimental e afetivo, fruto de ligações do passado com artistas conhecidos de Charles. A presença de Chopin em seu quarto, trazido por aquele que fora seu pai, evocava lágrimas de ternura e trazia o cheiro das folhas orvalhadas da violeta, com o qual aquele espírito se deixava reconhecer.

Na presente encarnação Yvonne não sabia tocar piano, mas praticava algumas notas, como ela mesma deixa entrever em *Recordações da mediunidade*, no capítulo intitulado *Complexos psíquicos*, no qual narra seu auxílio ao espírito Pedro. Ela revela que estava praticando "Sonata ao Luar" de Beethoven[42] e, este espírito a ouvia embevecido.

Quanto ao espírito Lelita, Yvonne passou a vê-la assim que Roberto se retirou para cuidar da própria encarnação e isso lhe causava muita angústia. Após alguns anos de vidência, orou para que a filha deixasse de ser vista e ela, se não poderia definitivamente esquecer, pelo menos, deixaria de se lembrar do passado.

Aos leitores curiosos de outros acontecimentos da vida de Yvonne, podemos informar que muitos detalhes de sua vida como médium são costurados aqui e ali em suas obras, como se buscasse emendar uma colcha de retalhos. Na verdade, fui autorizado a revelar apenas as oportunidades que foram dadas a ela tanto para reatar seu amor imortal, a quem muito tinha magoado e traído, quanto para consagrar sua existência à conquista da fé e da disciplina interior.

Um acontecimento que merece destaque e que já foi mencionado também em *Recordações da mediunidade* é a operação sofrida em seu perispírito, ocorrida exatamente aos 42 anos, quando terminava o período de sua expiação. Por essa época, o Conselho responsável pelo planejamento reencarnatório voltou a se reunir e eles entenderam, pelos relatos de Charles, que sua filha Leila, agora, tinha con-

---

42 Especialistas alertam para a similaridade melódica entre esta peça de Beethoven e o opus 66 – *Fantasie-Impromptu*, de Chopin.

quistado a disciplina da fé e merecia outra chance de transformar-se, aproveitando a encarnação.

Vou ampliar um pouco as dimensões narrativas para acompanharmos este importante evento para Leila e para seu grupo de amigos, que estavam vibrando por ela, enquanto era operada em perispírito, na Terra, por Dr. Carlos de Canallejas.

Os mentores do Hospital Maria de Nazaré, irmão Teócrito e irmão Clemente, convocaram uma reunião para todos os interessados no plano de ação de Leila na Terra. Compareci mais uma vez, acompanhado de minha esposa do coração Marie e dos mentores Bezerra de Menezes, Louise e Olivier de Guzman, além, é claro, de Charles. Roberto se achava reencarnado por esta época, sendo um adolescente em Varsóvia. A reunião teve início com a fala de seu coordenador, irmão Teócrito.

– Como sabem, caros irmãos, o caso Leila de Guzman teve uma mudança positiva e gostaríamos de salientar a dedicação do mentor Charles nesta transformação. Yvonne, hoje, se acha submissa aos nossos conselhos, e, podemos dizer que a mediunidade tem feito muito bem a ela, agora que superou os problemas existenciais e os desequilíbrios físicos, por meio da dedicação primorosa à doutrina espírita, que abraça com fidelidade. Ela encerraria seu calvário de expiações nesta noite, porém a pedido de seu mentor, resolvemos convocar esta reunião e deliberar em consenso. Gostaríamos, Charles, que advogasses a causa que vieste requisitar, mais uma vez, em nome de tua pupila – Teócrito resumiu o caso, explicando a todos as razões da nossa presença ali.

Charles tomou um pequeno aparelho de notas e demonstrou em uma tela luminosa, por meio de gráficos, os níveis de disciplina, dedicação ao bem e ao próximo, compromisso com a causa que abraçava e percentual de caridade, de tudo o que fora exercido por Yvonne, até aquela data. Os mapas demonstravam, em cores diferentes, as estimativas projetadas em comparação ao que estava sendo cumprido e a conclusão era que Yvonne já as estava superando.

Na coluna devotada ao controle pessoal de suas viciações morais, a filha de Charles conseguia estabilizar as tendências pretéritas à depressão e à boemia, compensando com oração e vigilância diária. No quesito orgulho, que a levou a querer aplausos, ainda lutava com a tendência anterior, por isso era, às vezes, mais severa consigo mesma e com os outros no que concernia aos elogios.

– Os números mostram, prezados amigos, que Yvonne tem consagrado sua encarnação à superação de si mesma, à disciplina, à humildade, ao estudo e ao trabalho – Charles fez uma pausa, mostrou os rascunhos das obras inéditas que a médium recebia por inspiração, e continuou: – Yvonne tem este acervo de rascunhos psicografados, que poderiam se tornar belas lições aos espíritas encarnados, se fossem dados à publicação. Algumas dessas histórias necessitam de ordenação, outras de incentivo, mas se nos dispusermos a revisá-las, poderíamos converter sua encarnação expiatória, que se encerra, em uma oportunidade redentora. Precisamos de consentimento para prosseguirmos com esse plano e, se for aceito, desde já, convido a todos que queiram ditar romances, que o façam, pois desta vez Leila está mais preparada para servir ao Cristo e o instrumento de que se serve melhor é a psicografia.

Doutor Bezerra, que se mantinha calado, concordava suavemente com acenos de cabeça, pois ele próprio poderia trazer algumas lições por meio de personagens com os quais conviveu no Brasil ou aos quais apadrinhou em sua beneficência e trazer ensinamentos.

Argumentei, querendo apenas ajudar, se seria perigoso para Leila a fama e a glória de se ver escritora mediúnica e recordei ainda, se dentro do movimento espírita já não haveria histórias de sobra.

– Meus caros, Leila sucumbiu pelo orgulho e, torná-la famosa dentro da doutrina de luz que abraça, poderia suscitar-lhe este terrível mal novamente. Vimos pelos gráficos que não domina esta mazela moral e que poderia pôr a perder sua chance de redimir-se. Lembro ainda, que não quero com isso frustrar os planos tão sérios e importantes que a alçariam à superação pelo trabalho, muito digno e compensador, apenas tenho medo de que o que está estabilizado e seguro como ganho, venha a perder-se. Questiono ainda se a doutrina espírita não tem na Terra outros representantes psicógrafos, que fazem este trabalho.

Os demais membros do Conselho confabularam entre si, mas foi Charles quem tomou a palavra novamente:

– Bem lembrado, caro Arnold, tenho lutado diariamente com o orgulho de Leila e queria exatamente colocar à prova esta mazela moral que precisa ser corrigida nela. Já que superou a expiação do suicídio e converteu a mediunidade – que a poderia ter desequilibrado – por meio da disciplina, quero que tenha ainda mais disciplina, humildade e discernimento para saber que o que for ditado a ela, embora a maioria das histórias lhe diga respeito, não são de sua propriedade intelectual, tendo ela de doar todos os direitos autorais. Quanto aos ensinos trazidos à Terra pela psicografia, sempre haverá leitores que melhor se identificam com este ou com aquele autor espiritual ou médium e aprendem melhor aqui do que ali.

Foi doutor Bezerra quem falou encerrando de vez com as nossas dúvidas.

– Meus irmãos, vimos que Ruth-Carolina muito tem avançado desta feita em que permanece mais ou menos consciente de seu programa na Terra. Tivemos oportunidade de encontrá-la, seguindo de perto o trabalho que exerce. Apesar dos muitos erros antigos e de alguns respingos em sua atual personalidade, hoje demonstra coração sincero e devotado. Devemos aproveitar essa devoção, essa disciplina, essa boa vontade para com o mundo invisível, pois bem poucos são os que se dispõem a tanto quando encarnados. Yvonne receberá de amigos alguns romances que já esboçamos em suas telas mentais pela nossa aproximação e se não forem úteis a ninguém mais, a ela mesma o serão, pois encontrará neles o motivo de continuar o trabalho diário de disciplina.

Nova discussão se fez ouvir em sussurros quando notei que o meu argumento não tinha ainda muita importância porque, nem mesmo publicadas tinham sido as obras, quem sabe se o seriam? Se futuramente, isso viesse a ocorrer, pela misericórdia de Deus, seria outro momento, quando Yvonne estaria mais disciplinada pela humildade de se reconhecer apenas intérprete do nosso mundo.

Acatadas as ideias iniciais de Charles, levou-se adiante o plano de ação. Esperávamos apenas que a operação do Dr. Carlos de Canallejas tivesse sucesso e Leila se recuperasse prontamente, retomando o trabalho mediúnico com o mesmo afinco e dedicação de antes. O que de fato ocorreu.

Quando se restabeleceu do tratamento espiritual ao qual foi submetida, Yvonne recebeu a moratória energética para continuar com sua encarnação provacional. Foram alguns anos mais esclarecedores sobre suas outras vidas, pois, a partir daquela data, ela tinha adquirido maturidade para compreender e superar a si mesma. Enquanto trilhava seu caminho de dores e reparações, Charles foi fiel ao programa acertado com a espiritualidade, revelando aos poucos o que podia ser contado na medida em que ela não se abatesse em demasia, mas aprendesse com os erros do passado.

Assim, as obras vieram de fato a público, após Yvonne superar grandes dificuldades para datilografá-las e organizá-las dentro das diretrizes da doutrina espírita. O fato de ter *Memórias de um suicida* entre os *best-sellers* da publicação espírita de todos os tempos, mexia com a vaidade que Yvonne domava a pulso firme dentro de si, mas ela não se deixou seduzir por esta mazela moral novamente, mantendo-se humilde, com grande esforço.

Charles estava exultante de felicidade e, embora não mais tivesse função junto a Yvonne, pois que ele assumira a vigilância, por consideração, sempre me procurava com notícias das superações de sua pupila, dos progressos e dos sucessos que os romances faziam, o que me alegrava sinceramente.

Não foi surpresa para mim quando soube então que meu filho se correspondia com Yvonne em esperanto desde 1964[43], porque dois espíritos que se amam e se complementam, perdoando-se como se perdoaram, sempre achariam meios de se falarem, mesmo que em emancipação pelo sono.

As cartas que trocavam, depois de curto período de amizade, passaram a conter o amor subentendido, logo após, demonstravam amor declarado. Yvonne não tinha revelado a idade e Roberto, agora respondendo pelo nome polonês Zbigniew – abreviado para Z. P. – era um jovem casado em sua terra, a Polônia. Esses agravantes, enquanto estivessem separados pela distância geográfica, não representariam comprometimento além do que já era conhecido, que os dois se amavam e queriam estar juntos, apesar de tudo.

Acontece que, em 1976, Zbigniew numa viagem a trabalho, rompeu a cortina de ferro que separava os países como a Rússia e a Polônia do resto do mundo e veio ao Brasil, querendo encontrá-la.

A recusa de Yvonne de ir vê-lo é a maior prova de superação que ela poderia ter dado. Prova de humildade, de obediência à espiritualidade amiga e prova de amor sublimado, quando desistiu do ato egoísta e do amor humano, por ela superado e vencido com muita disciplina interna. Zbigniew era materialista e ateu, nada entendia dos compromissos aos quais Yvonne estava ligada, nada poderia suspeitar porque não tinha mediunidade. Era jovem, estava apaixonado e queria vê-la. A decisão de pôr ou não a disciplina interior a perder cabia a ela, Yvonne, mas a espiritualidade não a desamparou nesta hora. Apareceram-lhe Charles, Dr. Bezerra, além de Bittencourt Sampaio. Os três afirmavam-lhe que ele era Roberto e se ela fosse ao encontro sucumbiria.

A dor moral que experimentou foi indefinível, mas a disciplina e obediência venceram, finalmente. Yvonne rompeu com o amor humano, com as paixões inferiores pelas quais tanto tinha sido cri-

---

43 Obra *Um caso de reencarnação: eu e Roberto de Canallejas* – FEB.

ticada anteriormente em seus desvarios e superou a si mesma pelas mãos abnegadas de seu pai espiritual.

Lembrando as lições de Charles, nos seus escritórios, salões e aposentos particulares, ela, finalmente, entendeu o amor ao qual o Cristo se referia. Foi assim que se recusou a ver Roberto reencarnado, mas o atendeu após a desencarnação dele.

O amor que sentia por ele continuava o mesmo, porém sua consciência a levou a incluí-lo entre os necessitados de suas faculdades mediúnicas, de sua piedade e de seu amor sublimado, aquele mesmo dedicado às criaturas infelizes da Terra, enfim, o amor-caridade o qual nos ensinou Jesus.

No dia de seu regresso ao plano espiritual, fui esperá-la às portas do Posto de Socorro para onde foi levada. Muitos amigos estavam com ela e a conduziram, por assim dizer, ao atendimento imediato daquela casa. Yvonne se mostrou lúcida em poucas horas e a encontrei em uma visita, naquele mesmo mês.

Recebida por Charles, com expressões de alívio e indizível ternura, regressou ao convívio dos seus amados espíritos familiares em condições totalmente diversas de seu último regresso. Agora ela tinha méritos e ajudara não só artistas e literatos a expressarem suas narrativas reparadoras, como suspeitávamos que escreveria, como também atendera a suicidas e necessitados, aprendendo a humildade.

Regressava triunfante, plena de luz, por ter sido considerada mais que completista, porque superou seu programa reencarnatório convertendo-o em bênção de reparação. Sua encarnação é exemplo de superação de si mesma, anulando os erros do passado pela abnegação e imenso amor devotado aos sofredores.

NAS TELAS DO INFINITO

"Não me foi fácil vencer a mediunidade (...) mas creio
que o esforço que eu fiz não foi mais do que o cumprimento
de um dever, porque, se eu recebi tanta misericórdia do Alto,
tanta proteção, cumpri apenas um dever. Então, não mereço
muito esses elogios, esse apreço que a bondade dos
irmãos está me proporcionando."
(Pelos caminhos da mediunidade serena – **LACHÂTRE, p. 82)**

"Mas dia virá em que te poderei apresentar diante de Jesus, em comunhão
plena com ele, através da prece, para rogar-lhe:
– Senhor! Eis que vencemos o pecado e a morte, abençoa-nos
na glória do teu amor. E em nossas almas, nesse dia, certamente ecoarão palavras idênticas àquela dirigidas a Maria posternada a seus pés: – Perdoados estão
seus pecados, porque muito amaste."
(Recordações da mediunidade – **FEB, p. 92)**

PARA UM ESPÍRITO que reencarnou na Terra entre os réprobos da
lei divina, Leila conseguiu se superar e retornou à Pátria Espiritual
triunfante, pois, revertera seu quadro distintamente, saindo da depressão para a mediunidade controlada, da obsessão para a disciplina que permitiu vir à Terra algumas obras elucidativas. Assim
é a misericordiosa assistência de Deus nosso Pai, quando o espírito
apresenta boa vontade, perseverança e dedicação.

O médium, que produz obras do cunho literário e de conteúdo espiritista, como nos brindou com a sua mediunidade, Yvonne, ilustra
seu próprio caminho com pontilhar de luz, ao longo de sua jornada
dali para adiante. A responsabilidade e os méritos se renovam e re-
duplicam a cada pessoa que lê, a cada conselho que é acatado, a cada
solução doutrinária utilizada. Vê-se, então, Yvonne, hoje, empenhada

no progresso daqueles que leem suas obras, recebendo as benesses das orações desses leitores. Liga-se a eles, pois sua responsabilidade apadrinha cada um que é resgatado das malhas da viciação comprometedora, da loucura e da depressão pelas suaves linhas de suas obras, que descrevem os percursos desses mesmos erros de outrora, hoje reparados pela disciplina. Assim é o espiritismo exercido com fidedignidade, quando dá oportunidade de ajudar sendo ajudado, quando compromete o médium com o seu trabalho e amplia suas potencialidades a partir das novas responsabilidades assumidas.

Chegamos à última parte deste livro, querendo deixar ao leitor a ideia da renovação íntima na disposição de servir em nome do Cristo, conforme trabalhou Yvonne. Dando seguimento à vida dela no além-túmulo, elucidarei mais um pouco da trajetória deste espírito saído das trevas da ignorância para a luz do conhecimento doutrinário. Sua ascensão foi rápida, porque as bases doutrinárias estavam consolidadas pelos ensinos de Charles havia três encarnações.

Desta vez, sua chegada ao plano espiritual foi totalmente diversa daquela que aconteceu da vez anterior. Charles, Bezerra e outros amigos a esperavam de braços abertos, carinhosamente puderam aninhá-la ao peito e conduzi-la pelo caminho pontilhado de amor ao próximo, que ela mesma tinha projetado pelas ações na caridade. O período de confusão mental em que se vê o espírito após a morte, foi, no caso de Yvonne, quase nulo, pois ela já vivia com vistas na eternidade, por assim dizer. Nenhuma surpresa veio trazer a ela a sua desencarnação, apenas o tempo de livrar-se das amarras e alçar voo ao espaço.

Um 'reino de palavras' construído como abrigo espiritual, pela sua própria dedicação, esperava por ela dando conforto e segurança, estabilidade e equilíbrio. Yvonne regressou e as preces dos amigos, parentes e companheiros de ideal espírita a sustentaram, até que teve pleno domínio de sua consciência novamente. As orações endereçadas a ela caíam como pétalas suaves de flores perfumosas, fazendo carinho em seu ser espiritual, confortando, dando força, reerguendo.

O reencontro com Roberto de Canallejas, ou Z.P. não se deu imediatamente, foi um pouco diferente, por vontade de Yvonne. Assim que retomou a consciência, ainda no posto de socorro espiritual, a idosa senhora de oitenta e três anos, cansada e pálida pelo esforço do desligamento de seus despojos, só tinha um pedido, uma vaidade a qual não conseguiu combater. Deixarei que ela mesma o revele.

– Onde está Roberto, digo Z. P.? – ela disse procurando entre os presentes com sua vista ainda embaçada pela velhice e pelo esforço que fazia com as impressões ainda do corpo físico.

– Estou aqui. Como não poderia estar? – ele respondeu com o coração aos pulos, pela surpresa de se ver requisitado, já que ela estava, agora, em sua plena lembrança das encarnações pregressas.

Ela cobriu o rosto com os lençóis, por pura vaidade feminina, enquanto falava de maneira abafada e rouca pela emoção:

– Por favor, não quero que você me veja assim, espere até que me recomponha. Daqui a alguns dias nos encontraremos e terei a felicidade de conceder a entrevista que lhe devo há tanto tempo, meu amado.

Yvonne pediu alguns dias para recompor sua aparência, pois queria ficar melhor para se entender com aquele que era a razão de sua superação. Ele assim o respeitou, porque se encontrava exultante só com a possibilidade de ser recebido por ela, desta vez.

Nestes dois dias de recuperação, conversava com todos que a procuravam, muitos agradecendo, outros curiosos de seu estado, enquanto os médicos do espaço a tratavam. Charles não saía de sua cabeceira e pôde transmitir a ela os agradecimentos por ela ter sido tão cordata e fiel a Jesus, desta vez.

– Minha filha, quero agradecer a oportunidade de trabalho junto a ti por todos esses anos. Foi gratificante observar a tua ascensão, pois os corações mais insensíveis ao Cristo, porém sinceros, quando mobilizam suas forças para o trabalho, são capazes de feitos grandiosos. Não me surpreende que tenhas, desta vez, compreendido tão bem e exercido a disciplina necessária para o teu aprimoramento. Sempre soube que te dedicarias à caridade e que o teu coração exultaria quando se rendesse aos ideais cristãos.

– Oh, querido pai, Charles, agora entendo a tua espera por tantos anos, a tua dedicação insistindo sempre nos mesmos ensinamentos de amor e caridade e eu, rebelde e voluntariosa, não queria compreender... – lamentou Yvonne pelo tempo perdido, enquanto enxugava duas lágrimas de emoção.

– Querida Leila, não lamentemos o passado, vamos antes tomá--lo por lição. Agora podes trabalhar ao meu lado e de tantos outros espíritos de nosso grupo que te esperam há centenas de anos. Os livros que escreveste, minha filha, formaram uma escada para tua elevação, e, ainda hoje na Terra, quantos mais vierem a ser socorridos pelas tuas palavras, mais méritos terás.

– Os livros não eram meus e a cada mérito que recebo, devo-te dois, pois se não fosses tu...

– Não me deves nada. O que sofreste, Leila, o que passaste é o marco de tua redenção.

Pai e filha se abraçaram, enquanto outros literatos queriam conversar com ela e a pequena conferência mais íntima teve de dar lugar à figura pública que agora Yvonne se tornara. Léon Tolstói, Bittencourt Sampaio, Padre Vítor e tantos outros, somados ainda à sua nova família terrena, que a recebera tão amorosamente e que, agora, não deixava de fazer uma visita todos os dias a sua Tuti.

Enquanto esperava pelo reequilíbrio de Leila e ainda não podia estar com ela, Roberto idealizou um cenário para recebê-la, copiando da Terra as mesmas acomodações de esposos, que ocupavam no Palácio de Guzman. Recompôs os alpendres e as balaustradas floridas, os cortinados delicados, as telas preferidas de Leila e aguardou impacientemente, contando os minutos até que ela pudesse recebê-lo.

Numa tarde, quando os médicos do espaço a liberaram, Charles a ajudou a recompor sua aparência e desejou a ela felicidade naquele encontro. Deixando os braços do pai espiritual, foi atraída para Roberto, retomando, enquanto adentrava aquela ambiência recriada especialmente para ela, a aparência de Leila, no dia de seu casamento quando era ainda jovem, linda, sensível e estava muito feliz. Por sua vez, Roberto já tinha retomado o aspecto daquele dia.

– Querida! Agora, sim, estás linda! E não me refiro à tua beleza que é reflexo da materialidade, à qual teu orgulho ainda se ressente, mas da outra, muito mais profunda e duradoura, que é conquista de teu espírito dedicado, trabalhando por Jesus, fiel a Deus – ele exclamou comovido, ao ver a suave luminosidade que brilhava agora no peito de sua amada imortal.

– Meu caro Roberto! Finalmente, nós nos revemos, conscientes de nós mesmos e de nosso passado. Perdão, mil vezes, perdão!

Abraçaram-se efusivamente, trocando carícias de esposos. Ele segurou os cachos dos cabelos dela amassando-os entre os dedos e ela correu os dedos fluídicos pelo rosto dele, delineando o perfil.

– Perdoa, também a mim, por não ter sido o que esperavas. Sei que poderia ter te apoiado em teus desejos, ter sido mais companheiro e compreendido teu caráter romântico e delicado.

Roberto abria o coração também, reconhecendo os próprios erros, mas os dois não estavam mais tão interessados assim no passado, então deixaram a emoção fluir por alguns minutos, vertidos em lágrimas, perdoando-se. As lágrimas dos dois espíritos se uniram e, a pouco e pouco, conseguiram consolar seus corações que se amavam. Depois que se acalmaram, Roberto continuou a expressar sua primeira constatação.

– Vejo que estás iluminada pela bondade, pela humildade, pelo amor ao próximo! Desta vez Charles não te deu tréguas, Leila.

– Não, – e rindo-se como adolescente, completou: – ainda bem!

O jovem casal de esposos continuou neste tom emocionado e feliz, revendo as minudências do passado em comum e projetando, agora que tinham a mesma estabilidade espiritual, o que fariam juntos dali para frente. Foi muito bom constatar que o final agora era tão feliz, cheio de perspectivas para um futuro de trabalho e ação no bem, não mais de resgates.

Depois daquelas horas juntos, volitaram os dois até uma tela móvel, onde Roberto mostrou a Leila onde estava Lelita, agora reencarnada.

– Está também na terra de Santa Cruz, em lar espírita e conclui as tarefas que o Altíssimo achou por bem que ela encerrasse. Podemos acompanhá-la, vez por outra, quando quiseres.

A tela mostrava uma adolescente inserida em contexto semelhante ao da filha de Charles, no interior fluminense. A emoção de rever aquela que fora sua filha, agora uma mocinha, dera a Yvonne a reflexão a respeito de sua responsabilidade redobrada. Auxiliá-la-ia, quando pudesse.

Restabelecida completamente e amparada por seus amores, espíritos familiares e amigos, Yvonne foi chamada mais uma vez ao Conselho de Planejamento, presidido pelo irmão Teócrito e auxiliado por irmão Clemente. Ela teve condições de acompanhar as deliberações, mas desta feita, em alegria, pelo reconhecimento de seu trabalho.

Quando a reunião teve início, apareceu, projetada sobre a mesa onde Yvonne se encontrava, uma braçada de violetas, colhidas em dia de chuva, com perfume característico, vinda das plêiades celestes onde estagiam os artistas, para homenageá-la. Era um presente de Frédéric Chopin.

Passados os minutos de emoção, deu-se início a reunião, onde novamente um auxiliar lia sua ficha de ação na matéria, porém com muito mais destaque aos méritos conquistados pelo esforço próprio e pelo amparo do abnegado Charles. Quando a relação de livros psicografados foi lida, junto a cada um, em maravilhosa tecnologia avançada, estava o número de leitores que se beneficiava com as palavras iluminadas deixadas nas linhas elucidativas ou romanceadas das obras que vieram a público pela sua mediunidade.

Yvonne recebia de seus orientadores, devido ao que conquistou ao lado de Charles, a missão de continuar zelando pelos suicidas na Terra, missão essa que ela abraçou com a mesma dedicação com que orava por todos eles a cada dia.

– Como determinação de nossos superiores, que sempre se alegram com a superação de um espírito em curso na Terra, Yvonne agora poderá coordenar as equipes mediúnicas e de socorro, atuando junto aos suicidas, obsidiados e depressivos. Em sua equipe espiritual, estarão aqueles afetos imortais, que a auxiliaram a se reerguer para alçar este voo[44]. Outros tantos servidores leais quantos forem os corações amigos que estudam os exemplos e elucidações sobre a mediunidade pelas paragens terrenas, buscando exemplos nas psicografias que suas faculdades mediúnicas resultaram, poderão ser beneficiados com este projeto.

Charles olhou para sua pupila, ainda tímida, num dos cantos da tribuna e reconheceu nela a filha dedicada e inteligente, questionadora e sensível que discutia com ele as passagens do evangelho do Cristo. Viu que a luz que conquistara estava, agora, suavemente azulada refletindo nas cãs de seus cabelos, a maturidade e a disciplina indispensáveis ao trabalho no bem. Yvonne estava pronta e a oportunidade de trabalho estava apenas começando.

Eram muitos os espíritos ajudados por ela, trazidos por Charles e outros amigos para serem beneficiados pela sua mediunidade, para serem elucidados e esclarecidos pelo bom-senso e pelo discernimento. Todos eles, em coro sublime e elevado, traziam agradecimento e orações por ela e formavam, pelo caráter de suas intenções, um holofote de bênçãos.

De Mais Alto, começava a cair no momento em que ela aceitou a nova incumbência, uma chuva de gotas de luz, enviadas especialmente pela mãe santíssima, protetora de Yvonne de agora e sempre, deixando todos extasiados pela sublime claridade. Os organizadores da reunião requisitaram uma prece proferida com o coração pelo amigo, pai e irmão Bezerra de Menezes.

---

44 Alusão feita ao livro: *O voo de uma alma* – Augusto Marques de Freitas – título homônimo ao capítulo primeiro do conto *O tesouro do Castelo*, ditado por Camilo Castelo Branco, na obra *Nas telas do infinito* – FEB.

Então, vários outros espíritos, principalmente, os suicidas auxiliados por ela, começaram a chegar naquela reunião e como as dimensões da sala fluídica não são como as do plano físico, circunscritas às paredes, todos puderam entrar e eram bem-vindos. Em nome deles, o suicida Guilherme, resgatado por Yvonne das teias mentais de si mesmo, trazia um estandarte decorado com flores fluídicas com a inscrição que consagrou em suas obras o marco de seu amor sublimado. Dizia o pergaminho, com letras douradas.

"Compaixão indescritível revolucionou as fibras do meu coração, e naquele momento como que me avassalou um *sentimento inédito de amor*, mas amor intenso, desconhecido ainda de meu coração, a favor do pobre 'agonizante'. (...) Orei pelo suicida (...) e ofereci a Jesus meus préstimos a fim de socorrê-lo, como é dever de todo médium diante de um desencarnado em aflições[45]."

Yvonne estava muito quieta, desfeita em lágrimas de alegria e muitos outros a acompanharam naquela emoção de triunfo, onde os louros e as glórias colhidos são a sensação do dever cumprido e a certeza de que mais trabalho advirá.

Chegamos, então, ao fim desta história comovente, dramática, triste e real, na certeza de que é apenas um novo começo. Yvonne está amparando a todos os seus tutelados, basta que mostrem boa vontade e disciplina no bem.

---

[45] *Recordações da mediunidade* – FEB, p. 126

QUADRO RESUMO DAS ENCARNAÇÕES DE YVONNE A. PEREIRA

Espíritos	ÉPOCA						
	Ano 40 d.C Pérsia	Séc. XVI Paris	Séc. XVII Paris	Séc. XVIII Bretanha França	Séc. XIX Espanha	Séc. XIX Portugal	1900-1984 Brasil
Yvonne	Lygia	Ruth- -Carolina de La-Chapelle	Berthe de Sourmeville Stainesbourg	*Andrea de Guzman	Cigana Nina	*Leila – filha de Charles	Yvonne do Amaral Pereira
Charles	*Príncipe Sakaran	Carlos Filipe II	Padre Antoine Thomas	Victor de Guzman	Ramiro de Montalban	Ramiro de Montalban	Um dos espíritos protetores
Roberto	?	Luís de Narbonne	*Henri de Numiers	Arthur de Guzman d'Evreux		Roberto de Canallejas	espírito familiar até 1931
Arnold		Monsenhor de B.	Arnold de Numiers	Obsessor de Andrea		espírito familiar	
Obras	Sublimação	Nas voragens do pecado	O cavaleiro de Numiers	O drama da Bretanha	Sublimação	Um caso de reencarnação	Recordações da mediunidade

Legenda: * morte por suicídio

OBRAS A RESPEITO DE YVONNE A. PEREIRA

CAMILO, Pedro. *Uma heroína silenciosa.* 3ª ed. Bragança Paulista, Lachâtre, 2005.

FREITAS, Augusto Marques de. *Yvonne do Amaral Pereira – o voo de uma alma.* 1ª ed. Rio de Janeiro, CELD, 1999.

MACEDO, Denise Corrêa de. *A sublimação do amor – estudo do percurso evolutivo do espírito Yvonne do Amaral Pereira.* 1ª ed. Rio de Janeiro, CELD, 2013.

MAIA, Roni Ricardo Osorio. *Palavras de consolo – bastidores do projeto Yvonne Pereira.* 1ª ed. Volta Redonda, Lar Espírita Irmã Zilá, 2015.

PEREIRA, Yvonne do Amaral. *Pelos caminhos da mediunidade serena.* Org. Pedro Camilo. 1ª ed. São Paulo, Lachâtre, 2007. (PCMS)

SESTINI, Gerson. *Yvonne – a médium iluminada.* 2ª ed. Rio de Janeiro, CELD, 2012.

REFERÊNCIAS BIBLIOGRÁFICAS:

PEREIRA, Yvonne do Amaral. *À luz do consolador.* 2ª ed. Brasília, FEB, 1979. (ALC)

_____. *Um caso de reencarnação – Eu e Roberto de Canalejas.* Rio de Janeiro, F.V. Lorenz, 2004. (UCR)

PEREIRA, Yvonne do Amaral. Bezerra de Menezes (espírito). *Dramas da obsessão.* Coleção Yvonne Pereira. 3ª ed. FEB, 2006. (DO)

_____. *Recordações da mediunidade.* Coleção Yvonne Pereira. 1ª ed. Especial, Brasília, FEB, 2004. (RM)

PEREIRA, Yvonne do Amaral. Camilo Candido Botelho (espírito). *Memórias de um suicida.* Coleção Yvonne Pereira. 7ª ed. Brasília, FEB, 2008. (MS)

PEREIRA, Yvonne do Amaral. Charles (espírito). *Nas voragens do pecado.* 8ª ed. Brasília, FEB, 1960. (NVP)

_____. *O cavaleiro de Numiers.* 8ª ed. Brasília, FEB, 1973. (OCN)

_____. *O drama da Bretanha.* 7ª ed. Brasília, FEB, 1973. (ODB)

PEREIRA, Yvonne do Amaral. Charles e Léon Tolstói (espíritos). *Sublimação.* Coleção Yvonne Pereira. 1ª ed. Especial, Brasília, FEB, 2003.

OUTRAS OBRAS
BÍBLIA SAGRADA. Ed. Pastoral. São Paulo, Paulus Editora, 1990